MANFRED BLECHSCHMIDT

Weihnachtliches Brauchtum im Erzgebirge

MANFRED BLECHSCHMIDT

Weihnachtliches Brauchtum im Erzgebirge

ALTIS VERLAG

1. Auflage 2010
© Altis-Verlag GmbH, Friedrichsthal
Satz: Altis-Verlag
Herstellung: Westermann Druck Zwickau GmbH
Gestaltung: Armin Wohlgemuth
Zeichnungen: Gisela Röder
ISBN 978-3-910195-60-8

I. KAPITEL

Der Winter hält Einzug

Es riecht nach Schnee!

Sterben die letzten Dahlien in frostiger Herbstnacht dahin, ist das wie ein Lokomotivenpfiff aus der Ferne. Aufgepaßt, der Winter naht! Dem einen sind die Erschwernisse der kalten Jahreszeit bewußt – den Busfahrern, Holzfällern, Postzustellern, und wer noch alles im Freien arbeitet. Anderen, den Zimmervermietern, Ferienhotels, kann der Winter nicht früh genug kommen und lang genug dauern. So oder so, alle erwarten den Winter auf ihre Weise.

Der Wasserstock erhält sein Strohband, denn auch über Winter soll er das notwendige Naß von sich geben, die Kellerfenster eine Lage Stroh. Die Tür zum Vorhäuschen gehört eingehängt und der Kasten mit Streusand aufgefüllt. An das Vogelhaus wird gedacht. Verlassen hing es den Sommer über an der Schuppenwand. Wenn es auch noch kein Futter erhält, sauber muß es auf alle Fälle sein. Und auch der Termin für den Reifenwechsel ist ausgemacht. Die Schneeschippe steht vor der Tür und der Eimer mit dem Streusand. Trotz aller Vorbereitung, immer bleibt etwas, das noch hätte sein sollen! Wenn man will, gehört das auch zum ersten Schnee.

Als gäbe es keinen anderen Gesprächsstoff: Treffen sich zwei auf der Dorfstraße, wird von nichts anderem als vom Wetter gesprochen, auf Wetterregeln hingewiesen und auf den Hundertjährigen Kalender. Andere deuten den Fruchtbehang der Vogelbeerbäume aus oder wollen im frühen Absterben des Kartoffelkrautes ein sicheres Anzeichen für einen harten Winter erkennen können. Strenge Winter kommen, wenn üppig die Heide blüht und Samen trägt. Gibt es zu Andreas Schnee, bangen die Bauern um die Wintersaat. Und noch viele andere Regeln werden ausgekramt. Und die Alten erinnern sich an den Winter 1928 und an andere, an denen es viel Schnee und harte Fröste gab, mehr als genug.

Satzung – der Winter hat Einzug gehalten

Der von den Astronomen festgelegte Beginn des Winters zur Wintersonnenwende (21. Dezember), welcher bis zur Frühlingstagnachtgleiche (20. März) dauert, ist für die Leute bestenfalls eine Kalendermarke. Für sie herrscht der tatsächliche Winter zwischen November und Februar. Es ist die Zeit, in der die Vegetation ruht. Sie dauert hierzulande etwa 89 Tage, auf der südlichen Halbkugel etwa drei Tage länger. Dort ist Winter, wenn bei uns Sommer ist.

Am eiligsten mit dem Winter haben es die Kinder. Täglich fragen sie, ob's denn nicht bald schneit. Und sie sind enttäuscht, wenn es von den Erwachsenen heißt, dazu habe es noch keine Art. Heißt's aber dann einmal, es werde bald schneien, der Himmel hängt voll und es riecht schon nach Schnee, ist die Erwartung groß. Die Kinder drücken sich an der Fensterscheibe die Nasen platt in Erwartung der ersten Flocken.

„Ich gestehe, daß kein Naturereignis mich derart aufregt wie der erste Schneefall", gesteht Karl Edschmid in „Berge in Schnee". Die Frage ist nicht abwegig: Bilden sich vielleicht die Schneekristalle unter winzigen kleinen Gewittern, die Ozon freisetzen? Hängt vielleicht jenes Gefühl empfindsamer Menschen, den Schnee ahnen zu können, damit zusammen? Tatsächlich sollen kosmisch-elektrische Einwirkungen, wie elektrische Aufladungen der

Auch das gehört zur Weihnachtszeit: ein Futterhäuschen für die Wintervögel

Flocken, eine Rolle spielen. Der Volksmund sagt: Frau Holle schüttelt ihre Betten aus, wenn es schneit. Und tatsächlich überzieht eine schüttere Schneedecke Garten, Feld und Straße. Zum Schlittenfahren? Nein, dazu reicht es nicht. Und sogleich geht der Kinder Blick zum Himmel: Ob's denn nicht weiter schneit? Enttäuschung all überall. Die Sonne hat über Tag die weiße Pracht davongewischt.

Ungeachtet dessen stehen Skier, Rodelschlitten im Schuppen bereit. Sie werden geölt und gewachst, die Schlittenkufen entrostet, als stände ein großer Wettkampf bevor. Überraschen, nein, überraschen läßt man sich nicht.

Die Erwachsenen sehen es gelassener: Treibschnee ist Bleibschnee, sagen sie, wenn der Wind die feinen Flocken davonstiebt. Seit Jahrhunderten, von Mutter oder Großmutter gehört, soll weißer Schnee Glück bringen, blutiger großes Viehsterben, und schwarzer meldet Tauwetter. Vielleicht ist seine Farbe bloß Ausdruck der Umweltverschmutzung! Auch das heißt es: Viele kleine Flocken deuten daraufhin, daß im neuen Jahr viele junge Leute sterben, sind es große, dann sind die Alten an der Reihe!

Nicht ein Winter ist wie der andere. Man weiß von ausgesprochen milden Wintern, wo zu Weihnachten die Bäume blühten, ebenso zu berichten wie von besonders strengen. Vielleicht stimmt es doch, daß früher die Winter schneereicher, strenger und länger waren. Vom Ausmaß her sind wir mit unseren zufrieden, denn steigt die Sonne höher, sehnt sich keiner mehr nach dem Frühling als jene, die des Winters ganze Härte zu tragen hatten.

Dr Winter macht ne Leiten fixe Baa

Mit enn Mol nort, do is suweit:
Zengstrüm do is de Walt beschneit.
De Kinner sei wie raanetoll
un haane sich mit Schneezeig voll.
Doch du, du kratzt dich hintern Ohrn:
Dr Hosennapp is eigefrorn!
Is Muhst fern Weihnachtsbarg sollt haar,
nu blebbt'r dan Gahr wieder laar.
Un aah is Kallerloch sollt zu,
ne Laafkarrn wolltst de aah wagtu,
dos Reisig sollt fort hinterm Haus,
un dos wingk Miest sollt aah miet naus.
Nu möchtst de daamisch strößig sei,
sist friert is Wasser gar noch ei!
Su macht dr Winter, mer ka saah,
ne Leiten gaahling fixe Baa.

Sankt Martin macht Feuer im Kamin

Trieben die Händler aus dem Grenzdorf Satzung ihre aus Böhmen, Polen oder Rußland bezogenen Gänse feilbietend durch das Dorf, war das ein untrügliches Zeichen, daß der Martinstag, der 11. November, vor der Tür stand. Die es noch nicht erledigt hatten, sputeten sich, das Kraut einzuschneiden, die Wasserfässer im Freien zu entleeren, die Wasserleitung und Kellerfenster mit Reisig einzupacken um sie vor dem Frost zu schützen.

Früher hatte der Martinstag eine hervorgehobene Stellung. Mit ihm schloß der Bauer sein Wirtschaftsjahr ab, und der Winteranfang war gekommen, Zeit, das Vieh in den Stall zu bringen. Noch wichtiger für ihn war: Zu

Martini waren die Zins-, Pacht- und Naturalabgaben fällig. Und es hieß: „Martin ist ein harter Mann für den, der nicht bezahlen kann."

Diese Redensart erinnert daran, daß Martini ein wichtiger Abgabetermin an Naturalien war. Die Geistlichen erhielten ihre Pflichthühner und -gänse. Spottweise hieß das Läuten am Martinsabend das „Ganslauten". Später wurden an diesem Tag Geldgeschäfte aller Art abgewickelt. Vor allem durch die erfolgreich eingebrachte Ernte war es möglich, seinen Verpflichtungen nachzukommen und die Handwerkerrechnung zu bezahlen.

Um nicht als faul zu gelten, mußte die Feldbestellung abgeschlossen sein. Und so zahlte am Martinstag der Bauer den Mägden und Knechten den Jahreslohn aus. Oft war es auch der Tag, an dem das Gesinde den Dienstherrn wechselte. Bevor sie ihre neue Stelle antraten, war es üblich, ein paar faule Tage einzulegen. Es kam auch vor, daß sie über Winter ohne Arbeit blieben. Die Dreschmaschinen, die sich die Bauern anschafften, erübrigten Hilfskräfte.

Dem Martinstag folgte die sechswöchige Buß- und Adventszeit, in der kein Fleisch gegessen werden durfte. In dieser Zeit wurden die Kram- und Viehmärkte abgehalten. Die Ernte war unter Dach und Fach. Nun hatte die Landbevölkerung Zeit, sich auf dem Mark umzusehen und für den Winter zu sorgen. Die Bauern schlachteten das über Sommer gemästete Schwein, zuweilen auch überzähliges Federvieh.

Heutzutage sind es vor allem die Fleischer, die durch ihr Angebot an Gänsen auf den Martinstag aufmerksam machen. Denn bei traditionsbewußten Familien gibt es an diesem Tag Gänsebraten, gewissermaßen als Vorgeschmack auf die Weihnachtsgans. Wie sehr Martinstag und Gänsebraten zusammengehören, wird durch alte Bauernkalender belegt, in denen der Tag lediglich mit einer Gans gekennzeichnet wurde.

Bereits im Jahre 590 nennt die Synode zu Auxerre dies eine heidnische Sitte. Die Volkskundler sagen ohnehin, der Martinstag sei aus einem altgermanischen Fest hervorgegangen. Dies bestätige u. a., daß der Martinstag in nichtgermanischen Ländern, wie in Frankreich, zwar pomphaft, aber nur in der Kirche begangen wird. Viele Kirchen sind dort dem heiligen Martin geweiht.

Wahrscheinlich nahm Martin nach seiner Heiligsprechung die Stelle einer germanischen Gottheit ein, der für den Segen der Herden, der Früchte des Gartens und des Weinstocks geopfert und gespendet wurden. Denn bald galt Sankt Martin als Schutzpatron der Herden und des Geflügels unter den Haustieren, und die Winzer riefen ihn an, daß er die Trauben wachsen und gedeihen lasse. Übrigens: Als Beschützer der Haustiere kommt Martin schon im 10. Jahrhundert im „Wiener Hundesegen" vor.

Der heilige Martin kam um 316 oder 317 in Sabaria als Sohn eines römischen Tribunen zur Welt. Nach seiner Erziehung in Pavia wurde er römischer Soldat und Offizier und diente bei der Gardekavallerie des Kaisers Constantius. Als ihn ein frierender Bettler vor den Toren von Amiens begegnete, erbarmte er sich seiner, riß seinen Reitermantel in zwei Stücke und gab das eine dem Bettler. Darauf trat er aus der Armee aus, ließ sich taufen und missionierte bis an die Donau.

Martins Tat dem bettelnden Armen gegenüber wurde zum Vorbild für das Teilen untereinander, gemäß dem biblischen Wort: „Jesus Christus spricht ‚Was ihr dem geringsten eurer Brüder getan habt, das habt ihr mir getan.'"

371 wurde Martin vom Volk zum Bischof von Tours gewählt. Unter dem fränkischen König Clodwig (481–511) stieg er zum Nationalheiligen auf. Er starb am 8. November 397 in Candes an der Loire. Daß Martin Luther am Martinstag Geburtstag hat, ist wohl eher ein Zufall.

Vor allem die Gans wurde von Sankt Martin zum heiligen Tier erhoben. Einer Legende nach sollen Gänse ihm bei einer Predigt durch ihr lautes Schnattern gestört haben, so daß er sie abbrechen mußte. Nach einer anderen Legende habe er sich, als er von seiner Wahl zum Bischof hörte, in einem Gänsestall versteckt. Doch die Gänse hatten ihn durch ihr lautes Schnattern verraten. Daß sie deshalb geschlachtet werden, hat gewiß nicht darin seinen Grund. Wohl eher daß Gänse im November am fettesten sind. In der kalten Jahreszeit können sie nicht mehr auf der Weide gehalten werden. So wurde der Gänsebestand reduziert, und manche Gans landete in der Pfanne.

Der Martinsgans wird nachgesagt, ihr Genuß sei besonders gesund. Ihr Blut helfe gegen Fieber, ihr Fett gegen die Gicht. Aus der Farbe des Brustbeins oder der Rückenknochen will man die Strenge oder Milde des bevorstehenden Winters erkennen, je nachdem es mehr rot oder weiß ist. Wer den linken Fuß der geschlachteten Gans ans Haus nagelt, soll vor Feuersbrunst und anderen Unglücksfällen sicher sein. In Böhmen legt man die Schuppen oder Häutchen der Gänsefüße in das Schuhwerk, um sich vor Schweißfüßen zu bewahren, zwischen Zehen gelegt, schützen sie vor Hühneraugen.

Oft artete das Essen am Martinstag übermäßig aus, deshalb nennt man den, der sein Hab und Gut verschlemmt, einen „Martinsmann". In früherer Zeit schlachtete man mit der Gans symbolisch den Sommer. Durch ihren feierlichen Verzehr glaubte man, die Fruchtbarkeit für das kommende Jahr zu fördern.

Außer Schmaus und Gelage knüpfen sich an den Martinstag noch andere Sitten. So entfachte die Jugend auf den Höhen Martinsfeuer, wozu sie das Holz in der Gemeinde sammelte. Den Spendern wurde verkündet, damit die Flöhe zu verbrennen. Ins Feuer wurden alte Körbe geworfen als Sinnbild der abgeschlossenen Ernte. Allgemein sollten die Feuer böse Geister vertreiben und den Feldern gute Ernten und Segen bringen.

Bis heute reitet in katholischen Gegenden und Gemeinden Sankt Martin auf einem Schimmel, den Winter symbolisierend, an der Spitze eines Laternenumzugs. Kinder gehen von Haus zu Haus und schwenken ihre ausgehöhlten Rüben-, Kürbis- oder Papierlaternen, in einigen Gegenden mit Lichtern in den Händen. Vielfach ist das mit dem Martinssingen verbunden. Die Kinder lobpreisen singend den heiligen Martin: „Martin ist ein guter Mann, schenkt uns Äpfel und Nüsse", oder sie singen:

> Martin, Martin, Martin
> war ein frommer Mann,
> zündet viele Lichter an,
> daß er droben sehen kann,
> was er unten hat getan.

Die damit verbundenen Heischgänge sollen an das Teilen erinnern, das Martin an der Straße nach Amiens übte. Dafür bekommen sie Äpfel, Birnen, Nüsse, Lebkuchen und anderes Backwerk. Das besondere Gebäck dieser Zeit, das vor allem in Schlesien üblich ist, sind die Martinshörnle.

Martini ist auch ein wichtiger Lostag. Er hat Einfluß auf das kommende Wetter. Die Bauern sagen: „Wenn am Martinstag Wind geht, fehlt es im ganzen Jahr nicht daran", oder auch: „Ist Martini Sonnenschein, tritt ein kalter Winter ein." Mögen diese Regeln auch langer Beobachtung entsprechen, für eine Wetterprognose taugen auch die des Martinstages wenig.

Sankt Katharina liebt den Schnee!

Der 25. November ist der heiligen Katharina von Alexandrien gewidmet. Die katholischen Christen feiern diesen Tag als Katharinentag. Die Heilige mag auch hierzulande verehrt worden sein und ihre Bedeutung gehabt haben. Orte, Kirchen und Bergwerke tragen ihren Namen. Erinnert sei nur an „Sankt Katharinenberg im Puchenholtz", dem späteren Buchholz mit seiner St. Katharinenkirche und der heiligen Katharina im Wappenbild, auf dem Berg stehend, mit den Marterwerkzeugen Rad und Schwert in den Händen, oder auch an Zwickaus St. Katharinenkirche, an die Bergwerke „Sankt Catharina im Schafstall", „Sankt Catharinen Trost" und „Sankt Katharina" am Fürstenberg.

Hierzulande verlor sich nach der Reformation das Erinnern an St. Katharina. Der Katharinentag kam in Vergessenheit. Wenn er sich erhielt, dann lediglich als ein wichtiger Einschnitt im Jahresverlauf der Bauern. Das mag aber weniger an der Heiligen gelegen haben als vielmehr am Termin, an dem er begangen wurde.

Die Ernte war abgeschlossen. Das Vieh hatte seine Weideplätze verlassen und war in die Ställe zurückgekehrt. Oft lag Schnee, und der Boden war gefroren. Alle Feldarbeit ruhte. Man begann die Schafe zu scheren. Das Ackergerät kam zum Schmied und dann unter Dach und Fach. Nun hatte die Bäuerin Zeit, mit dem Spinnen zu beginnen. Die Rockenstuben kamen wieder auf. Nachbarn rückten zum gemeinsamen Spinnen zusammen, bald bei dem einen, bald bei dem anderen. Advent und Weihnachten standen vor der Tür. All dies war Ursache dafür, daß man die Zeit um den Katharinentag, auch Katharinensommer genannt, als den zweiten Abschnitt des Altweibersommers auffaßte.

Das Martyrium
der heiligenKatharina,
Kupferstich auf einer Spielkarte

Der Name Katharina kommt aus dem Griechischen und heißt soviel wie „die allzeit Reine". Nach einem legendären Bericht aus dem 6./7. Jahrhundert war sie eine schöne, hochgelehrte, in Überfluß lebende Königstochter aus Zypern. Sie widerlegte in Alexandrien nach einem heftigen Disput 50 heidnische Philosophen und bekehrte sie. Man warf sie deshalb in den Kerker und marterte sie. Ihr wurden die Brüste abgeschnitten. Als sie gerädert werden sollte, zerbrach das Rad, und so mußte sie enthauptet werden. Engel sollen ihren Leichnam auf den Berg Sinai getragen haben, wo sie ihre letzte Ruhe fand. Im 10. Jahrhundert fand man ihre Gebeine im Sinai-Kloster. – Das ist eine der vielen Varianten ihrer Lebensbeschreibung. Viele andere gibt es, jedoch fehlen historische Fakten, die sie stützen.

Verehrt wird sie seit dem 7. oder 8. Jahrhundert. Im Mittelalter war sie, neben Maria, diejenige Heilige, die man am meisten anrief. Seit dem 11. Jahrhundert schrieb man ihr Gedächtnis im römischen Meßbuch vor. Dargestellt wird sie mit dem zerbrochenen Zackenrad, mit Buch,

Die Annaberg-Buchholzer Kirche ist der heiligen Katharina gewidmet. – Das Altarbild im Wolfgangsaltar der St. Katharinenkirche, die heilige Katharina darstellend, wurde von Hans Hesse gemalt.

Schwert, Palme und Krone. Ein Trauring weist auf die mystische Vermählung mit Christus hin.

Vor allem bei der Landbevölkerung genoß sie hohes Ansehen. Kommt der Katharinentag, dann rufen die Mädchen und Jungfrauen sie an und erhoffen sich von ihr Gutes.

Die heilige Katharina gehört zu den 14 Nothelfern und mit Barbara und Margaretha zu den drei heiligen Mädchen. Von ihnen heißt es: „Sankt Barbara mit dem Turm, Sankt Margareth mit dem Wurm (Lindwurm), Kathrein mit dem Radl, das sind die heiligen Madl." Man erbittet ihren Beistand bei Kopf- und Zungenleiden, bei Kropfkrankheiten, bei Milchlosigkeit der Mütter und bei der Suche nach Ertrunkenen.

Der Katharinentag hatte seine Gesetze: Das aus der Legende herrührende Rad war die Ursache dafür, daß alles Drehende unterbleiben mußte. Keine Wagen durften fahren, kein Butterfaß sich drehen und keine Mühle mahlen, selbst das Spinnen mußte unterbleiben.

Da dem Katharinentag die „geschlossene Zeit" folgte, beging man ihn mit Fröhlichkeit und Tanz, dem Katharinentanz. Er war einer der Höhepunkte im Bauernjahr. „Sankt Kathrein stellt den Tanz ein", heißt eine alte Regel, und auch: „Wer eine Gans zum Essen mag, beginnt zu mästen sie am Katharinentag."

Der Katharinentag galt als Lostag, für den Bauern einer der Termine, um das Wetter vorauszusagen. Erwartungsvoll schaut er gegen den Himmel. Und sogleich hatte er seine vom Vater übernommenen Sprüche bereit:

> Wie das Wetter um Kathrein,
> wird der nächste Hornung (Februar) sein.

> Wenn's wintert schon am Katharinentag,
> kommt der Eismond (Januar) sehr gemach.

> Wenn kein Schneefall an Kathrein ist,
> auf St. Andreas kommt er gewiß!

Und beschönigend sagten unsere Vorfahren, wenn sie sich plötzlich entleeren mußten, sie hätten die schnelle Kathrine. Woher diese Redensart kommt, weiß freilich niemand.

Andreasnacht und Andreastag

Der 30. November wird im Kalender als der Tag des Andreas ausgewiesen. In manchen katholischen Gegenden begeht man ihn feierlich mit Zeremonien und Gottesdiensten. Die Andreasnacht steht am Ende eines Kirchenjahres und ist reichlich, dem heutigen Silvester vergleichbar, mit Brauchtum am Jahresende verbunden. Viele Erzgebirger begehen den Adventsheiligabend, den ersten der vier Heiligabende. Gemeinsam setzt sich mit dem Sechseläuten die Familie an den Tisch zum gemeinsamen Essen. Es wird nicht immer Neunerlei sein, jedoch werden Klöße nicht fehlen. Ein Schwarzenberger gibt an: „Mer waarn, wie alle Gahr, enn Hos schlachten!", ein Kaninchen aus dem eigenen Stall. Danach steckt die Familie die Weihnachtslichter in den Fenstern und am Gartenzaun an. Der eigentliche Andreastag steht ja am Beginn des

Kirchenjahres, am Eintritt in die Advents- und damit in die Vorweihnachtszeit. Von da an gehen die Tage ihrer schwächsten Zeit entgegen, die Sonnenkraft erlahmt zunehmend.

Andreas, aus Bethsaida in Galiä, war der ältere Bruder des Petrus. Wie dieser war er Fischer und bereits vor ihm einer der Jünger Jesu. Indessen er hierzulande keine hervorgehobene Bedeutung hat, wird er in Rußland, Griechenland und Spanien als Schutzpatron verehrt. Andreas starb um das Jahr 60 im griechischen Patras als Märtyrer. Mit ausgespannten Händen und Füßen hatte man ihn an ein schräggeformtes Kreuz gebunden, das man heute nach ihm Andreaskreuz nennt.

Unter Katholiken gilt der Heilige als Schutzpatron der jungen Mädchen, Liebes- und Eheleute. Er soll auch bei Halsweh, Gicht und Unfruchtbarkeit helfen. Da er selbst Fischer war, der auf dem See Genezareth seine Netze auswarf, verehren ihn vor allem die Fischer, Fischverkäufer, aber auch die Fleischer und Seiler.

Die Nacht vom 29. zum 30. November gilt als geheimnisvolle Losnacht und wird vor allem von jungen Mädchen geschätzt. In ihr erweist sich der heilige Andreas erbötig und läßt sie einen Blick in die Zukunft tun. Vor allem können sie den Verlauf ihrer Liebschaft erfahren.

Zu Großmutters Zeiten knieten die Mädchen am Bett nieder und baten, im Traum ihren Zukünftigen zu sehen. Sie schrieben auch auf einzelne Zettel das ABC und steckten sie unter das Kopfkissen. Am nächsten Morgen zogen sie einen davon heraus. Der gezogen Buchstabe deutete auf den Namen des Erwarteten hin. Andere befragten das Schicksal, indem sie mitternachts, bevor sie ins Bett stiegen, einen Hering aßen. Dann sollte ihnen im Traum der Geliebte erscheinen. Im Harz tranken sie vor dem Schlafengehen zwei Becher Wein und meinten, es helfe, wirksam zu träumen. Das brachte den Barockdichter Friedrich Logau (1604–1655) zu dem Sinnspruch:

> Wan St. Andreas-Abend kümt,
> pflegt jeder, der sich will beweiben,
> auch die, die sich bemanen will,
> ein hitziges Gebet zu treiben.

Andreaskreuze eines Zschopauer Fachwerkhauses. An einem solchen schräggestellten Kreuz soll der Apostel Andreas gekreuzigt worden sein.

In der Auer Gegend sind allein siebzehn verschiedene Gebetsverse gesammelt worden, die von den Mädchen vor dem Einschlafen hergesagt wurden. Großmutter wußte von ihrer Großmutter allerlei Handlungen, geeignet, das Schicksal in dieser Nacht zu erfragen. So stellte sich das wißbegierige Mädchen mit dem Rücken gegen die Tür. Dann schnellte sie mit Schwung den Pantoffel des rechten Fußes rückwärts über den Kopf dagegen. Dabei deklamierte sie eines der Verslein, das ihr die Mutter gelehrt hatte:

> Pantoffel aus, Pantoffel ei,
> wu waar ich über'sch Gahr sei?
>
> Pantoffel ei, Pantoffel aus,
> bleib ich derhaam oder muß ich naus?
>
> Schukel raus, Schukel rei,
> wu werd wuhl itze mei Schatzel sei,
> hinne oder haußen?

Lag er mit der Spitze zur Tür, kam ein Mann ins Haus, zeigt die Spitze nach links oder rechts, war er von dorther zu erwarten.

Andere Mädchen sollen zum Sieben- oder Zwölfuhrläuten in den Garten gegangen sein. Dort warfen sie einen kleinen Kranz gegen die Baumkrone.

Blieb er hängen, kam der Ersehnte ins Haus. Anders, wenn er herunterfiel. So oft dies nämlich geschah, so viele Jahre mußte sie noch auf ihn warten. Genügte ihr das nicht, setzte sie je ein Licht auf zwei schwimmende Nußschalen. Schwammen die Kerzen aufeinander zu, gedieh auch die Liebe zueinander, anderenfalls starb sie dahin und ging auseinander.

Großmutter wußte auch davon zu erzählen, daß man einen Apfel in einem Zug schälte. Warf das Mädchen danach die Schalen hinter sich über den Kopf, deutete sie aus den Verschlingungen das Monogramm des Zukünftigen. Mädchen zogen um Mitternacht schweigend einen Scheit aus dem Kleinholz auf dem Oberboden. War er krumm, bekamen sie einen krummen Alten zum Mann. Der Volksglaube will wissen, daß viele dieser Orakel am besten funktionieren, wenn sie die Mädchen nackt ausüben.

Im Vogtland war das „Erbzaunmessen" üblich. Da maßen die Mädchen mit ihren Schürzen den vorm Haus befindlichen Gartenzaun. Die übriggebliebenen Zaunlatten ergaben die Jahre, die sie auf den Liebsten noch warten mußten. In Brambach deckte das Mädchen in der Andreasnacht den Tisch für zwei Personen. Es durfte aber keine Gabel unter dem Eßbesteck sein. Sie setzte sich daran und sagte:

> Res, Mes, Sankt Andres,
> ich bitt dich, laß erscheinen
> den Herzallerliebsten meinen,
> in seiner Gestalt, in meiner Gewalt,
> in seinem Habit,
> wie er des Sonntags zur Kirche geht.

Manche Mädchen schüttelten um Mitternacht einen Baum. Dadurch wurde ihnen kundgetan, daß aus der Richtung, aus der das erste Hundegebell zu hören war, der Künftige kommen wird. Rüttelten sie an einem Erbzaun, sagten sie ihr Verslein her:

> Erbzaun, ich schüttle dich; ich rüttle dich,
> wo mein Liebster wohnt, da regt sich's.
> Kann er sich nicht selber melden,
> so laß doch mir ein Hündlein bellen!

Aus der Richtung, aus der ein Hunde bellte, werde eines Tages der Liebste kommen. Manche zählten auch die Anschläge des Hundes, um daraus zu erfahren, wie viele Jahre sie noch warten mußten. Auch gegen einen Hühnerstall wurde wißbegierig geklopft. Dazu hieß es:

> Kräht dr Hah, krieg ich enn Ma,
> gackert de Henn, krieg ich kenn!

Wer am Fenster des Nachbarn lauschte und von einem Begräbnis reden hörte, dem stand ein Todesfall in der Familie bevor, hörte er hingegen von angenehmen Dingen, deutete das auf ein gutes Jahr. Wer sich um Mitternacht auf einen Kreuzweg wagte, dem brachte der Teufel Schätze. Zum Beweis, daß es in der Andreasnacht nicht mit rechten Dingen zugeht, erzählte die Großmutter folgende Sage: Ein Mädchen hatte um Mitternacht unter allerlei Gebräuchen ihren Liebsten sehen wollen. Das erfüllte sich dadurch, daß ein Jäger die Tür öffnete und ins Zimmer trat. Der trug ganz ungewöhnlich, statt umgehängt, den Hirschfänger in den Händen. Als er das Mädchen erblickte, warf er ihn ihr vor die Füße, schlug die Tür zu und verschwand. Wenn auch erschrocken, so vermutete sie dabei nichts Sonderliches. Sie hob das Gewaff auf. Und da sie damit nichts anderes anzufangen wußte, schloß sie es in ihre Wäschetruhe. Kurze Zeit danach erschien der Jäger wieder und begehrte, sie zu heiraten.

Sie mochten ein Jahr verheiratet gewesen sein, da erwartete die Frau ihr erstes Kind. Im Bett liegend, schickte sie ihren Mann zur Truhe, um von dort Windeln und Wäsche zu holen. Sie dachte mit keiner Faser daran, daß dort das Zaubergerät, der Hirschfänger, lag. Der Mann, ihn findend, rief aus: „Hier ist er, hier, den ich so lange gesucht!" Wie wahnsinnig eilte er zurück und stieß den Stahl der Schwangeren mitten ins Herz. – Diese schaurige Sage stammt aus Österreich.

In manchen Orten arbeiteten die Bauern am Andreastag zügig nacheinander weg, um die Arbeit vor Sonnenuntergang abzuschließen, denn wer sie nicht schaffte, den besuchten die bösen Geister und Hexen. Gut beraten waren allerdings diejenigen, die am Andreastag jegliche Arbeit ruhen ließen und ihn als Feiertag heiligten, dadurch waren sie vor allen Unholden gefeit.

Wie am Barbaratag (am 4. Dezember) schnitten manche Mädchen am Andreasabend Zweige von Kirsche oder Flieder und stellten sie ins Wasser. Das sollte um sechs, neun oder zwölf geschehen. Die Zweige sollten von sieben oder neun verschiedenen Sträuchern stammen. Um drei Zweige wurden Bänder geschlungen. Blühten die Zweige Weihnachten auf, hatten man drei Wünsche frei.

Auch das wird von früher berichtet: Junge Leute zogen maskiert durch die Straßen, lärmten, ließen Böllerschüsse los und meinten, mit viel Lärm böse Mächte zu vertreiben.

Vom Abend in der Hutzenstube

Wenn man früheren Berichten glauben darf, gehörte das Hutzengehen zu den schönsten Gepflogenheiten in der finsteren Winterszeit. Pfarrer Wild weiß zu Beginn des 19. Jahrhunderts davon zu berichten: „So habe ich bei den gemeinen Leuten vorzüglich im Winter dieses Hutzengehen so bemerkt: der Nachbar, die Bekannte oder Freundin kam im Negligee, grüßte, setzte sich auf die Ofenbank, fing ein Gespräch an, und war es eine Mannsperson, so schmauchte es sein Pfeifchen. Abends kamen mehrere Mädchen mit den Klöppelkissen…"

Um den Begriff „hutzen" rätseln die Volkskundler. So meinen die einen, er könne von „hotzen" abgeleitet sein, was soviel wie schaukeln oder wiegen heißt. Einige folgern, man habe beim Besuch die Kinder mitgebracht, in den Schlaf „gehotzt", um ungestört zu sein. Der Begriff wäre dann auf die gesamte Zusammenkunft übertragen worden.

Die kanadischen Bergleute gehen dann „hutzen", wenn sie sich in geselliger Runde im „Huthaus" zusammenfinden. Wäre das nicht auch für uns eine Erklärung? Denn auch hierzulande setzten sich die Bergleute nach verfahrener Schicht gelegentlich noch eine Weile im Huthaus zusammen. Könnte nicht aus „im Huthaus sein", nach und nach „Hut-sein", „hut-zen" geworden sein?

Hutzengehen ist kein eigentlicher Vorweihnachtsbrauch. Er gehört aber in die kalte Jahreszeit. Und das ist heute noch so. Man huscht für eine kleine

„Schellerhauer Hutzenstube" von Wolfgang Ermischer, Schellerhau, 2000, Länge 85 cm, Breite 38 cm, Höhe 37 cm (Lohgerber-, Stadt- und Kreismuseum Dippoldiswalde). – In der Hutzenstube sind Schellerhauer Originale dargestellt, von links: die Semmelmilda, die Klöppelmarlies, der Kutschermaxe, der Heimatdichter Helmut Liebscher, Heinz der Zitherspieler, Oma Martha.

Stunde zum Nachbarn hinüber, erzählt, hilft ihm vielleicht beim Aufbau seines Weihnachtsberges oder die Pyramide reparieren. Für solche Arbeiten ist oft eine zusätzliche Hand unerläßlich. Vielleicht ist auch ein guter Rat vom Nachbarn gefragt.

Dauert der Frau das „kleine Stündchen" zu lange, kommt sie nach. Eigentlich nur, um ihren Mann abzuholen. Sie wird aber doch den Nachbarsleuten die Ruhe nicht nehmen wollen! So bleibt es nicht aus, daß aus der „kleinen" eine „große" Stunde wird. Der Nachbar hat eine Flasche seines Stachelbeerweins spendiert. Und es gibt immer wieder neuen Gesprächsstoff.

Dem Ursprung nach ist die Hutzenstube eine Arbeitsstube. Um Heizung und Beleuchtung zu sparen, kamen die Klöpplerinnen der Nachbarschaft reihum in einer Stube zusammen. In einem aus Arnsfeld überlieferten Liedchen heißt es:

> Heit is de Reih an mir: Ihr Leit,
> kummt rei, ich will derzöhln.
> Wall nu de Kinner schlofen sei,
> do braucht's kaa gruß Verhchln!

Dieses deutet darauf hin, daß auch über manches gesprochen wurde, was Kinder nicht unbedingt zu wissen brauchen.

Vielfach wird auch heute noch Hutzen und Zu-Rocken-Gehen gleichgesetzt, wenn auch, zumindest im Erzgebirge, das Spinnrad keine Bedeutung hatte. In der Klöppelstube wurde kaum gesponnen. Der Rocken ist ein Stock mit Flachs, Hanf oder Wolle zum Ausspinnen. Von ihm ist das Zu-Rocken-Gehen abgeleitet.

Es gehört bis heute zum Brauch der Klöpplerinnen, nur mit einer neuwaschenen und frisch gesteiften Schürze zur „Rix" zu gehen, wie gelegentlich eine solche Zusammenkunft heißt. Dabei trägt sie mit dem angewinkelten Arm die Klippelsteig, das Gestell, mit dem draufliegenden Klöppelsack. Dieser ist in ein Tuch eingebunden, damit die Klöppel nicht durcheinanderkommen und die Fäden verfitzen, auch damit die Spitzen nicht anschmutzen.

Nach einer gewissen Zeit bringt die Gastgeberin die Kanne mit dem Gerstenkaffee, dazu Röhrenkuchen, Kartoffelkuchen oder Rauchemad. Alle beteuern: „Dos wär fei net nötig gewaasen", langen zu und lassen es sich schmecken. Oft dehnte sich das Klöppeln bis in die Abendstunden aus, zum „Nachtklippelstock" oder „Öltisch". Dunkelte es, kamen die Burschen und Männer, die Klöpplerinnen abzuholen. Natürlich blieben sie auf einem „Niedersitz" bei einem Tippel Malzkaffee. Man erzählte, sang, neckte die Frauen und trieb Späße, zog ihnen die Aufstecknadeln aus dem Klöppelkissen und machte sie fürchten vor dem „schwarzen Mann" drüben am Wasserhaus.

Nicht selten kam es vor, daß der eine oder andere sein Schnitzzeug mit hatte. Werkzeuge und Holz mit der angefangenen Arbeit, das beim Auspacken von den anderen kritisch beurteilt wurde. Auch das kam vor, daß man Tische und Stühle beiseite schob, der Nachbar seine Zither oder Ziehharmonika holte, um zu einem Tänzchen aufzuspielen. Und fehlte ein Instrument, sang man sich ganz einfach die Weise und machte danach die Tanzschritte. Alkohol spielte dabei kaum eine Rolle. Fand ein verliebtes Paar nicht gleich heim, machte es „lange Nacht", vielleicht des Windes oder der Kälte wegen in einem Vorhäusl in der Nachbarschaft.

Es mag auf den Hutzenabenden nicht immer sittsam zugegangen sein. Alten Zeugnissen nach wurde in Lößnitz bereits 1441 das Rockengehen verboten. 1580 beklagte man in der sächsischen Kirchenordnung, daß in den Stuben allerlei Üppigkeit und Leichtfertigkeit geübt wurde und zur Nacht die Mädchen von den Burschen heimgebracht und „dadurch manch junger Mensch zu Fall gebracht" werde. Die Beierfelder Gerichtsordnung von 1635 verbot das Tanzen in der Hutzenstube, „weil daraus wenig Gutes erfolgt und es viel besser ist, daß ein jeder seine Tochter, Magd und Gesinde bei der Nacht daheim behalte". Eibenstocks Pfarrer wetterte gegen die „unzüchtigen Tänze der Klöppelmägde". 1906 drohte der Gemeindevorstand von Steinbach demjenigen eine Strafe von 30 Mark an, der Jugendliche unter 16 Jahren, Fortbildungsschüler und Lehrlinge auf einem Hutzenabend duldet.

Das Hutzengehen der alten Art ist verschwunden. Der Begriff „Hutzenabend" hat sich längst erweitert. Man spricht heute auch dann davon, wenn sich die Senioren eines Dorfes oder die Mitglieder eines Vereins im Gasthof zusammenfinden. „Hutzen" ist zum Sammelbegriff geworden für Zusammenrücken und fröhliche Gemeinsamkeit.

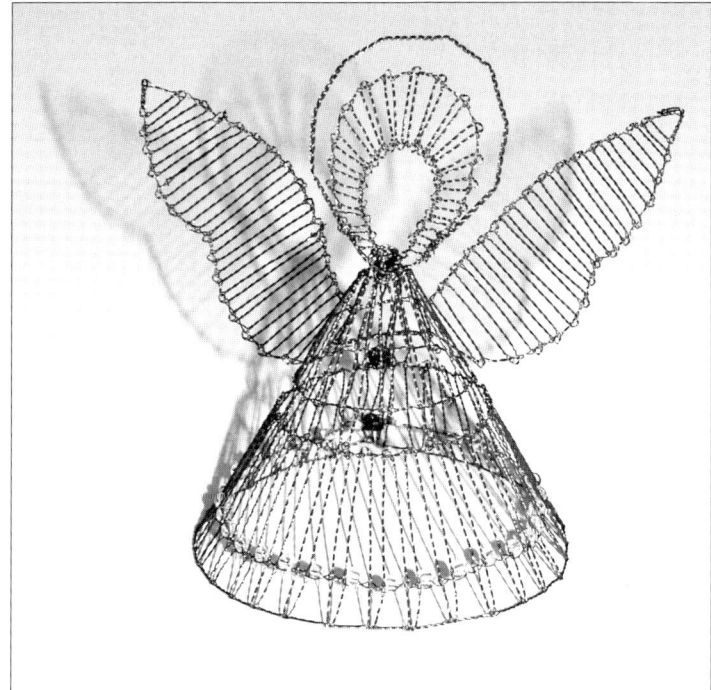

Engel aus Edelstahldraht, Klöppelarbeit von Manuela Fischer, Frohnau(von 2001 bis 2005 Annaberger Klöppelkönigin)

2. KAPITEL

Adventszeit, hohe Zeit

Um den ersten Advent

Weihnachten ist nahe! Der erste Sonntag nach dem Toten- oder Ewigkeitssonntag ist der 1. Advent. Nun beginnt die eigentliche Weihnachtszeit. Sie endet nach vier Sonntagen mit Weihnachten. Für die Christenheit eröffnet sich mit ihr der Kreis eines neuen Kirchenjahres. Noch heute begehen traditionsbewußte Familien am Sonnabend vor dem 1. Advent den ersten der vier Heiligabende. Nun dürfen die ersten Weihrauchkerzen abgebrannt werden, „doß's nooch Weihnachten riecht". Bei manchen dudeln sie fortan bis zu Lichtmeß, daß man meinen könnte, in einer katholischen Kirche zu wohnen. Die nächsten Tage sind mit mehr Bräuchen angereichert als die anderen im Jahr zusammen. Jede Familie hat ihre eigenen. Und es ist, als drehten sich die Räder schneller und als seien die Menschen von einer inneren Unruhe erfaßt. Heißt nicht adventus Ankunft?

Schon Tage im November warnt die Mutter ihre Kinder, ja folgsam zu sein. Denn komme erst der Advent, gehe Hans Rupperich zu den Häusern und schaue heimlich durchs Schlüsselloch oder Fenster, auch will ihn die Mutter auf dem Markt schon gesprochen haben. Immer wolle er alles über die Kinder wissen. Denn nur solchen, die ihren Eltern Freude bereiten, bringe er seine Gaben. Im vogtländischen Reichenbach weiß man vom Bornkinnel, das am 1. Adventssonntag von Schöneck herunterkommt, sich auf dem Kirchturm einmietet, um von da in die Stuben zu sehen, ob die Kinder folgsam sind.

Am Sonnabend vor dem 1. Advent, und keinen Tag früher, steigen Vater und Mutter auf den Spitzboden, um die Kartons, die Schachteln, Kästchen und Tüten mit den Weihnachtssachen hervorzusuchen. Sie lassen sich keinesfalls von Supermärkten, Kaufhallen, Versandhäusern verleiten, die, ungeachtet aller Tradition, ihre Weihnachtsangebote schon im Oktober machen und so alle weihnachtliche Vorfreude verderben.

Die Kurrendesänger der Ev.-Luth.-Kirchgemeinde Dittersdorf bei ihrem Umzg von Haus zu Haus am 3. Advent

In der Stube kann man sich kaum drehen, Tische, Bänke, Stühle liegen voller Verpackungen. Die Eltern bleiben bedächtig, ungeachtet der Regsamkeit der Kinder. Eines nach dem anderen wird ausgewickelt, kritisch betrachtet. Und tatsächlich, manch ein gutes Stück ist lädiert und muß repariert werden. Erst dann erhält es seinen angestammten Platz. Kater Moritz muß sich einen anderen Ausguck suchen. Selbst die Hyazinthen, ihrer Zipfelmütze beraubt, geraten ungeachtet ihres lieblichen Duftes, ins Hintertreffen. Nun haben die Schwibbögen das Pree, ihnen gehören die Fensterbänke. Keines der Fenster ist ausgelassen, nicht einmal das vom Treppenhaus oder der Bodentreppe.

Der Vater schließt die Bögen an die elektrische Leitung an. Für einen Moment dürfen sie leuchten, aber nur für einen Moment, und das auch nur zur Probe. Wie oft kam es schon vor, daß eines der Lämpchen schadhaft war und den Bogen finster ließ. Ihr großes Leuchten beginnt mit dem 1. Advent und keinen Tag früher. Nicht anders ist es mit den elektrischen Kerzen auf der Fichte im Garten und mit dem über das Jahr hinweg verwaisten überdimensionalen Schwibbogen am Ortseingang. In Zwönitz gehen Schlag 18 Uhr die Weihnachtslichter an. Auch anderenorts ist das so, wenn auch nicht genau auf die Minute.

Vor dem Rathaus sind die Männer der örtlichen Schnitzgemeinschaft dabei, die Ortspyramide herzurichten, meist unter reger Anteilnahme der Bevölkerung. Mit den Händen in den Hosentaschen stehen die größeren Jungen dabei, geben sich fachmännisch, als wüßten sie es besser als ihre Väter. Die Männer vom örtlichen Bauhof stellen den „Weihnachtsbaum für alle" auf, eine schön gewachsene Fichte aus dem Stadt- oder Gemeindewald. Sie haben dazu Feuerwehrleute gerufen. So ein Baum hat seine Last und braucht starke Arme, bevor er steht. Es ginge gegen die Ehre einer jeden Gemeinde, wäre zum 1. Advent nicht alles funktionsfähig. Und indessen die Männer voll in ihrem Element sind, haben die Mütter ihren Drahsch mit dem Backen. Was wäre das für ein Weihnachten, gäbe es kein Weihnachtsgebäck!

In vielen Orten wird in einer feierlichen Zeremonie, mit Rede, Blasmusik und Kinderchor, die große Ortspyramide angeschoben. Und am Abend bläst vom illuminierten Turm oder Rathausbalkon der Posaunenchor Bergmanns- und Weihnachtslieder, darunter sind altüberlieferte, die es nur hier und nicht anderswo gibt. In anderen Orten zieht die Kurrende von Haus zu Haus, den Weihnachtsgruß entbietend. Traditionsbewußte Familien zünden von den vier im Hausflur aufgestellten Kerzen zu jedem Adventssonntag eine mehr an. Sie legen Speisen dazu, zum Zeichen dafür, daß alles für das Fest bereit ist.

Der Mutter bleibt es vorbehalten, die Weihnachtsgans zu kaufen, am liebsten eine vom Bauern. Und hat sie ihn nicht selbst gebacken, kauft sie auch den Weihnachtsstollen, keinen fremden, er muß vom Erzgebirge sein. Nur feine oder nicht von hier stammende Leute, die Erzgebirger sagen „Uhiesige" dazu, kaufen einen Einpendler, einen Dresdner Christstollen.

Alte Leute wissen von ihren Großeltern, daß am Nachmittag des ersten Heiligabends der Hausvater mit einer Schaufel brennender Äste von Tanne, Fichte, Wacholder und verschiedenen Kräutern durch die Räume seines Anwesens ging, um die bösen Geister zu vertreiben.

Seit wann der 1. Advent begangen wird, steht nicht fest. Erstmals wurde

524 auf der Kirchenversammlung zu Lerida davon gesprochen. Später, auf der 836 in Aachen gehaltenen Kirchenversammlung, legte man für die Weihnachtsrüstzeit das Fasten fest. Lustbarkeiten, Hochzeiten, Feiern oder Schmausereien hatten zu unterbleiben. Die Frauen und Mädchen mußten in dunkler Kleidung zur Kirche kommen.

Wie das aber so ist: Im Zeitverlauf verwandelte sich dieser vorweihnachtliche Ernst geradezu ins Gegenteil, in eine fröhliche Zeit voller Erwartung. Und diese bekam einen besonderen Reiz. Ihre Heimeligkeit hat sich bis heute erhalten. Mehr als in der übrigen Jahreszeit rücken die Leute aneinander. Nachbarn besuchen sich gegenseitig und sind mehr noch als sonst zu einem Gespräch bereit. Zwischendurch lädt dieser und jener Verein zum Lichtelabend, zur Weihnachtsfeier ein oder der Schnitzverein zum Besuch der Weihnachtsausstellung.

Dem Volksglauben nach sei diese heilige Zeit voller Wunderdinge. So sagt man einem Traum zum ersten Adventssonntag Schicksalsweisendes nach. Kinder, die am 1. Advent geboren werden, sollen die Gabe haben, Geister sehen zu können. Rumpelt es auf dem Hausboden, stürbe im kommenden Jahr der Hausvater.

In der Adventszeit treiben die Geister ihr Unwesen, wie Irrlichter, wilde Jäger und gespenstige Tiere. Selbst Leichenzüge sind über Nacht unterwegs. Bei Dunkelheit schrecken Jungen die Hausbewohner durch ihr „Fietscheln". Heimlich stecken sie eine eingefädelte Nähnadel gegen die Fensterscheibe und fahren mit Kolophonium den Faden auf und ab, um durch einen erschreckend gespenstigen Ton die Stubenleute zu ängstigen. Wer eine Wünschelrute braucht, holt sie sich am ersten Adventstag zu Mitternacht. In der Adventszeit kann man besonders gut Schätze heben. Da Erbsen und Linsen geistersichtig sind, soll man sie in dieser Zeit nicht essen, dafür aber viel Nüsse. Kinder gehen im Dorf reihum und werfen Erbsen, Bohnen oder Linsen gegen die Fensterscheiben oder schlagen mit einem Rutenbesen an die Haustür, um böse Geister abzuschrecken, die sich rüsten, um in den Internächten zwischen Weihnachten und Neujahr umherzuziehen und ihr Unwesen zu treiben. Die Bauern aber orakeln: Die Witterung der Adventssonntage ist vorbestimmend für den ganzen Winter.

Vom Osten strahlt ein Stern herein

Der Adventsstern hat sich als weihnachtliches Festgeleucht in Sachsen, besonders im Erzgebirge, rasch eingeführt. Das ist in Deutschland nicht überall so. Selten wird er in anerkannten Weihnachtsbüchern erwähnt. Dann und wann hört man sagen, Weihnachtszeit sei Sternenzeit. Hängt das mit den langen Winternächten zusammen mit ihrem sternenbesäten Himmel? Wohl eher mit der Weihnachtsgeschichte. Der Stern von Bethlehem wurde das Symbol des Lichtes und der Hoffnung auf eine bessere Welt!

War es nicht ein Stern, der die drei Weisen aus dem Morgenland zur Krippe hinführte? Es heißt zwar, er habe sie den falschen Weg gewiesen, nicht nach Bethlehem, sondern nach Jerusalem. Vergebens war dort ihr Suchen nach dem königlichen Sohn. Sie gelangten sogar zum falschen König, zum Feind des Neugeborenen. Doch gaben ihnen Schriftgelehrte Auskunft, wie es in Micha 5.1 nachzulesen ist: „Und du, Bethlehem Ephratha, die du klein bist unter den Städten in Juda, aus dir soll mir der kommen, der in Israel Herr sei, welches Ausgang von Anfang und von Ewigkeit her gewesen ist." So gelangten sie nach Bethlehem und fanden den neugeborenen Königssohn.

Dies berichtet der Apostel Matthäus auf seine Art, wie die Weisen vom Morgenlande einen ungewöhnlichen Stern sichten, ihm folgen und so das Haus von Bethlehem finden: „Und siehe, der Stern, den sie im Morgenland gesehen hatten, ging vor ihnen hin, bis das er kam und stand oben über, wo das Kindlein war."

Hartensteiner Advents- und Weihnachtssterne
aus dem Hause Härtel

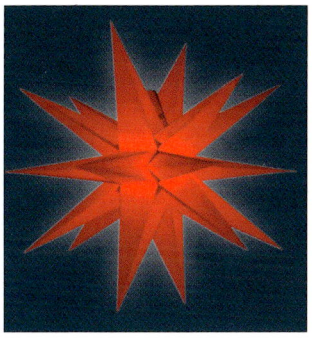  

Faltsterne der Buchbinderei Kraft in Annaberg-Buchholz

Der Stern ist aus der heimatlichen Weihnacht nicht mehr fortzudenken: aus Stroh gebunden, aus Holz gesägt, aus Papier gefaltet, mit Silberdraht oder Zwirn geklöppelt oder aus Teig gebacken. Er funkelt auf der Spitze des Weihnachtsbaumes, und die Kurrendesänger tragen ihn aus Pappe geschnitten auf niedriger Stange vor sich her. Am beliebtesten ist er beleuchtet. In Sebnitz hingen schon um 1870 selbstgebastelte Leuchtsterne in den ärmlichen Wohnstuben der Weber. Es waren Flachsterne mit pyramidenförmigen Zakken. Im Erzgebirge ist erstmals um 1900 von einem solchen Stern die Rede.

Pobershau im Lichterglanz. Alle Fenster sind illuminiert.

In der Missionsanstalt Kleinwelka in der Lausitz hat ein Lehrer den Kindern für den 1. Adventssonntag 1887 einen erleuchteten Stern gebastelt. Er wollte ihnen in der Vorweihnachtszeit die Trennung vom Elternhaus erleichtern. Das habe die Kinder angeregt, auch solche Sterne anzufertigen, und schließlich auch die Erwachsenen. Adventssterne wurden rasch beliebt, so daß es sich Anfang des 20. Jahrhunderts lohnte, sie industriemäßig herzustellen, jedoch immer noch in Handarbeit. Heute hat ein solcher zusammensteckbarer Stern 25 Zacken. Er ist aus durchsichtigem Papier oder Kunststoff, in fünf verschiedenen Farbvarianten und in drei Größen zwischen 13 und 130 Zentimetern im Durchmesser erhältlich. Unter der Bezeichnung „Herrnhuter Adventsstern" wurde er bekannt.

In Annaberg gibt es seit 1924 einen zusammenlegbaren Adventsstern, der in der Kartonagenfabrik Karl Friedrich hergestellt wurde. Der aus Papier bestehende Stern wurde als „Friedrich Stern" bekannt. Von seinem Urheber wird in Annaberg erzählt, er sei aus Langeweile während der Genesung von einem Autounfall entstanden. Er galt als Erfindung und wurde 1926 patentamtlich geschützt. Seit 1996 fertigt ihn, mit der Erlaubnis von Friedrichs Nachkommen, die Buchbinderei Kraft als „Annaberger Faltstern".

Aus der Sebnitzer Kunstblumenproduktion kommt der „Sebnitzer Adventsstern". Er ist ein Flachstern, läßt sich gut ins Fenster hängen und über Sommer, fächerartig zusammengeklappt, gut aufbewahren. Alter Sebnitzer Tradition folgend, sind die einzelnen Zacken kreisrund durchbrochen und erhalten dadurch einen besonderen Effekt.

Beliebt bei den Erzgebirgern ist der „Hartensteiner Advents- und Weihnachtsstern", den die Buchbinderei Härtel in neun verschiedenen Farbnuancen anbietet. Der vielzackige, reich mit Ornamenten versehene Stern, hat einen aus Hartpappe gefertigten Grundkörper, auf den die einzelnen Zacken aufgesteckt sind.

Vom 1. Advent bis zum Hohneujahr leuchten die Sterne hinaus in die Nacht. Sie hängen nicht nur in den Wohnungen, sind in Gaststätten, Schulen und als evangelischer Brauch in den Kirchen zu finden. Sie hängen meist allein an der Zimmerdecke, selten im Inneren eines Adventskranzes. An der Innenseite des Fensters hängend, sind sie ein Teil der Weihnachtsillumination. In Neubaublöcken werden sie häufig auf dem Balkon angebracht. Das wurde möglich, weil jetzt Adventssterne für den Außenbereich hergestellt werden.

In der hiesigen Region hängen rote Sterne oder rotgelbe, im deutschen Norden werden weiße und gelbe bevorzugt. Bei den Herrnhutern sind die rotgelben und die rotweißen am meisten gefragt. Davon entstehen jährlich etwa 200 000 Stück, von denen der kleinere Teil in den Geschäften und auf den großen Weihnachtsmärkten angeboten wird, der größere Teil aber wird in alle Welt verschickt. Wie sagten wir anfangs: Der Stern von Bethlehem sei ein Symbol des Lichtes und der Hoffnung auf eine bessere Welt. Möge er es auch fernerhin sein!

Ein Kranz, der Kerzen trägt

Während der Weihnachtszeit Leuchter in die Stube zu hängen entspricht einem alten Brauch. Man will damit die aus der Höhe kommende Lichtfülle verkörpern, das himmlische Licht in die Stube bringen. Kam nicht hierzulande aus diesem Grunde, zumindest in der Anfangszeit, der Weihnachtsbaum, mit Kerzen besteckt, hängend an die Stubendecke? Bis vor wenigen Jahrzehnten war es üblich, einen Adventskranz aufzuhängen. Er galt als äußeres Zeichen dafür, daß die Weihnachtszeit begonnen hat. Das geschah in den Wohnungen, selbst in öffentlichen Gebäuden, in Kirchen und Schulen. Hier hing in jedem Klassenzimmer ein Kranz. Die Frau des Hausmeisters saß manche Stunde, um diese Kränze zu binden.

Von alten Leuten im Erzgebirge wurde der Adventskranz als „neumodischer Kram" abgelehnt. Sie meinten, ihn gäbe es „frühestens seit dem ersten Weltkrieg", „seit neuer Zeit", oder „er käme von den feinen Leuten her". Inzwischen wird in den Wohnungen der kleinere, auf einem Gestell hängende oder auf einer Schale liegende Tischkranz bevorzugt.

Der Adventskranz hat jedoch seine Geschichte, wenn auch keine sehr langjährige. Angeregt wurde er durch den evangelischen Theologen Johann Wichern (1808–1883), der 1833 die Erziehungsanstalt „Rauhes Haus" in Hamburg-Horn gründete. Aus seinen Tagebüchern ist zu erfahren, daß er

Ab dem vierten Advent brennen alle vier Kerzen des Kranzes.

zur Andacht zum 1. Advent 1838 kranzförmig bunte Wachskerzen aufstellte. Ab 1840 wurden diese Adventsandachten zur Regel. In seinem Jahresbericht von 1843 schreibt er: „Auf dem Kronleuchter des Betsaals sind so viele Lichter aufgestellt, als es in dem Jahr Adventstage gibt, und mit jeder solchen kurzen Adventsandacht wird ein Licht mehr angezündet." Deswegen hießen die Zusammenkünfte Kerzenandachten.

Später, nun in einem Berliner Stift und ab 1860 in einem Waisenhaus in Tegel, steckte Wichern 24 Kerzen auf einen Kranz, den er an einem Kronleuchter aufhängte. So wurde aus dem mit Tannenreisig umwundenen Reifen der erste Adventskranz. Auf kleineren Kränzen fand die Kerzenfülle keinen Platz, man mußte mit vier Kerzen auskommen, die Adventssonntage symbolisierend.

Nach dem Ersten Weltkrieg verbreitete sich der Adventskranz über das gesamte evangelische Gebiet Deutschlands und Österreichs und erlangte in den frühen 20er Jahren auch seine überkonfessionelle Bedeutung. So hängt seit 1925 ein mit vier Kerzen bestückter Adventskranz in einer katholischen Kirche in Köln, seit 1935 in der Berchtesgadener Stiftskirche und seit 1937 in der St.-Sylvesterkirche in München. In einzelnen katholischen Regionen Süddeutschlands wurde der Adventskranz erst nach dem Zweiten Weltkrieg heimisch, oft vom Priester geweiht.

Nach Sachsen brachte ihn vermutlich die christliche Jugendbewegung.

Einer anderen Version nach seien es sächsische Flußschiffer gewesen, die den Kranz von Hamburg her in die damaligen sächsischen Schifferkneipen einführten.

Die gewöhnlichen Kränze haben einen Durchmesser von etwa 70 bis 90 Zentimeter. Handgroße Zweigstücke von Tanne, Kiefer oder Fichte werden mit dünnem Bindedraht schuppenförmig um einen hölzernen Reifen gebunden und danach mit rotem Band umwunden. Mit drei oder sechs Bändern hängt man ihn an die Zimmerdecke.

Gebunden wird er in der Woche nach dem Totensonntag, denn zum 1. Advent soll sein Duft das Zimmer erfüllen und von den aufgesteckten Kerzen die erste brennen. Rote Kerzen müssen es sein, keine weißen oder bunte. Denn Rot ist die Farbe der Liebe und ein Zeichen für Christus, der mit seinem Licht und seiner Liebe zu den Menschen kam.

Der Kranz wird mit Lametta geschmückt, mit vergoldeten Tannenzapfen, Glocken, Fliegenpilzen oder Glaskugeln. Oft befindet sich in der Mitte an einem Band ein Reisiggebilde oder ein beleuchteter Adventsstern. In manchen Gegenden war es üblich, ihn mit 24 Nüssen zu behängen, davon 4 silberne für die Adventssonntage und einer goldenen für Weihnachten.

Zu jedem Advent brennt man eine Kerze mehr an, so daß am 4. alle leuchten. Darauf geht auch das Weihnachtssprüchlein ein:

> Advent, Advent, ein Lichtlein brennt,
> Erst eins, dann zwei, dann drei, dann vier,
> Dann steht das Christkind vor der Tür.

Angezündete Kerzen müssen voll niederbrennen, damit man am nächsten Sonntag frische aufstecken kann. Statt des reisiggebundenen Kranzes haben sich Holzringe oder –vielecke (weniger geschmackvoll Wagenräder) eingebürgert. Sie sind mit Figuren besetzt, aus Hartholz gesägt, gedrechselt oder geschnitzt: Engel, Weihnachtsmänner, Bergleute, Waldarbeiter, Pilz- und Beerensucher, Vögel, Hirsche, Jäger. Dazwischen immer wieder Bäume. Der Phantasie und Erfindergabe sind keine Grenzen gesetzt. Wie dem auch sei: Der schönste aber aller Adventskränze ist wohl immer noch der selbstgebundene aus Fichten- oder Tannenreisig.

Der Adventskalender

Wer zählte nicht die Tage, die Stunden in Erwartung eines frohen Ereignisses. Kinder zählen sie an den Fingern her, Soldaten, die auf ihre Entlassung warten, schneiden sich vom Metermaß jeden Tag einen Zentimeter ab, andere benutzen ein Scheitholz, geben ein Ziel vor und ritzen die Tage ein, bis sie es erreichen.

Die Vorfreude zählt zu den schönsten Dingen im Leben! Dazu gehört auch die Zeit vor dem Weihnachtsfest, und das besonders für die Kinder. Wie oft fragen sie nach Knecht Ruprecht, dem Bornkindel oder nach ihren Geschenken. Vielleicht mußten die Kinder früher tatsächlich an den Fingern die Tage herzählen, die sie von Weihnachten trennten. Denn der Adventskalender ist kaum älter als 100 Jahre. Wie der Adventskranz kommt er aus evangelisch-pietistischen Kreisen. Indessen der Adventskranz die Adventssonntage zählt, beruht die Berechnung des Adventskalenders auf dem Kalendermonat.

Von den ersten Adventskalendern wird berichtet: Um den Kindern das Warten auf Weihnachten zu verkürzen, durften sie zwischen dem 1. und 24. Dezember täglich ein kleines Fähnchen mit einer biblischen Verheißung auf ein Tannenbäumchen stecken. In manchen Familien hängte man jeden Abend ein Bild mit einem religiösem Motiv an die Wand. Bei ärmeren Familien war der Strichkalender üblich. Von den an die Tür gemalten 24 Kreidestrichen durfte jeden Tag einer abgewischt werden, bis es Weihnachten war.

Der erste gedruckte Adventskalender erschien 1902 in der Hamburger Evangelischen Buchhandlung. Er war eine Art Weihnachtsuhr für Kinder. Bei ihm rückte man auf dem Zifferblatt einen Metallzeiger jeden Tag um eine Ziffer weiter. Nach Angaben des Niederösterreichischen Landesmuseums soll es allerdings erst 1903 gewesen sein. Das „Neue Stuttgarter Tageblatt" legte 1904 als Präsent für die Leserschaft einen Adventskalender bei.

Wesentlichen Anteil an der Entwicklung des Adventskalenders hatte der Pfarrerssohn Gerhard Lang (1881–1974). Er erinnerte sich, daß ihm die Mutter zu Weihnachten einen Karton mit 24 Kästchen bereitete, auf den jeweils ein Gebäckstück genäht war, wovon er jeden Tag eines aufessen durfte. Als Teilhaber der lithografischen Anstalt Reichhold & Lang in München brachte er 1908 unter dem Motto „Im Lande des Christkinds" einen

24 Kreidestriche für die Zeit vom 1. Dezember bis zum Heiligabend

gedruckten Adventskalender heraus. Anstelle des Gebäcks waren Engelbilder getreten. Noch fehlten die Türchen zum Öffnen. Dafür konnte man aus einem Blatt mit 24 numerierten Feldern für jeden Tag ein buntes Bildchen ausschneiden und auf das dafür bestimmte Feld auf einen Pappkarton kleben. Zu der Zeit nannte man ihn noch „Weihnachtskalender" oder „Münchener Weihnachts-Kalender".

Adventskalender mit Türchen zum Öffnen sind seit 1920 bekannt. Bis Gerhard Lang 1940 seinen Betrieb aufgab, brachte er 30 verschieden motivierte Adventskalender heraus. Aus Papierknappheit gab es während des Zweiten Weltkrieges keine Adventskalender. 1946 erschienen die ersten im von Richard Sellmer gegründeten Verlag.

Selbst in der klassischen Literatur hat der Adventskalender seinen Platz. So erzählt Thomas Mann in seinen „Buddenbrooks" von einem selbstgemachten Abreißkalender des kleinen Johann für die Adventszeit des Jahres 1869: „Unter solchen Umständen kam diesmal das Weihnachtsfest heran, und der kleine Johann verfolgte mit Hilfe des Adventskalenders, den Ida ihm angefertigt und auf dessen letztem Blatte ein Tannenbaum gezeichnet war, pochenden Herzens das Nahen der unvergleichlichen Zeit."

Die inzwischen weltweit erscheinenden Adventskalender zeigen nicht nur Motive aus dem religiösen Bereich, wie Bilder aus dem biblischen Leben. Nach dem Ersten Weltkrieg wurden auch nichtchristliche Motive üblich, etwa Spielzeug, Christbäumchen, Sterne, Hampelmänner. Die Süßwarenindustrie bemächtigte sich der Kalender und nahm Einfluß auf ihre Gestaltung.

Durchgesetzt hat sich über die Jahrzehnte der Kalender, bei dem kleine Türchen zu öffnen sind, die bunte durchscheinende Bildchen freigeben. Am Fenster hängend, treten sie hell hervor. Das 24. Türchen ist besonders groß und zeigt gewöhnlich die Christgeburt im Stall zu Bethlehem.

Was gibt es inzwischen für verschiedene Adventskalender! 1958 erschienen die ersten mit Schokolade gefüllt. Die Kerzenindustrie brachte Adventskerzen auf den Markt mit 24 Abschnitten. Jeden Tag darf die Kerze so lange brennen, bis der nächste erreicht ist. Da gibt es Ketten mit 24 kleinen Säckchen oder Schachteln, gefüllt mit Süßigkeiten oder anderen Überraschungen, Adventshäuschen, Adventsuhren. Freilich, nicht wegzudenken bleiben die als Fensterbild gedruckten Kalender mit ihren 24 Türchen.

Mit jedem neuen Jahr kommen neue Ideen auf den Markt. Wer kann heute wissen, wie die Kinder morgen auf Weihnachten warten? Gewiß aber ist, daß auch dann der Adventskalender gebraucht wird.

De Kamalität mit de Adventskolanner

Wie de Adventskollanner auf- un in Mode kame, hot sich dr Buchbinder Schneidewind in Baarnstädtel aah welche reigenumme. Hot daar sich über die schinn bunten Kolanner gefraht. När aans gefuhl ne net, doss die Fansterle zu warn un mer net saah kunnt, wos derhinterstackt.

Mit Schlemmkreid hot'r na's Schaufanster „Neueingänge!" geschribn un gedacht, de Leit laasen dos. Die Kolanner hot'r in Loden braat ausgelegt. Do mußt e geds drauf stußen, ob's nu Silberföden wollt, Büroklammern oder Asichtskarten. Of geden Tisch logn Adventskolanner, sugar of de Fansterstöck, doß de Geranie of enn annern Platz mußten.

Wenn'r aah vür Weihnachten meh Bücher verkaafet, als sist in Gahr, oder mit seine Adventskolanner hatt'r sich emende verrachent. De Kochbücher gange gut, de Kinner- un aah de Gartenbücher. Bluß die schinn Adventskolanner bliebn liegn. Do is bei ne dr Arger huchgestiegn, wall'r sette neimodisch War reigenumme hatt.

Wie dos oder mannichsmol esu is: Gerod do klengelt de Lodentür, un sei Kegelbruder Güldner-Paul tritt ei. Wie daar Bücher fer de Enkele gekaaft hatt, hot ne dr Schneidewind enn sett'n Adventskolanner agebuten. Dr Güldner wußt net racht. Er sat: „Mir habn schu unnern Kolanner!" Nort wollt'r wissen, wu bei dan Adventskolanner de Blaatle zen Oreißen sei. „Wos? Hinter de Türle? E Kolanner un kaane Blaatle? Du willst mich wuhl verolbern."

Dr Buchbinder Schneidewind sat: „Naa, aufmachen derf mer de Türle net." – Do hot dr Güldner när gelacht, is zer Tür un sat noch: „Ich kaaf doch kaa Katz in Sack" un war naus.

Emende war'sch dr Schullehrer Liebe, daar dan Kinnern vun Adventskolanner derzöhlt hatt. Denn gaahling kam dos un gens un wollt enn setten Kolanner. Dauernd gang de Lodentür, un dos Stößel mit die Kolanner wur egal klenner. Obnds, es war langk finster, un dr Buchbinder hatt is Licht ausgelöscht, senn Loden zugemacht, kloppt aans na's Fanster. Wie dr Buchbinder aufmacht, stieht dr Güldner-Paul draußen un sogt: „Sauluder, verkaaf mer när drei sette Kolanner, de waßt schu, sette uhne Blaatle. De Enkelkinner lummern mer de Ohrn voll. Alle Kinner habn enn, sogn se, när mir net."

Wie glücklich war dr Güldner, wie er de letzten dreie derwischt hatt. Ne nächsten Morgn gob dr Buchbinder e Kart bei dr Post auf un bestellet Adventskolanner.

Das Moospolster auf der Fensterbank

Früher gehörte es im Erzgebirge zur Tradition: In der Weihnachtszeit blieben die Fensterläden und Vorhänge offen. Das Licht soll aus dem Zimmer hinaus ins Freie scheinen. So stehen Weihnachtsbaum und Pyramide ganz nahe am Fenster. Schwebeengel und Adventsstern sind nicht weit davon. Auf Fensterbrettern stehen lichttragende Figuren. Dieser Platz gewinnt in der Weihnachtszeit enorm an Bedeutung, wird fast zum Mittelpunkt der erzgebirgischen Weihnachtsstube. Er ist die Schwelle von drinnen nach draußen und verbindet beide zu einem Ganzen.

Noch vor wenigen Jahren galt es in den Walddörfern des Erzgebirges als Luxus, sich nicht vor der kalten Winterluft durch ein Moospolster auf der Fensterbank zu schützen. Doppelfenster waren unbekannt, Kastenfenster selten. Oft machten Eisblumen die Scheiben blind. Undenkbar, sich vor der Kälte etwa mit einem Wischhader auf der Fensterbank zu schützen. Moos mußte es sein, frisches grünes Moos aus dem Walde.

Heimgeholt wurde es am Sonnabend vor dem Totensonntag, das ist der Tag Elisabeth, deshalb heißt es auch „Bethenmoos". Ein richtiger Waldgeher weiß vom Pilz- und Beerenholen her, wo das schönste Moos zu finden ist, das ganz flache, das fast ohne Wasser auskommt und sich als Platte von den Steinen lösen läßt. Dazu noch graue Flechten von den Bäumen! Im Korb bringt er dann alles heim, nicht weniger glücklich, als sei er voller Pilze! In Platten, zu kleinen Landschaften geformt, mit Flechten und glitzernden Steinen durchsetzt, gelangt es auf die Fensterbank. Dazu kommt allerlei Pfennigvieh, irgendwann einmal auf dem Weihnachtsmarkt erstanden: Rehe, Hirsche, Hunde, Füchse, Schäfchen aus Gips und Papiermaché und ein zielender Jäger. Sträußlein von Heidelbeeren oder Heidekraut dienen als Bäumchen.

Die Mischung ist gar bunt. Doch darauf kommt es nicht an. Was tut's, wenn mitten im Wald die Schafe grasen, gemeinsam mit Rehen oder Pferden? Dazwischen sind Kerzen gesteckt, die Blechtüllen gibt's beim Kaufmann für wenig Geld.

Grüne Zweige dienten schon immer als Fensterschmuck. Es ist ein alter römischer Kalenderbrauch. So legt man in England Eiben-, Stechpalmen-, Buchsbaum-, Tannen- oder Fichtenzweige vor das Fenster. Diese Zweige gelten als Hausschutz, da sie von den stechenden Bäumen stammen und einen herben Geruch verbreiten. Oder auch nur, weil sie immergrün sind und an ihnen das Sterben in der Natur vorübergeht. Vielleicht ist's auch nur die Freude am Grün in der eisigen Winterszeit!

Längst ist das Moos fortgeblieben. Wer hat heute noch Zeit, den Wald nach schönen Polstern abzusuchen! Warum auch? Die Fenster schließen dicht! Die lustigen Figuren sind fortgeblieben. In den Gärtnereien werden Tannen- und Fichtenzweige angeboten, die man in die Fenster stellen kann. Ob sie den Reiz der alten Fenstergestaltung haben, bleibt unentschieden. Jede Zeit hat ihre Eigenheit! Moos im Fenster und den Computer auf dem Schreibtisch passen eben kaum zusammen!

Großmutter holt Bethenmoos

Großmutter war keine von den Frauen, die mehr im Wald waren als daheim, die Tag für Tag nach Brennholz gingen, nach dürren Kuttern, Zapfen und Ästen. Lediglich in der Pilz- und Beerenzeit konnte sie sich nicht halten. Es litt sie nicht mehr an ihrem Klöppelsack, wenn sie sah, wie die Nachbarsfrauen Eimer voller Beeren oder randvolle Pilzkörbe nach Hause trugen.

Außer nach Beeren und Pilzen ging sie nur noch einmal im Jahr in den Wald, mit einem Tragkörblein auf dem Rücken und einem Krätzchen darin. Es war der Tag der heiligen Elisabeth, der 19. November. Den hatte sie lange zuvor im Almanach angekreuzt. An dem Tag holten die Erzgebirger ihr Bethenmoos nach Hause.

Das war wichtig. Die Männer taten es, um den Weihnachtsberg auszulegen. Großmutters Moos hingegen sollte einen praktischen Zweck erfüllen, kam auf den Fensterstock, hoch bis an die untersten Scheiben. Nun konnte der harte Winterwind gegen die Scheiben drücken, so sehr er auch wollte. Das Moos schützte vor ihm.

Ihr Bethenmoos war kein gewöhnliches, etwa Stein- oder Bäumchenmoos. Ihre Moosstelle lag draußen zwischen den Felsen. Da belegte es die Steine. Es hielt sich auch über Sommer, wenn die Sonne brannte und die Steine so erwärmte, daß jedes Tröpfchen Wasser verdampfte. Ihr Moos konnte Durst ertragen. Kam dann ein langersehnter Gewitterguß, war es, als erwachte es neu. Es wurde über Nacht grün, eben moosgrün. Großmutter schürfte es fein säuberlich von den Steinen und schichtete es in den Korb. Wenn er nur halb voll war, war sie zufrieden, das reichte ihr. Als sie mit ihrer kleinen Hucke ins Dorf kam, gab's doch Frauen, die sich vor Neugierde umdrehten: „Bethenmoos?" Ja, Großmutter war im Bethenmoos. Und im Stillen dachte sie: Das Körbchen voll ist mehr wert als zwei Fuhren Stecken.

Vorsichtig legte sie damit die Fensterstöcke aus. Und genau am Sonnabend vor dem ersten Advent, am Adventsheiligabend, wuchsen aus dem Moos die lustigsten Figuren: Fliegenpilze, Masseschäfchen, Fichtenbäume. Auch ein Räucherhäuschen war darunter. Über allem standen Engel und Bergmann, groß und mächtig, herausgewachsen aus Großmutters Bethenmoos. Und kam die Dunkelheit, ging ein mildes Leuchten hinaus in den Winter.

Barbaratag

Seit dem 12. Jahrhundert wird am 4. Dezember eines jeden Jahres der Tag der heiligen Barbara begangen, der Botin der Hoffnung und des Friedens. Als Heilige wird sie seit dem 9. Jahrhundert verehrt und gilt auch heute noch als Schutzpatronin vieler Berufe und Stände.

Ihr Name stammt aus dem Griechischen und bedeutet soviel wie „die Fremde". Sie war die schöne, kluge Tochter eines reichen heidnischen Bürgers in Nikomedien (Kleinasien). Ihres christlichen Glaubens wegen warf sie der Vater in einen Turm, um sie als Jungfrau zu bewahren. Vom Kirchenvater Origenes (185–254) angeregt, gelangte ein als Arzt verkleideter Priester in den Turm und taufte sie. Danach konnte sie fliehen und sich in einen Felsspalt retten, der sich schützend vor ihr öffnete. Es heißt auch, Bergleute waren es, die sie in ihrem Stollen verbargen. Ein Hirte soll das Versteck verraten haben. Der Vater lieferte sie dem Kaiser Maximilian Daja aus. Sie wurde im Jahre 306 nackt auf den Markt gestellt und grausam gefoltert. Als ihr der Vater mit dem Schwert den Kopf abschlug, fuhr ein Feuerstrahl vom Himmel und tötete ihn.

Durch ihr Versteck im Fels des Berges wurde sie zur Patronin der Bergleute. Vor allem verehrten sie die Bergleute in Schlesien, Böhmen, Südtirol und

Lothringen. So ist in katholischen Gegenden bis heute der 4. Dezember das eigentliche Bergmannsfest, begangen mit Berggottesdiensten, Aufzügen und abendlichem Tanz. Im Saargebiet sind die Barbara-Vereine die Träger dieser Heiligenverehrung. In Liedern bitten die Bergleute ihre Schutzpatronin um Beistand:

> O Sankt Barbara, o Sankt Barbara,
> Aller Knappen Beschützerin.
> In den Gefahren
> wollst uns bewahren.
> Schütze uns, schütze uns, Sankt Barbara!

Vor der Reformation besaß sie auch bei den erzgebirgischen Bergleuten hohes Ansehen. Gruben aus dieser Zeit tragen ihre Namen, wie „Sankt Barbara", „Reiche Barbara", „Barbaras-Fundgrube", aber auch spöttisch „Käse-Barbara".

Dargestellt wird Barbara als vornehmes Mädchen mit Schwert und Turm und mit Kelch und Hostie. Das soll darauf hindeuten, daß sie von einem Engel im Kerker gestärkt wurde. Sie zählt zu den 14 Nothelfern, Heilige, die den Flehenden Hilfe leisten in ihrer Not. Angerufen wird sie um Beistand für Sterbende und für in Not geratene Bauern, auch um Blitzschlag, Feuer und Fieber abzuwenden. Mit Katharina und Margareta zählt sie zu den drei heiligen Mädchen, die als Schützerinnen des Wehr-, Nähr- und Lehrstandes gelten. Die drei werden auf manchem Altar im Erzgebirge und Vogtland, geschnitzt oder gemalt, dargestellt.

Zweige von Kirsch-, Apfel- und Kastanienbäumen oder Fliederbüschen schneidet man am Barbaratag, stellt sie in die Vase, damit sie Weihnachten blühen. Sie gelten als Glücksbringer. Je reicher und kräftiger sie sich am Weihnachtstag zeigen, um so größer ist das Glück für die Menschen, die Tiere und das Haus.

Der Legende nach soll Barbara während ihrer Gefangenschaft im Turm einen verdorrten Kirschzweig mit den Tropfen ihres Trinkgefäßes zum Grünen und schließlich zum Blühen gebracht haben. Das habe sie im Bewußtsein gestärkt, daß das Heil kommen wird.

Die St. Niklaskirche in Ehrenfriedersdorf im Jahre 2010. Der von 1507 bis 1512 aufgestellte Flügelaltar zeigt u. a. die heilige Barbara und den heiligen Nikolaus, die Schutzpatrone der Bergleute (siehe rechte Seite).

Der Brauch geht von der bei Germanen, Griechen und Römern verbreiteten Vorstellung aus, daß in der Heiligen Nacht alle Bäume und Sträucher erblühten, ohne daß es die Menschen sehen könnten. Dabei gilt die Kirsche neben dem Apfel als Symbolik der verbotenen Früchte im Paradies.

Holten die Bauern vor Wintereinbruch ihr Vieh von der Weide und trieben es in die Stallungen, nahmen sie Kirschzweige mit und stellten sie in eine mit Wasser gefüllten Vase. Aus der Anzahl der Blüten meinten sie, auf die Fruchtbarkeit und auf eine gute Ernte im kommenden Jahr schließen zu dürfen.

Noch im Mittelalter herrschte aller Orten der Glauben, daß „ze wihen" die Bäume blühten. Pflückte man zur rechten Zeit einen Zweig, entfaltete er im

Zimmer seine Blütenpracht. In der Urfassung des Adventsliedes „Es kommt ein Schiff geladen", wird Maria angesungen als Rose, als Zweig und als Befreierin von Sünden. Auch im Chorallied aus dem 17. Jahrhundert „Es ist ein Ros entsprungen" wird das Bild des Naturerwachens festgehalten. Es ist auch üblich, daß man am Barbaratag von sieben oder neun verschiedenen Gartenbäumen und Sträuchern Zweige holt und ins Wasser stellt. Zu Weihnachten schloß man aus den hervorbrechenden Blüten nach ihrer Zahl und Farbe auf auf eine bevorstehende Hochzeit.

Der Barbaratag als Lostag wurde besonders von der heiratslustigen Jugend beachtet. Die Mädchen glaubten an das Liebesorakel dieses Tages. Vor Sonnenaufgang, spätestens beim Vespcrläuten gingen sie in den Garten, um vom Apfel- oder Kirschbaum Barbarazweige zu holen. Sie mußten allein sein und durften dabei keinesfalls sprechen. Denn dann wurden die Zweige wertlos. Heimgekommen, banden sie verschiedenen Zweigen ein buntes Bändchen um, das sie mit dem Namen eines Burschen verknüpften. Der

Zweig, der, im Wasser stehend, zuerst erblühte, vermeldete den Namen des Zukünftigen.

Früher war es auch üblich, jedem Hausbewohner ein Zweiglein zu schenken. Demjenigen, dem es zur Heiligen Nacht Blüten brachte, verhieß es Glück und Gesundheit im bevorstehenden Jahr. Unverheiratete erhofften sich die Ehe. Die Alten, denen das Zweiglein etwa nicht mehr erblühte, meinten, das nächste Jahr nicht mehr zu überleben. Für die Bauern galt: Blühten die Zweige vor Weihnachten, kommt eine gute Ernte im neuen Jahr.

Heute wird der Barbaratag kaum noch beachtet und geht an uns spurlos vorüber. Lediglich auf dem Lande ist es noch üblich, Barbarazweige zu schneiden. Vielleicht bieten da oder dort rührige Gärtner Barbarazweige an.

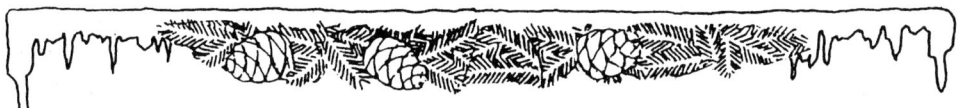

Mutter schneidet Barbarazweige

Mutter besaß noch die schöne Gabe, die den meisten von uns verlorengegangen ist, sich selbst zu beschenken, sich an kleinen, stillen und unauffälligen Dingen zu freuen. Sie trug diese kleine Freude in sich, ging mit ihr um wie mit einem Schatz.

Im Almanach, der bei uns im Tischkasten lag, war der 4. Dezember rot unterstrichen, der Tag der heiligen Barbara. Kam sein Vormittag heran, wußten wir, daß sich die Mutter das Kopftuch knotet, im Schuppen nach der Gartenschere sucht und dann hinaustritt in den winterlichen Garten. Ungeachtet des kalten Windes, steuert sie auf den kahlen Sauerkirschbaum zu, den kleinsten unserer Obstgehölze. Betrachtend steht sie dann davor. Wunderliches müssen seine Zweige verbergen, bevor sie wählt und sich entscheidet, die Schere anzusetzen und ein paar Zweige abzutrennen, Zweige mit Blütenknospen. Hielt sie die Zweiglein in den Händen, war es, als entschuldigte sie sich beim Bäumlein für den Frevel.

Die Vase mit den Zweigen erhielt den schönsten Platz in unserem Haus, auf der Fensterbank zur Straße hin, gleich neben den Hyazinthengläsern. Nur der

Schwibbogen behielt seinen Mittelplatz, denn der sollte sich zeigen, sollte hinaussehen und, wenn die Dämmerung hereinfiel, mit seinen Kerzen die Nacht erhellen.

Mutter umsorgte ihre Barbarazweige, umstreichelte sie mit den Augen. Jede Regung nahm sie wahr, nahm wahr, wie die Knospen schwollen, dicker und dicker wurden, nahm wahr, wie sich schüchtern die ersten Blättlein aus ihrer Hülle schälten, und nahm wahr, wie sich das jungfräuliche Grün entfaltete.

Kam der Weihnachtstag heran und die Knospen öffneten ihre Blütenpracht, daß sie einem Wunder glichen, war die Mutter glücklich, so als erfüllte sich in der kleinen Vase auf der Fensterbank ein anderes Weihnachtswunder. Und aus dem Radio erklang eines der schönsten unserer Weihnachtslieder: „Es ist ein Ros entsprungen."

Am 6. Dezember ist Nikolaustag!

Die Kinder fiebern ihm entgegen, dem 6. Dezember, dem Nikolaustag. Denn da hält Nikolaus seine Umzüge. Sein Name rührt vom volkstümlichsten Heiligen der Adventszeit her, von Sankt Nikolaus. Über sein Leben ist wenig bekannt, lediglich, daß er ein Gabenbringer ist. Geboren zwischen 270 und 286, starb er am 6. Dezember 345 als Bischof zu Myra, in der kleinasiatischen Provinz Lykien des oströmischen Reiches gelegen. Im Gedenken seines Sterbens wurde der 6. Dezember zum Nikolaustag.

Nikolaus trat durch manche liebenswürdige Wunder hervor. Zahlreiche Legenden ranken sich um seine Person. So auch diese: Einen Tag nach seiner Geburt habe er aufrecht im Badebecken gestanden, sich als Kleinkind geweigert, mittwochs und freitags, das waren die traditionellen Fastentage, mehr als einmal an der Mutterbrust zu saugen. Er soll Unschuldige vor der Hinrichtung gerettet haben und drei Töchtern armer Eltern drei Goldkugeln in ihr

Zimmer geworfen und damit die Mitgift für die Heirat geschenkt haben. Drei Schüler erweckte er wieder zum Leben, die ermordet und in Fässern eingepökelt waren.

Und auch das wird von ihm erzählt: Er sei, um zu den Russen zu gelangen, auf einem Mühlstein über die See und durch den Sund geschifft. Als in Myra große Hungersnot herrschte, wurde das lang erwartete Getreideschiff aus Ägypten von Seeräubern gekapert. Sie verlangten von den Hungernden, das Schiff voll Gold zu füllen, dann wolle man das Getreide zurückgeben. In größter Not gaben die Leute ihren letzten Schmuck. Er reichte jedoch nicht aus, den Leib des Bootes zu füllen. Da forderten die Seeräuber, für jedes fehlende Pfund Gold ein Kind, das sie als Sklaven verkaufen wollten. Nothelfend trat Bischof Nikolaus mit seinen Diakonen dazwischen und händigte den Seeräubern den gesamten Kirchenschatz aus. Damit gaben sich die Räuber zufrieden und segelten davon. Das Getreideschiff konnte einfahren, die Hungernden waren gerettet und die Kinder auch.

Nikolaus genoß vor der Reformation auch im Erzgebirge hohes Ansehen. Gruben- und Kirchennamen sind bis heute erhalten. In Freiberg entstand frühzeitig eine Nikolauskirche, in Ehrenfriedersdorf um 1300. Seit dem 16. Jahrhundert gibt es eine solche in Geyer und Altenberg. Die von Chemnitz wurde 1945 zerstört. Auch Aue hat eine Nikolaikirche und neuerdings ein Einkaufszentrum, die Nikolaipassage.

Sankt Nikolaus ist der Wohltäter der Armen. Er ist der Patron für eine glückliche Heirat, für die Wiedererlangung gestohlener Dinge, hilft gegen Diebe und falsches Urteil. Seine besondere Fürsorge gilt den Kindern. Seit 1507/08 ist es üblich, am Nikolaustag die Kinder zu beschenken. In einer Rechnung des Gräflich Stolbergischen Rentamtes aus dem 16. Jahrhundert wird ein Posten kleinerer Dinge aufgeführt, als „Niklasgeschenke für die Kinder".

Im Gebirge spielte früher der Nikolaus als Gabenbringer für die Kinder kaum eine Rolle. Lediglich im Kalender wurde der 6. Dezember als Nikolaustag angekündigt. Die kleinen Geschenke brachte Hans Rupperich. Er machte sich in der Regel nur durch sein Gepolter bemerkbar. Kam er doch ins Haus, um sich aufzuwärmen, sagte er:

Der Nikolaus, wie ihn sich die Kinder wünschen.

>Glückauf, ihr Kinner, Glückauf!
>Nu horcht emol schie drauf,
>mich schickt ze eich dr heil'ge Christ
>wall doch nu ball Weihnachten ist.

Und die Kinder antworteten darauf:
>Wute, wute Nikolas,
>greif nei dein Sack un gaab uns wos.

Hier zeigt sich die Veränderung. Bringt der Rupperich noch Grüße vom Heiligen Christ, so sprechen ihn die Kinder als Nikolaus an. Es hat sich eingebürgert, daß für den Knecht Ruprecht der Nikolaus kommt.

Darin besteht der Unterschied zwischen beiden: Sankt Nikolaus kommt auf Zehenspitzen zu seiner Runde, legt die Geschenke lautlos ab und verschwindet ebenso schnell, wie er kam. Keiner bekam ihn zu sehen. Kommt man am nächsten Morgen vor die Tür, war er schon da gewesen. Und hätte er nicht etwas ins Schuhwerk gesteckt, wüßte man gar nichts davon.

Geht er am Vorabend des Nikolaustages reihum, steckt er den artigen Kindern Kleinigkeiten in die Schuhe oder Stiefel, die sie vor die Tür gestellt hatten. Darunter sind Nüsse, Süßigkeiten, Gebrauchsgegenstände und Äpfel, viele Äpfel. Auch das Schuhwerk neben oder unter dem Bett, vor dem Fenster oder auf der Fensterbank hat Nikolaus gefunden. In Lauter riß er kurzerhand die Tür auf und warf Nüsse in die Stube. Es war auch üblich, die Strümpfe an den Bettpfosten, an das Fensterkreuz oder an die Türklinke zu hängen. Altem Aberglauben nach lebe man so viele Jahre, wie sich Nüsse fanden. Dies war auch im benachbarten Böhmen so. Dort füllte der Nikolaus, gewöhnlich Nikl genannt, den braven Kindern die Strümpfe mit Äpfeln, Nüssen, Zuckerwerk, den schlimmen mit Sägespänen.

Der Nikolaus stand bei älteren Leuten hoch im Ansehen. Sprach Großmutter von ihm, sagte sie „Herr Nikolaus". Und gleich hatte sie wieder ihre wahrscheinlich selbst erfundene Geschichte zur Hand, wonach Nikolaus, Weihnachtsmann und Knecht Ruprecht Brüder seien. Von ihnen habe es Nikolaus zu etwas gebracht, wurde ein Heiliger, trüge feine Kleider und fahre in einem goldenen Schlitten, von sechs edlen Hirschen gezogen. Es waren Hirsche und keine Rentiere, betonte sie. Der Weihnachtsmann brachte es nicht so weit. Mit seinem roten Mantel wollte er mehr vorstellen, als er war, treibe sich in Kaufhäusern umher und kaufe die Geschenke. Zu einem goldenen Schlitten brachte er es nicht. Solange er lebt, bleibt er arm.

Er kommt in der Nacht zwischen dem 5. und 6. Dezember aus dem Wald in die menschlichen Siedlungen. Schwerlich ist sein Anmarsch. Weit muß er durch meterhohen Schnee waten, und nicht selten bei grimmiger Kälte. Die Kinder wissen davon. Schließlich lernten sie Theodor Storms Gedicht:

> Von drauß vom Walde komm' ich her;
> Ich muß euch sagen, es weihnachtet sehr…

Er hieß der „kleine Rupperich", weil er weniger brachte und einen kleineren Sack hatte als der große Ruprecht. Er nahm die Weihnachtswünsche der Kinder entgegen, nachdem diese gesungen und gebetet hatten. Ihr Deklamieren belohnte er mit Äpfeln, Nüssen und Pfefferkuchen.

Eigens für den Nikolaustag buken die Bäcker Zopfstollen, sogenannte „Niklaszöpfe", die von den Leuten „Kipfel" oder „Bornkinnle" genannt wurden. Nickelzöpfe sind auch aus dem vogtländischen Reichenbach bekannt. In einem Korb oder im Semmelbeutel hingen am Morgen des Nikolaustages Bornkinnle am Kinderbett. In Annaberg sammelten die Schulkinder Geld, um beim Bäcker einen Niklaszopf zu kaufen, den sie mit anderen Kleinigkeiten dem Lehrer überreichten. In Griesbach gab es einen Nikolaus aus Pfefferkuchen zu kaufen.

Auch Nikolausumzüge sind bekannt. Dabei wurde der Heilige von vermummten Gestalten umgeben. Von Schneebergs Chronist Meltzer wissen wir: „Erwachsene zogen, in sonderbarer Vermummung verschiedene Gestalten darstellend, von Haus zu Haus und schüchterten durch ihr Aussehen und barsche Reden die Kinder ein." Wegen der Auswüchse, die dabei immer wieder vorkamen, wurden in Schneeberg wie auch in anderen Orten diese Umzüge verboten.

Im Grenzgebiet auf böhmischer Seite erschien der Nikolaus in den Wohnungen und sagte dabei sein Sprüchlein auf:

> Der liebe Nikl is orm,
> hote Laabl Breot unterm Orm,
> der Heilige Christ is reich,
> hot viel Fisch im Teich.

Er prüfte dabei die Kinder. Sie mußten ihm Liedverse, Sprüche oder Gebete aufsagen. Meist lobte und ermahnte er, doch ließ er auch die Rute sprechen. Diese Examinierung entsprach dem Anliegen der Kirche. Man wollte damit den Kindern die Glaubensregeln beibringen und ihr Wissen überprüfen.

Der Nikolaustag ist auch ein untergeordneter Lostag. Sein Einfluß auf das Wetter wird zusammengefaßt in der Regel:

> Regnet's an Sankt Nikolaus,
> wird ein Winter streng und graus.

Dem Volksglauben nach darf man am Nikolaustag nicht spinnen. Wer sich mitternachts auf einen Kreuzweg stellt, dem erscheint der Teufel, lehrt ihm allerlei Künste und gibt ihm Geld. Er muß dabei Stillschweigen bewahren. Ratten meinte man vertreiben zu können, wenn man den Namen Nikolaus an die Türe schrieb. Keiner ist heute so abergläubisch, an derartige Regeln zu denken. Eines aber ist erhalten geblieben: Am Nikolaustag will man durch kleine Geschenke die Vorfreude auf Weihnachten erhöhen.

Wie dr Schokeladerupperich sei Nosenspitz verlur

Mir habn in dr Wilke e Tante, e Wittfraa, die kaane Kinner hatt. Un esu war ihr unner Gung esu na's Herz gewachsen, als wär'r ihr aagener. In Summer kam se mannichsmol mit dr Bah extra aus'n Niederland, när doß se ne Gung e wingk ausfahrn kunnt.

Wie's of Weihnachten zugang, kam e Postkart. Drauf stand ze laasen, doß se danmol derbei sei möcht, wenn dr Gung senn Nikolausstiefel auslaahrt. Un na dr Seit hatt se geschriebn, wos neigehärt, do sollten mer uns kaane Sorgn machen, dos hätt se schu alles besorgt.

Un esu war'sch nort aah. Enn Tog vür'n Nikolaus kam se mit'n Noochmittigzug, un hatt sich drauf eigericht, über Nacht ze bleibn. Dos kam öftersch vür un hot uns kaane Ümständ gemacht. Ne Gung hot se vun dan Nikolaus derzöhlt, dan se in enn Zwicker Loden getroffen hatt un daar sich heier fer de guten Kinner ewos Besunnersch ausgedacht hätt. Oder när fer die, die gefolgt hätten, die annern krieget 'n Bachstaanle un Kuhlbröckele nei ihrn Stiefel. Dodrüber hot sich dr Gung gefraht. Un mir saten zer Tante, se söllt dan Gung net esu aufraazig machen, sist schlöft er net ei.

Wie er ze Bett war, bracht se ihr Tasch un hot rausgeta, wos se in dan Stiefel neistecken wollt. Grußer Schrack, die hatt enn ganzen Schokeladeloden ausgekaaft. Do sat mei Ma: „Alles wos racht is! Mir hatten früher drei Äppeln drinne un ubndrauf e Tüt Sauer un Süß!" De Tante blub oder derbei un sat: „Dos war früher!" Nort hot se dan Stiefel vollgemacht. Zun Glück war daar net sehr gruß. Wie oder daar gruße Schokeladerupperich net neigang, hot se alles wieder rausgeraimt, zeerscht dan Rupperich neigestellt un nort dos annere Zeig drümrüm gepackt. Un wall se dacht, vür dr Haustür könnten sich ebber Spitzbubn drüber haarmachen, hot se dan Stiefel unter dan Reisighaufen gestellt, daar hinten draußen in Huf log.

Daar Gung war noch in Schlofazug, wie er dan Nikelausstiefel saah wollt. Do is de Tante mit'n nunter in Huf un sat: „Nu hä, wu hot dä daar Nikolaus dan Stiefel hiegestellt?" Un wie ne dr Gung hatt, sat se: „Saah när geleich emol nei. Daar Nikolaus hot dir ewos ganz Besunnersch neigeta!", un se mog an dan grußen Schokeladerupperich gedacht hobn. Daar Gung dan Stiefel namme un schreie „E Maus! – E Maus!", un ne fortschmeißen war aans. De Tante mog sehrner als der Gung erschrocken sei, wu die sich esu vür de Mais fercht. Eh se ewos hatt, mit dan se dos Viehchel vertreibn kunnt, war'sch unter dan Reisig nei. De Tante hot noch gezittert, wie dr Gung sat: „War dos ebber dos Besunnere, wos dr Nikolaus neigeta hot?" Un wie er sich vun dan Schrack derhult hatt, is'r dr Trepp naufgehailt. Mei Ma sat: „Waagn drei Äppeln un'r Tüt Sauer un Süß hätt sich ze unnerer Zeit kaa Maus drüber gemacht."

Dos Ugelück gang oder noch wetter. Wie de Tante ihrn fein Schokeladerupperich raustut, vun dan se dacht, daar wür ebber Weihnachten miet zen Fanster naussaah naabn ne Nußknacker un Schwibbugn, war daar när noch e Krüppel, dan faahlet de Nosenspitz un dr rachte Fuß. Dodurch kunnt'r nimmer stieh. Do habn se sich allezamm na'n Tisch gesetzt un habn dann Rupperich aufgassen.

Thomastag, Beginn der Rauhnächte

Der 21. Dezember gilt dem Gedenken des heiligen Thomas. Von dem einstmaligen Fischer schreibt der heilige Isidor von Sevilla: „Er war der Jünger des Herrn, der ihm gleich sah, im Hören ungläubig, im Schauen gläubig." Nach einer im 3. Jahrhundert verfaßten Urkunde soll er als Baumeister des Königs Gondophares bis nach Indien gekommen sein, missioniert haben und dort im Alter von 67 Jahren verstorben sein. Er ist der Schutzpatron der Bauleute, Architekten, Zimmerleute und Steinhauer. Er hilft dabei, Ungläubige zu bekehren. Sein Attribut ist das Winkelmaß.

Obwohl ein Jünger von Jesus, glaubte er zunächst nicht an dessen Auferstehung. Erst als dieser ihm nochmals erschien und er die Finger in seine Wunden legen konnte, glaubte er endlich. Daher die Redensart vom „ungläubigen Thomas", wenn jemand etwas bezweifelt.

Thomas am längsten Tag der Dunkelheit zu gedenken soll damit zusammenhängen, daß er am längsten vom Zweifel geplagt war. Allerdings wird seit Einführung des Römischen Kalenders sein Fest am 3. Juli begangen, dem Tag der Übertragung seiner Gebeine nach Edessa. Es heißt zur Begründung, man wolle die stille Adventszeit nicht stören.

Wenn Sankt Thomas als Lostag auch keine Beachtung mehr findet, für die Kinder hat er nach wie vor seine Bedeutung, wenn auch auf andere Weise, denn mit ihm beginnen die Schulferien. Dicht an den Heiligen Abend gerückt, heißt es von Sankt Thomas, er stelle den Fuß in die Tür, damit das Weihnachtsfest hereintreten könne.

Den Germanen galt dieser 21. Dezember als Wintersonnwende und war ihnen heilig. Denn von da an nehmen die Tage wieder zu, und es ging dem Frühling entgegen. Eine alte Volksweisheit besagt: „Am Thomastag wächst der Tag um einen Hahnenschrei."

Mit dem Thomastag beginnen in manchen Gegenden die Rauhnächte oder Schicksalsnächte, die vom 21. Dezember des alten Jahres bis zum Hohneujahr dauern. In einigen westfriesischen Gemeinden läutet man von da an zwölf Tage lang die Glocken, um damit die bösen Geister zu vertreiben. Es ist auch die Zeit, in der die Bauern mit ihrem jeweils ältesten Knecht Haus und Stallung ausräuchern und von allem Bösen reinigen.

Drei Tage bis Heiligabend – Zeit, die „Männel" hervorzuholen
(private Figurensammlung)

Nach alten Bauernregeln folgt ein schönes Jahr, wenn es am Thomastag dunkel war. Es heißt aber auch: „Friert's am kürzesten Tag, ist's immer eine Plag", oder: „Ist gelindes Wetter, steigt der Preis des Korns."

Am Vorabend dieses Lostages darf man nicht spinnen, das brächte Unheil ins Haus. Zur Thomasnacht horchen die Mädchen am Ofentopf und wollen aus den Geräuschen den Beruf oder Stand des Zukünftigen heraushören. Indessen geht draußen Frau Holle umher. Was man in der Nacht träumt, soll sich bald erfüllen. In mancher Familie war es üblich, Blei zu gießen, um auf diese Weise einen Blick in die Zukunft zu tun. Nebenan in Böhmen erzählen sich die Frauen beim Federnschleißen, daß der Heilige Thomas mit einem feurigen Wagen in der Nacht herumfährt. Auf dem Kirchhof erwarten ihn die Toten, welche Thomas heißen, um mit ihm reisen zu können.

Besonders junge Mädchen meinten nachholen zu können, was ihnen in der Andreasnacht entgangen war. So warfen sie vor dem Schlafengehen drei Körnchen Hafer unter die Bettstatt und sprachen dabei:

>Ich streu Samen, in Thomas Namen,
>in Thomas Garten, wird mich mein Schatz erwarten!

In Aue nahmen die Mädchen dreimal eine kleine Hand voll Hafer und streuten ihn beim Aufsagen dieses Sprüchleins in den Garten. Hierauf soll sich im Traume der Geliebte zeigen. Wie überhaupt in der Nacht der Heilige Geist angerufen wurde:

> Bettstatt, ich tritt dich,
> heiliger Thomas, ich bitte dich,
> laß mir im Traum erscheinen,
> den Herzallerliebsten meinen!

In Bayern säte man Gerstenkörner in einen Topf mit Erde und stellte ihn in die warme Stube. Aus den aufgelaufenen Pflänzchen wollte man das Wetter kommender Zeiten erkennen können. Hierzulande gingen die Mädchen mit einem Spiegel und einer brennenden Kerze ins Freie. Denn sieht man zu Mitternacht in den Spiegel, kann man sehen, was die geliebte Person im Augenblick tut.

All das, was sich einstmals um den Thomastag rankte, kam in Vergessenheit. Geblieben ist, sobald der Name des heiligen Apostels auf dem Kalenderblatt erscheint: Nun beginnen die „sieben fetten Jahre" und für den Saumseligen die Aufforderung, die letzten Festtagsdinge herbeizuholen, den Weihnachtsbaum zum „Auftauen" in den Keller zu bringen, die Weihnachtsstollen zu buttern und die bestellte Weihnachtsgans zu besorgen, damit sie noch schön ausfrieren kann. Auf diese Weise stellt der Thomastag tatsächlich seinen Fuß in die Tür, damit das Weihnachtsfest seinen Lauf nehmen kann.

Wie meine Waldleit ze ihrn Tannereisig kumme sei

Das Jahr 1950 nähert sich seinem Ende. Seit drei Monaten war ich Förster in Bockau. Von der Tharandter Lehranstalt mitgebracht, stak ich voller Ideen, die ich zum Segen des Erzgebirgswaldes umsetzen wollte. Freilich, bald mußte ich erkennen, daß zwischen Theorie und Praxis eine weite Kluft bestand.

Als es auf Weihnachten zuging, sagten meine Waldarbeiter zu mir: „Nu, Herr Farschter, wie denken Se dä, vun wos mach mer dä heier unner Tannereisig?" Ich stutzte und wußte damit nichts anzufangen. Sie merkten es. „Geds Gahr vür Weihnachten machen mer waagn e wingk schie Reisig e Tann nieder." Ein anderer rief dazwischen. Und ich hörte nur: „Die vun drübign Revier habn ihr Reisig langk reigeschafft." – „Wissen Se, Herr Farschter, of'n Grobzeig, bevür dr Schnee kimmt, un e paar Astle hinterm Spiegel ze stecken."

Kam ich auch aus keiner besonders traditionsbewußten Familie, kannte ich natürlich den einen wie den anderen Brauch. Auch bei uns wäre Weihnacht nur eine halbe gewesen, hätte das eine oder andere gefehlt. Mutter band jahrein, jahraus ihren Adventskranz und steckte die übriggebliebenen Äste lamettageschmückt hinter Spiegel und Bilder. Und ich höre sie noch sagen: „Das gehöre nun einmal zu den Feiertagen."

„Aber Männer", sagte ich, mich dessen erinnernd, „Fichtenreisig tut's auch. Davon fällt beim Holzeinschlag genügend ab." Das möchte alles sein, war die Erwiderung. Es gehe gegen die Ehre eines jeden Waldmannes, seine Weihnachtsstube mit Fichtenreisig zu schmücken. Das könne jeder. Wie solle man die eines Waldarbeiters von den anderen unterscheiden?

In mir stieg der studierte Forstmann hoch. Als hänge der Weihnachtsfrieden vom Reisig ab, das hinterm Spiegelbrett steckt! Und ich dozierte: „Unter den Industrieabgasen auf unserem Revier, durch die dauernd am Bahnhof unter Dampf stehenden Lokomotiven sterben die letzten Tannen dahin. Es wäre eine Sünde, eine wegen Schmuckreisig zu schlagen." Das aber war Wasser auf die Mühlen meiner Waldleute: Sogleich hieß es bei ihnen: „Starbn de Tanne suwiesu, is doch egal, wann un vun wos. Aane, die mir heier wagschneiden, ka nächsts Gahr net kaputtgieh." Einer sagte gar: „Herr Farschter, bedenke Se, die huche Ehr, die aaner setten Tann beschieden werd!" Er zwinkerte ein wenig und meinte, daß man mit deren Reisig eine lange Weihnacht in die Stuben hole.

Eine Schneehusche, die plötzlich durch den Bestand wirbelte und uns in kurzer Zeit zu Schneemännern werden ließ, beendete die Diskussion. Ich blieb dabei: Die letzten Tannen sollten dem Wald so lange wie möglich erhalten bleiben. Voller Hoffnung auf Einsicht stieg ich durch den Bestand davon.

Tags darauf hatte ich auswärts zu tun. Es war ein Sonnabend. Da wurde nur bis Mittag gearbeitet. Das war auch bei den Waldarbeitern so. Über Nacht war reichlich Schnee gefallen. Nun sah die Welt wie neu gewaschen aus. Alles Grau war gewichen. Eine große weiße Decke lag auf Busch und Feld.

Als ich einige Tage danach den Holzeinschlag aufnahm, waren die Stämme zugeschneit. Der Waldarbeiter, der mir dabei half, kehrte ihre Stirnseite ab und rief mir die darauf mit Kreide geschriebenen Maße der Länge und des Mittendurchmessers zu. Ich schrieb die Daten in eine Kladde. Das war wegen der Verlohnung. Plötzlich stutzte ich. Den letzten Stamm hatte er gar nicht abgekehrt und wußte doch die Maße. Ich trat näher. Was ich vermutete, offenbarte sich. Da lag der Stamm einer Tanne. Lang hingestreckt zwischen den Fichtenstämmen! Ich scharrte mit dem Fuß den Schnee fort. Säuberlich waren selbst alle Rinden beseitigt.

Mein Waldarbeiter fühlte sich entdeckt und erwartete ein Donnerwetter. Nicht zu unrecht. Ich schwankte. Was sollte ich tun? Als ich in seine Augen sah, wußte ich: Erfüllte die gestreckte Tanne keinen anderen Zweck, so einen doch! Mit ihrem Reisig bescherte sie meinen Bockauer Waldleuten eine ihrem Herkommen nach gerechte Weihnacht.

Wenige Monate später brauchte ich meine Nachgiebigkeit nicht mehr zu bereuen. Die letzten Tannen im Bestand waren dürr geworden, Opfer der Industrieabgase. Mir kam die Redensart meiner Waldarbeiter in den Sinn: „E Tann, die mer heier wagschneiden, ka nächsts Gahr nimmer kaputtgieh!"

3. KAPITEL

Lichterzeit

Es leuchtet aus den Fenstern

Zu einem lebendigen Brauch des Erzgebirges zählt das Weihnachtsleuchten, die Illumination der Fenster. Wer heute in die Orte des Erzgebirges kommt, findet zwischen Advents- und Hohneujahrs-Heiligabend Abend für Abend tausend Lichter an den Fenstern, die aus der Ferne wie Sterne funkeln. Man muß lange suchen, will man ein Fenster entdecken, in dem die Illumination fehlt. Die Kerzen leuchten hinaus in die Nacht. Weiße, nur weiße müssen es sein, so will es der Brauch. Es verkehrt geradezu den Sinn, bunte Lämpchen in die Fenster zu stellen, die vom Versandhaus angebotene „Weihnachtsillumination" zu verwenden, abwechselnd in rot, grün und blau aufleuchtende Sterne mit Schweif, Leuchtketten, Elche vorm Schlitten darstellend, oder gar das ganze Haus mit Glitzerlämpchen zu überziehen. Am Ende gut gemeint, doch dem Weihnachtsbrauch geradezu entgegenwirkend, sich gegen alle stellend, die es mit ihrem Weihnachtsleuchten ernst meinen.

Fensterschwibbogen aus Holz mit dem Motiv der Seiffener Kirche und Kurrendesängern

Schwibbogen von 1778, mit dem Namen des Bergschmiedes Teller

In die Fenster gehören, der Tradition unseres Landstrichs verpflichtet, Schwibbogen oder Lichtleisten mit weiß brennenden Kerzen. Beispielhaft betreiben die Bewohner von Mauersberg ihre Weihnachtsillumination, dort bleiben in der Weihnachtszeit die Fensterläden offen. Aus allen Fenstern leuchten statt Schwibbogen dreieckförmige Lichtleisten, gewissermaßen den Wipfel einer Fichte symbolisierend oder hinauf zum Himmel weisend, weil von dorther das Licht kommt. (Siehe Seite 64.)

Ursprünglich stellten Familien, die sich nicht das Licht leisten konnten, buntbedruckte und ausgestanzte Papptafeln gegen die Scheiben. Darauf waren Paradiesgärten, Phantasielandschaften, Blumenranken und natürlich auch die Geburt des Heilands abgebildet. Mit dem Aufkommen von Gardinen verloren sich die Bilder.

Der Schwibbogen

Weihnachten im Erzgebirge ohne leuchtende Schwibbogen an den Fenstern und übergroß an den Ortseingängen, was wäre das für eine Weihnacht! Obwohl der ursächliche Schwibbogen über 200 Jahre alt ist, gehört er in der heutigen Gestaltung zu den jüngsten Lichtträgern in der Weihnachtszeit.

Schwibbogen heißt soviel wie Schwebebogen. Der Name ist irreführend, denn ein schwebender Bogen war er nie. Immer stand er stramm auf seinem Untergrund. Was zu seinem Namen führte, ist wohl eher seine Bogenform.

Schwibbogen von 1778

Mit etwas Phantasie könnte man sich leicht ein Stollenmundloch vorstellen, mit brennenden Grubenblenden behängt. Wenn dies auch nicht belegt ist, wird gelegentlich geschrieben, es sei so gewesen. Auch das wird geschrieben: Der Schwibbogen habe an zwei Ketten von der Decke gehangen, damit der Bergmann seine Grubenblende links oder rechts in den Aufwärtsbogen des Bandeisens, des Schneckenhäuschens, hängen konnte.

Der Johanngeorgenstädter Bergschmied Johannes Teller gilt als Vater des Schwibbogens. Auf einem der frühesten erhaltenen Schwibbogen ist die Jahreszahl der „Verehrung" 1778 geschrieben. Von diesem frühen Schwibbogen gibt es drei Exemplare gleicher Bauart. Zwei von ihnen tragen die Bezeichnung „1778 verehrt S. T. Teller – Obersteiger Friedrich". Ein anderer stammt aus dem Jahre 1796 mit dem kursächsischen Wappen und einem Schriftband darüber, auf dem zu lesen ist: „Vivat Neu Leipziger Glück in J. G. Stadt". Als man ihn restaurierte und eine Farbschicht abtrug, kam die Jahreszahl 1740 hervor. Das ist der Nachweis für den ältesten erzgebirgischen Schwibbogen. Auf der Johanngeorgenstädter Silbererzzeche „Neu Leipziger Glück" stand auch ein Schwibbogen aus dem Jahre 1796. Alle historischen Schwibbogen schufen Johanngeorgenstädter Bergschmiede. Die Bogen blieben über die Zeit hinweg die Sonderheit der Bergstadt. Nicht zu Unrecht nennt sich heute Johanngeorgenstadt „Stadt des Schwibbogens".

Sicher wären die ersten Schwibbogen bestenfalls Raritäten der Museen geblieben, hätte man nicht für die 1937 in Schwarzenberg stattfindene

Schwibbogen mit Begleuten und Silberzweig über der Unteren Schloßstraße in Schwarzenberg

„Feierobndschau" ein aussagekräftiges Symbol gebraucht. Paula Jordan erhielt den Auftrag, es zu entwerfen. Unter vielen Vorlagen war auch eine, die zu gefallen wußte. Unter Verwendung des alten Schwibbogens hatte sie ein solches Symbol geschaffen. Das Bild zeigt im Mittelteil zwei Bergleute, die das kursächsische Wappen tragen. Dem Wappen ist ein Hufeisen angehängt, mit dem der Meister sein Handwerk lobt. Darunter steht die Erzkiste. Auf der einen Seite von ihr sitzt die arbeitende Klöpplerin unter einer Leuchterspinne, auf der anderen der Schnitzer, über sich den Schwebeengel. Hinter der Klöpplerin füllt die Wunderblume den Raum, die dort blühen soll, wo sich das Erz unter Tage findet, hinter dem Schnitzer die Drechselfigur eines Räuchermannes. Mit dieser kleinen verbildlichten Geschichte war der Inhalt dieser großen Volkskunstausstellung gegeben.

Der Bogen wird von Bandeisen eingefaßt, das links und rechts mit einem Schneckenhäuschen endet. Durch das Eisenband erhält der Bogen seine Statik. Es trägt Lichtertüllen, sieben, neun, vielleicht auch zwölf, früher für Rüböllämpchen oder Wachskerzen, heute für elektrische Kerzen. Immer weiße Kerzen müssen es sein, bloß keine bunten!

Keiner der Veranstalter der damaligen Feirobndschau konnte auch nur ahnen, daß dieser Schwibbogen einmal, unter dem Namen „Schwarzenberger Schwibbogen", landweit verbreitet sein würde. Dazu war allerdings Voraussetzung, ihn kostengünstig und in großer Stückzahl herzustellen. Seit 1977 kam ein solcher, aus Blech gestanzt, auf den Schwarzenberger Weihnachtsmarkt.

Schwibbogen am Pferdegöpel in Johanngeorgenstadt

Schnitzer, Drechsler und Bastler verwendeten indes statt Blech Holz und sägten ihn mit der Laubsäge aus. Er war nun nicht mehr schwarz wie seine metallenen Vorläufer, sondern wurde bunt bemalt. Bei manchen füllten statt der ausgesägten plastische Figuren den Innenraum. Es gibt Schwibbogen, die mit einem Flügelrad versehen sind und einem Teller, der sich wie bei einer Pyramide dreht. Die einen werten dies als eine Weiterentwicklung des alten Leuchters, die anderen bedauern dies, weil sich damit das ursprünglichen Anliegen verliert.

Durch die leuchtenden Schwibbogen wird die Erzgebirgsweihnacht zur Einmaligkeit. Von weither kommen vollbesetzte Busse, fahren durch die verschneiten Städte und Dörfer. Die Schwibbögen leuchten zum ersten Mal am Adventsheiligabend und verlöschen zu Hohneujahr. In manchen Orten ist es Sitte, sie erst zu Lichtmeß auszuschalten, wie zum Beispiel in Zwönitz.

De Elektrik un is Weihnachtslechten

Wie se ne Sunnobnd vür'n erschten Advent in Dorf allezamm ihre Lichter aufgesteckt un ausprobiert habn, sat de Schubert-Klara ze ihrn Ma: „Franz, überol lecht's un funkelt's. När bei uns is robnschwarz. De Dorfleit waarn ball drüber reden." Dos kunnt unner Nachber Franz net auf sich sitzen lossen. „Nu här oder auf", sat'r, „vierzn Schwibbögen an de Fanster un e Gartenficht voller Lichter. Is dos ebber nischt!" Se blub derbei: „Dos mit die Fanster un dan Gartenbaam mog sei, oder dos mittlere Fanster ben hintern Treppenaufgang, schwarz wie de Nacht, als wär Tutensunntig un net Weihnachten!"

Wos blub ne Nachber wetter. Üm dan Dorbiern e End ze machen, hot'r sich nei's Auto gesetzt un hot vun Schwarzenbarger Baumark enn Schwibbugn gehult. Kenn gewähnlichn ebber, wie ne de mehsten Leit in ihre Fanster habn, naa, genau su enn, wie ne de Fraa hobn wollt: schwarz, aus Blach, mit zaah Lichter, goldene Tülln, un, un, un… Dos Weibsen of'n Baumark mußt ne extra aus'n Lager huln.

Wie er dos dr Fraa derzöhlt, hot die sich noch grußgeta, wall se kenn gewähnlichn, wall se enn Schwibbugn hatt', extra aus'n Lager. Un wie daar nort dra'n Fanster ben hintern Treppenaufgang gelecht hot, war'r, als wür daar besunnersch schie lechten. Se hot egal emol de Vürhäng zerückgeschubn un zun Kammerfanster nausgesaah.

Un esu is ne annern Tog, wos dr erschte Advent war, dr Nachbar die steile Trepp nauf un hot die beeden Schwibbugn an de Öberbudenfanster agemacht, nort die vun de öbern Stöbn, nort die vun de untern Stöbn, nort die vun dr Küch, dan vun der Wohnstub hatt de Fraa salberscht agemacht, nort is'r de Trepp ben hintern Aufgang nauf, dan neie azestecken, dan'r aus Schwarzenbarg gehult hatt. Durch die vieln Schwibbögn hätt'r ball ne Christbaam in Garten vergassen. Wie er die Runde rüm hatt, is sei Fraa vorne naus un hot geguckt, öb aah alle richtig brenne.

— 62 —

Gegn zaahne sat de Fraa, se soß of'n Kannepee un hot Farnsaah ageguckt: „Mei Schiener, wie denkst de dä? Möchte mer emende de Schwibbögn wieder ausmachen?" Wenn se sat: „Möcht mer…", do war aar gemaant. Un wall die vieln Lichter net dr ganzen Nacht brenne sollten, is'r die steile Budentrepp nauf, hot die an de Budenfanster ausgemacht, nort die vun de öbern, nort die vun de üntern Stöbn, dr Küch un nort dan vun hintern Aufgang un vun Gartenbaam.

Wie er nei dr Stub kam, sat de Fraa: „Die zweea an de Stubnfanster hob ich salber ausgemacht, ich wollt' dr e wingk Arbet onamme." Dr Nachber oder hot gedacht: „Grußer Gott, wenn die Fosend bis Huchneigahr esu fortgieh soll, do bist de meh of de Baa als of'n Kannepee."

Un esu is'r ne annern Tog wieder die steile Trepp nauf, hot de Schwibbögn of 'n Buden agemacht, die vun de öbern, die vun de üntern Stöbn, dan vun Treppenaufgang un vun dr Küch. När daar vun dr Wohnstub hot schu gebrannt. Un wie's üm zaahne war, sat de Fraa: „Wie denkst de dä, mei Schiener…" Wos nischt annersch haaßen sollt, er sollt wieder of Tour gieh.

Wie er die ewige Laaferei emol senn Nachber Georgi-Kar klogt, sat daar: „Die Laaferei hob ich mir schu lang vun Hals geschafft. Dos macht bei mir dr Elektrik!"

Unner Nachber mog e wingk dumm geguckt hobn, denn dr Kar sat: „Do machst an gede Steckdus enn Zeitschalter. Wenn de Zeit rüm is, schalt daar ei, un is de Zeit wieder rüm, schalt daar wieder aus. Un dos Tog fer Tog un sulang de willst. De brauchst dich üm nischt ze kümmern!"

Dos hot unnern Nachber Franz quack geta. Wie er e paar sette Schalter, aah noch verbilligt, ehaambracht, hot de Fraa gerodnaus gegadert: „Wie ka dä e sett Kastel rauskriegn, wann's ei- un wann's auszeschalten hot?" Un wie se gar noch of dan Karton gelaasen hot „Made in Taiwan", kunnt se sich ver Lachen nimmer halten. „De Taiwaner waarn wuhl ebber wissen, wann bei uns in Aarzgebirg de Lichter agedreht waarn un wieder aus! Wu die in Taiwan gar kaa Weihnachten habn!"

Dr Nachber hot sich net beirrn lossen. Alle Walle soß'r in dr Eck vun Kannepee un hot die Beschreibing vun die Zeitschalter emol vürwarts un emol rückwarts gelaasen, bluß schlau wur er net. Ein Deitsch hatten die Taiwaner! Waar dos begreifen kunnt, hätt Krimenalinspekter waarn könne. Er hot derbei an Georgi-Kar gedacht, wie daar sat, die Dinger brauchst de bluß nei dr Steckdus ze stecken, un schu schalten se ei un schalten se aus. De brauchst dich üm nischt ze kümmern!

Er dacht: „Alts Gelaas." Un esu hot'r aa sette Zeitschaltuhr nooch dr annern agesteckt. Daar aane Schwibbugn hot gleich gelecht, derbei war'sch erscht kurz nooch'n Mittogassen. Aah bei de öbern Stöbn hot aaner gebrannt, un aah daar ben hintern Treppenaufgang. Die annern habn gar net dergleichn geta. Do dacht'r, de wersch't se üm viere astecken, do könne se lechten. Dos war oder aah net richtig. Die Schwibbögn habn alles annere gemacht, när kaane Lichter agemacht. När die of'n Öberbuden un die vun Gartenbaam, die habn gebrannt.

Dr Franz dacht, wenn's ben Nachber klappt, worüm bei dir net. Ne annern Tog saten de Leit of dr Stroß: „Heiliger Voter, wos war dä bei Eich lus! Su ein Durchenanner! Als wärn eire Schwibbögn besoffen gewaasen, mol hot daar aane, mol der annere gebrannt. Dr Gartenchristbaam vergaabns dr Nacht halb dreie." Un de Fraa sat: „Do habn se dich oder ageschmiert. Nu waßt de, worüm die esu billig warn!"

Dos war nu aah ne Nachber Georgi-Kar net verborgn gliebn. Seit daar kam un e wink an die Schalter rümgestellt hot, funktioniert die ganze Schalterei. Un gleich saten de Leit: „Mir brauchn kaa Uhr; mir richten uns nooch genn senn Schwibbögn." Dodermiet warn die vun unnern Nachber gemaant. Un dr Franz trot bei der Haustür, hot gewart, bis aans verbeiloff, hot sich areden un lubn lossen, un nort ganz gescheit gesat: „Dos macht bei mir dr Elektrik!"

In Mauersberg bleiben in der Weihnachtszeit die Fensterläden offen. Aus allen Fenstern leuchten statt Schwibbogen dreieckförmige Lichtleisten, den Wipfel einer Fichte symbolisierend.

Ortspyramiden – das Aushängeschild einer jeden Gemeinde

War die Drehpyramide lange Zeit ein Weihnachtsutensil in den Stuben erzgebirgischer Familien, so trat sie eines Tages hinaus ins Freie, wurde zur Ortspyramide, zu einer „Weihnachtspyramide für alle". In keiner anderen deutschen Landschaft ist es üblich, zwischen dem 1. Advent und Hohneujahr oder Lichtmeß, auf Plätzen, vor Schulen oder Rathäusern solche Ortspyramiden aufzustellen.

Hierzulande hat nahezu jeder Ort sein Exemplar. Schon Ende des vorigen Jahrhunderts gab es mehr als 200 davon. Die Anzahl wuchs und wächst. Ohne Zweifel sind auch in diesem Jahr neue hinzugekommen. Um 2005 standen auch im benachbarten Vogtland 24 Ortspyramiden.

Mancher Schnitzer und Bastler baute sich „seine Ortspyramide" in den Garten oder vors Haus, wie die Familie Buschbeck in Erla. Im Schwarzenberger Ortsteil Walzwerk schufen sich die Bewohner ihre Pyramide. In Crandorf dreht sich in einem Garten ein solch Wunderwerk. Wer weiß sie allesamt zu zählen.

Die Pobershauer Ortspyramide ist einem Förderturm nachgebildet

Die meisten der Ortspyramiden entstehen als Gemeinschaftswerk ortsansässiger Schnitzer, Bastler und Handwerker. Sie sind Ausdruck ihrer Zusammengehörigkeit. Die größte erzgebirgische Weihnachtspyramide mit einer Höhe von 13 Metern ist die am Chemnitzer Rathaus. Nur die von Dresden ist geringfügig höher. Die Größe einer Pyramide macht freilich nicht ihre Qualität aus!

Die schönste und älteste aller Ortspyramiden ist die von Schwarzenberg, 1934 angeregt durch Friedrich Emil Krauß. Er zeichnete die Entwürfe und finanzierte den Bau. Die sieben Meter hohe Stabpyramide wird von einem sternendurchbrochenen Flügelrad überschirmt, dessen Durchmesser 3,30 Meter beträgt. Die Teller der fünf Stockwerke sind mit sakralen und bergmännischen Figuren bestückt, geschnitzt von dem Werkzeugmacher Paul Lang aus Schwarzenberg-Sachsenfeld. Schaf und Steinbock stammen von Paul Winkler aus Bermsgrün. Die unterste Ebene ist nicht in die Drehbewegung einbezogen. Dort wird die Geburt des Kindes dargestellt.

Da es sich bei den Figuren um bedeutende Zeugnisse erzgebirgischer Schnitzkunst handelt, die seit Jahren der Witterung ausgesetzt waren, hat man

Ortspyramide auf dem Marktplatz in Scheibenberg

sie im Schwarzenberger Museum untergebracht und die auf der Pyramide stehenden Figuren durch originalgetreue Duplikate ersetzt. Mit einem Spielwerk aus vier Bronzeglocken wird die Pyramide nach oben hin abgeschlossen.

Kurioserweise hat Schwarzenberg damit zwar die älteste Ortspyramide, aber in Aue wurde die erste aufgestellt. Das ist kein Widerspruch. Anläßlich einer 1934 stattgefundenen Deutschen Krippenschau wurde diese Pyramide als Symbol erzgebirgischer Weihnachtskunst am Auer Ortseingang, nahe dem damaligen „Bechergut", aufgestellt. Es ist das für die Schwarzenberger Öffentlichkeit bestimmte Exemplar! Früher als die Schwarzenberger hatten Frohnauer Schnitzer an einer solchen Großpyramide gearbeitet, sie dann Mitte 1930 zersägt, aus welchem Grund auch immer.

Aue hat nach Schwarzenberg die älteste Ortspyramide. Auf dem untersten Teller eine christliche Szene.
Unten rechts: die Großpyramide von Burkhardtsdorf

1935 kam die Schwarzenberger Pyramide zurück und wurde auf die Terrasse des Hotels „Ratskeller" gestellt, wo man sie offiziell weihte. In der nachfolgenden Zeit mußte sie häufig ihren Standort wechseln, stand einmal Weihnachten in der St. Georgenkirche, zur legendären „Feierobndschau" im Jahre 1937 vor der Realschule, 1938 sogar auf dem Prager Platz in Dresden.

Nach dem Kriege war sie für eine Weihnachtszeit nach Breitenbrunn verborgt, danach bekam sie ihren Platz an der Schwarzenberger Bahnhofstraße gegenüber dem damaligen Postamt. Nun hat sie einen neuen Standort erhalten, wurde in die Altstadt einbezogen und steht am Unteren Tor, nahe des Schwarzenberger Marktplatzes. An ihr muß jeder vorüber, der den Schwarzenberger Weihnachtsmarkt besucht. Das ist eine wunderschöne Einstimmung in die Weihnacht.

Die Scharfensteiner Schnitzer und Bastler gingen eigene Wege bei der Gestaltung ihrer Ortspyramide. Sie nahmen das Schloß als Vorbild.

Die Auer wollten den Schwarzenbergern nicht nachstehen! Denn auch hier wurde 1935 eine Ortspyramide gebaut und der Öffentlichkeit übergeben. Sieben Meter hoch, mit sechs Etagen, ist sie eine typische Stockwerkpyramide. Will man so, dann hat Aue damit die zweitälteste erzgebirgische Ortspyramide. Eine dritte entstand 1935, die der Seiffener Spielzeugschau. Sie ist ebenfalls eine Stockwerkpyramide, 6,20 Meter hoch, und wie es nicht anders sein kann, mit Seiffener Spielzeugfiguren bestückt. Da sie in einem geschlossenen Raum steht, ist sie im eigentlichen Sinne keine Ortspyramide, bestenfalls eine Großpyramide. Und auch dadurch unterscheidet sie sich von den anderen, die sich nur in der Weihnachtszeit zeigen. Die Seiffener dreht sich das ganze Jahr.

Vor allem nach 1965 nahm die Zahl der Ortspyramiden zu. 1978 waren es bereits an die 70. Jede von ihnen wurde ein Unikat. Keiner wollte vom

Die Ortspyramide in Schwarzenberg, nach Entwürfen von Friedrich Emil Krauß

rechte Seite:
Die Ortspyramide in Oberwiesenthal

anderen abgeguckt haben. Die Pyramidenbauer von Zschopau, Pöhla, Königswalde, Erlabrunn und Einsiedel bevorzugten die Stabpyramide, die von Großolbersdorf, Zwickau, Johanngeorgenstadt, Beierfeld, Pobershau und Schneeberg sahen im bergmännischen Förderturm ihr Vorbild, die Raschauer schufen eine vom Huthaus abgeleitete Pyramide. Auch den legendären Schnitzmeister Harry Schmidt in Bermsgrün hat das Huthaus inspiriert, die Borstendorfer Pyramide entstand 1961. Neben der Schlettauer, Grünhainer, Rittersgrüner gaben auch die Leukersdorfer ihrer Pyramide die Form einer Fichte. Die Grünstädtler Schnitzer blieben bei der traditionellen Stockwerkpyramide.

Die Figuren sind gedrechselt oder geschnitzt, bunt bemalt, stellen unterschiedliche Typen des heimischen Volkslebens oder biblische Motive dar. Bevorzugt sind die Teller mit Bergleuten bestückt, meist im Habit. Bergaufzüge bieten sich geradezu für die Kreisbewegung der Laufteller an. Wer hätte von den frühen Pyramidenbauern ahnen können, daß sich daraus eine erzgebirgische Rarität entwickeln würde. 1810 entdeckten sie das Flügelrad als Antrieb. Aus dem alten Stabgestell und der Nachgestaltung des Pferdegöpels ist die erste Drehpyramide entstanden. Freilich: Erst die Elektrizität machte die Großpyramide möglich. Statt aufsteigender Kerzenwärme ermöglicht ein unsichtbarer Elektromotor die sanfte und lautlose Drehbewegung. Glühlampen in Glaskugeln ersetzen die Kerzen. Busse mit Winter- oder Weihnachtstouristen halten vor einer solchen Pyramide. Die Fotoapparate klicken. Man läßt sich diese Gelegenheit nicht entgehen.

Durch die Orts- oder Großpyramide kam ein neues Geschehen in die erzgebirgische Weihnacht, der Pyramidenanschub. Am Nachmittag des Adventsheiligabends treffen sich Schulkinder, Bläser vom Posaunenchor, Sängerinnen und Sänger und die Pyramidenerbauer mit den Ortsbewohnern zu einer kleinen Feierstunde. Weihnachtslieder erklingen, Kinder sagen Gedichte auf, vielleicht hält der Bürgermeister eine kleine Ansprache. Aber dann kommt der Moment, zu dem vielleicht ein Kind, der Pfarrer, der herbeizitierte Rupperich oder eine Engelschar symbolisch die Pyramide anschieben, damit sie fortan ihre Runden drehen kann. Für so manchen steht Weihnachten nicht mehr vor der Tür, für ihn hat Weihnacht begonnen. Denn kommen sie heim, rüstet die Hausmutter zum Neunerlei des ersten Heiligabend.

Pyramidengeschichte

Im Jahre 1585 ließ sich Kurfürst Christian von Sachsen durch den Augsburger Uhrmachermeister Hans Schlotheim ein Kunstwerk anfertigen, scherzhaft „Laufband" genannt. Es ist fast einen Meter hoch und aus feuervergoldetem getriebenem Silberguß hergestellt. Wegen der Beweglichkeit bestimmter Figuren wird es den Pyramiden zugeordnet. Damit ist dieses Kunstwerk die älteste der heimischen Pyramiden.

Seit dem 16. Jahrhundert gehören zu den Kabinettsstücken der Dresdner Kunstsammlungen kleine, meist feder- oder kurbelgetriebene Schauwerke. Sie sind turmartig gebaut und werden von Säulen getragen. Die pyramidale Form findet sich in der späteren Erzgebirgspyramide wieder. Ob dabei eine direkte Verbindung zu diesen Kunstwerken besteht, ist wenig wahrscheinlich; denn der pyramidale Aufbau ergibt sich von selbst, sobald die Kerzenwärme als Antrieb verwendet wird.

Viel eher läßt sich eine Verbindung zur ursprünglichen und sehr alten Stabpyramide finden, bestehend aus drei oder vier oben zusammenlaufenden Stäben. Sie wurden mit Reisig oder Buntpapier umwunden, mit vergoldeten Nüssen, Äpfeln oder Pfefferkuchen geschmückt und mit Kerzen besteckt. Meist hatten sie auf der Spitze ein „Krönelein" aus Pappe.

1678 gab es in Schneeberg ein Weihnachtsgestell, das der Chronist Meltzer wie folgt beschreibt: „... die eitele und allerlei Illumination liebende Jugend hat wohl ehemals Pyramiden von lauter Lichtern aufgebaut..."

Im alterzgebirgischen Heiligabendlied aus der Zeit um 1830 werden viele Sitten und Bräuche jener Zeit besungen, jedoch gibt es keinen Hinweis auf die Pyramide, was vermuten läßt, daß sie noch nicht in jedem Haus zu finden war. Zwanzig Jahre später, 1850 heißt es dann: „Es steht eine Pyramide auf dem Tisch mit buntem Papier überzogen und mit bemalten Lichterchen geziert. Sie hat ein Paradiesgärtchen oder einen Drehleuchter (Drehturm) mit übereinanderstehenden Scheiben, auf welchen die eine das Christspiel, die andere einen Bergaufzug, die dritte eine Jagd trägt."

Pyramide mit Szenen aus der biblischen Geschichte, hergestellt von Edgar Wolf aus Satzung.
Das Unikat befindet sich im Familienbesitz von Wolfs Nachkommen.

Alle Anzeichen deuten darauf hin, daß sich die starre Stabpyramide, angeregt durch den im sächsischen Erzbergbau üblichen Pferdegöpel, in eine Drehpyramide verwandelte. Im Göpel gehen Pferde im Kreis und ziehen lange Hebel, um eine senkrecht stehende Welle zu bewegen. Über Zahnräder wird aus der kreisenden eine rotierende Bewegung, mit der Gestein und Wasser aus dem Schacht gehoben werden kann. Das Göpelhaus selbst hat Kegelform.

Es ist denkbar, daß diese Funktion den tüftelnden und bastelnden Bergmann dazu anregte, die starre Pyramide zu verlebendigen. In ihr Gestell gelangt eine Welle. Die von den Kerzen aufsteigende Warmluft nutzte er dazu, über ein Flügelrad die Welle und damit den daran befestigten Teller zu bewegen. Im Innenraum des Gestells, dort, wo einmal Moospolster mit Paradiesgärten waren, dreht sich nun eine Scheibe, und so ziehen die daraufgestellten Figuren ihre Kreise.

Kirchturmpyramide aus Geyer.
Im Besitz von Roland Eichler, Dittersdorf

Die ältesten erzgebirgischen Drehpyramiden stammen aus der ersten Hälfte des 19. Jahrhunderts. Zu dieser Zeit gab es schon ausgebildete und kunstvoll gefertigte Exemplare. Christian Gottlob Wild weiß 1809 von „4 bis 5 Stock hohen Pyramiden, wo man das ganze Bergwesen, auch die Eisenhämmer, Wasserkünste, im völligen Gang sieht", zu berichten. Ein um 1800 in Freiberg gefertigter Turm ähnelt einer Windmühle mit einem Bergwerksmodell. Auf den beiden Tellern sind Szenen aus dem Bergmannsleben dargestellt, auf dem oberen tanzende Paare beim Bergbier, auf dem unteren zieht eine Bergparade auf. Bewegt wird das ganze Werk durch einen von Hand betriebenen Kurbelmechanismus.

Auch die vom Bergschmied Zier in Neustädtel um 1835 angefertigte Pyramide hat auf der oberen Etage ein tanzendes Paar beim Bergbier und auf einem weiteren Teller einen Bergaufzug. Ein Markscheider aus Ehrenfriedersdorf baute als Konfirmationsgeschenk eine kunstvoll gegliederte Pyramide.

Aus Schönheide ist ein klassizistischer Drehturm mit Barockkrönung aus dem Jahre 1830 bekannt. Die Museen sind voll von schönen historischen Pyramiden, von denen jede eine volkskünstlerische Kostbarkeit darstellt.

Inzwischen hat die Pyramide landweit ihren festen Platz unter dem Weihnachtszeug gefunden. Und setzt sich die Familie am Sonntagnachmittag an den Kaffeetisch, alle Hektik abstreifend, dreht sie sich lautlos und zaubert durch Licht und Schatten Rhomben, Strahlen und Streifen an die Zimmerdecke.

Stockwerkpyramide aus der Zeit vor dem 2. Weltkrieg. Hergestellt von der Firma Flemmig in Globenstein

oben links: Drehspinne von
Ernst Riedel, Schwarzenberg
oben rechts: „Blaue Engelpyramide"
von Edgar Wolf. Im Besitz
der Familie Wolf
unten links: Pyramide nach
Vorbild russischer Gotteshäuser
gestaltet von Edgar Wolf.
Im Besitz der Familie Wolf

4. KAPITEL

Bergmannsweihnacht

Der Bergmann und sein Licht

In keinem Berufszweig ist das Licht von größerer Bedeutung als im Bergbau. Ein Bergmann unter Tage ohne Licht ist hilflos, ein Blinder. Daher rührt auch der Spruch:

> Der Bergmann ohne Licht,
> kriegt nichts für seine Schicht!

Es ist nicht zufällig, daß in der dunkelsten Zeit des Jahres, um Weihnachten, bei ihm die Sehnsucht nach Licht am größten war. Wochenlang mußte er auf das Licht verzichten und auf den Glanz der Sonne. Bei nachtschlafender Zeit fuhr er an, bei Dunkelheit kehrte er aus dem Inneren des Berges zurück. Tagsüber vor Ort begleitete ihn ein kümmerliches Lichtlein, das seines Geleuchts. Es war sein Lebensodem in der Dunkelheit und Gefahr. Sein Schein wies ihm den Weg durch den engen Gang, zeigte ihm die Wand, gegen die er schlug, reflektierte tausend daran sitzende Wassertröpfchen, erzeugte Schatten, die geisterhaft in den Gängen tanzten. Das Licht war dabei, wenn er taubes Gestein aus dem Berg brach, und war dabei, wenn Erz sich fand.

So sieht der Bergmann im Licht mehr als eine Hilfe zur Arbeit. Er sieht in ihm seinen Berggenossen, spricht mit ihm, als sei es ein Mensch, teilt Freude und Leid mit ihm, gute und böse Stunden. „Behütet das Licht!" rufen sich die Bergleute zu und setzen es gleich dem „Glückauf", „Glückliche Auffahrt" oder „Glück, tu dich auf!".

Das Licht hat Symbolcharakter für den Bergmann, für seine Angehörigen, für alle, die mit und um den Bergbau leben. Im Geleucht vor Ort ist verwahrt der Funken eingefangenen Sonnenscheins, das Auge, das in der Dunkelheit sieht. Licht bedeutet glückliche Ausfahrt, Gesundheit, Zukunft ohne Not und Krieg. Die Sehnsucht nach Licht ist die Sehnsucht nach besseren Tagen.

Geschnitzter Lichtsteiger, vermutlich von Kunis, Marienberg, um 1900

Gedrechselter Lichterbergmann, hergestellt vom Autor

Die Lichtsymbolik des Weihnachtsgeschehens war so den Bergleuten in besonderem Maße nachvollziehbar: „Der Bergfürst ist erschienen, das große Licht der Welt." Stand nicht der Engel, der die Geburt des Heilands verkündete, im hellen Lichterschein? „Und siehe, des Herrn Engel trat zu ihnen, und die Klarheit des Herrn leuchtete um sie", heißt es in der Weihnachtsgeschichte. Und der Bergmann verbindet diesen Gedanken damit, daß von nun an die Tage länger werden, gewissermaßen als Bestätigung dafür, die Sonne wieder sehen zu dürfen, das warme, goldene Licht. So heißt auch sein Gebet:

> Du Gott der Tiefe und der dunklen Kaue,
> ich tret heraus ins Sonnenlicht
> und danke dir für alles, was ich schaue,
> und hebe stolz mein Angesicht.

Geburt Christi in der Bergmannsfamilie, Schnitzarbeit des Holzbildhauermeisters Friedhelm Schelter, Königswalde, in der Bergkirche St. Marien in Annaberg.
unten: Bergmänner, Schnitzarbeit von Bernd Sparmann, Schneeberg

Auf der Bergparade in Annaberg –
unten: Bergaufzug beim Schwibbogenfest in Johanngeorgenstadt

Frau und Kinder wollten dem Vater in der lichtarmen Zeit ein wenig Freude entgegenschicken. Und so stellten sie in den Abendstunden Lichter an das Fenster, ihm entgegenzuleuchten: „Daheim ist alles wohlauf!"

Der Brauch ist alt. Schon Christian Meltzer schreibt 1716 in seiner Schneeberger Chronik: „Vor der Zeit aber ist sothon Christ-Metten dergestalt celebriret worden/ daß die Bergleute mit ihren brennenden Gruben-Lichtern in die Kirche gegangen/ diese Lichter aber auff der Empor-Kirche brennend behalten und wohlgeschüret/ gleichwie das Weibsvolck auch ihre Lichter in ihren Stühlen gehabt./ Die eitel und allerley Illumination liebende Jugend hat wohl ehemals Pyramiden von lauter Lichtern auffgebauet. Welches alles denn verursachet/ daß die Leute von fernen Orten und aus der Nachbarschaft diese Metten/ ihrer Sollenität halber, besucht haben."

Rund hundert Jahre später, 1809, vermerkt Christian Gottlob Wild: „Zu dieser Zeit hat es mir vorzüglich in Schneeberg gefallen, wo man abends fast alle Häuser an den Fenstern sehr hell erleuchtet sieht, welches in dem Dunkel der Nacht sehr schön in die Augen fällt."

Und wer heute in die erzgebirgischen Orte kommt, vielleicht gleich wieder nach Schneeberg oder auch in die Dörfer dieses Gebietes, allen voran Mauersberg, findet Abend für Abend tausend Lichterlein in den Fenstern, die wie Sterne funkeln und die Nacht zum Tage machen wollen. Stadt und Land erscheinen selbst wie ein riesiger Weihnachtsberg.

Noch 1880 durften die Schneeberger Bergleute festlich und mit brennenden Grubenlichtern von der Grube „Fürstenvertrag" zur Kirche St. Wolfgang ziehen und dort ihr Geleucht auf die steinerne Brüstung der Empore stellen, die im Zeitverlauf dadurch runde Vertiefungen bekam.

Erst 1896, als der Innenraum der Kirche erneuert wurde, verbot man den Gebrauch der Bergmannslichter wegen der Qualmentwicklung. In Jöhstadt holte die Bergknapp- und Bruderschaft den Pfarrer von daheim zur Mette ab und geleitete ihn mit brennenden Grubenlichtern zur Kirche.

Andere brachten Pfenniglichte, aber auch schön gestaltete Kerzen zur Metten mit und zündeten sie in der Kirche an. Dieser Brauch ist noch heute üblich. Hinweisschilder am Kirchengestühl, nur weiße Kerzen zu verwenden, lassen ahnen, daß die roten allzu intensiv den Untergrund verfärben.

Weihnachtslaternen „Engel und Bergmann" und „Christi Geburt"
der Annaberger Buchbinderei Kraft

Die meisten Mettenbesucher hatten eine spezielle Laterne bei sich. Mit ihr leuchteten sie in der Dunkelheit des frühen Morgens auf dem Weg zur Metten. Das wirkte von weither wie bewegliche Sterne am Nachthimmel.

In der Kirche stellten alle ihre Laterne am Altar ab. Sie blieben während der ganzen Andacht brennen und umrahmten das Spiel der Dorfjugend, die Geburt des Jesuskindes darstellend. Denn nach altem Brauch, sollte das Mettenlicht daheim angezündet und erst nach Rückkehr zu Hause wieder ausgelöscht werden. Daher waren starke, lang brennende Kerzen nötig.

Wie aus einem kirchlichen Verordnungsblatt ersichtlich ist, wurde dieser Brauch von der Kirchenbehörde gern gesehen: „Zur Christmette oder auch zur Christvesper sollte groß und klein, mit der Christlaterne versehen, zur Kirche ziehen, die diesmal ohne jede sonstige Beleuchtung, nur erhellt von den Christlaternen der Besucher, einen besonders traulichen Eindruck macht."

Hierzulande baute man die Mettenlaternen selbst. Kam der erste Advent, fand sie im Haus ihren Ehrenplatz. Sie hing an einem Haken von der Zimmerdecke herab, erhellte den Treppenaufgang, den Hausflur, den Durchgang zum Stall oder leuchtete zum Fenster hinaus. Jeden Tag, sobald die Dämmerung einsetzte, wurde sie angezündet.

Geschnitzter Bergmann von Bernd Sparmann. – rechts: „Seilfahrt", Bergmann in alter Tracht mit Froschblende, Schnitzarbeit der Schneeberger PGH „Erzgebirgische Volkskunst" – unten: Bergparade auf dem Zwönitzer Weihnachtsmarkt

Manchmal hatte die Laterne noch einen weiteren Zweck zu erfüllen: Gehörte eines der Familienmitglieder der Kurrende an, wurde sie immer dann vom Haken gelangt, wenn die Sängerschar ihre Umgänge hielt. Es sei denn, in der Familie gab es noch ein zweites, eigens für diesen Zweck hergestelltes Exemplar, die Kurrendelaterne.

Mettenlaternen wurden aus dünnem Laubsägeholz drei- oder viereckig gebaut. Aus den rot-, blau-, braun- oder schwarzgebeizten Seitenflächen waren mit der Laubsäge weihnachtliche oder heimatliche Motive ausgesägt und mit Buntpapier hinterklebt: das heilige Paar mit dem Jesuskind und dem Sternenhimmel darüber, die Hirten auf dem Felde, die drei Weisen aus dem Morgenland, Sterne, Rehe, Fichten, Engel und Bergmann, Glocken, Schneekristalle darstellend. Dem Ideenreichtum blieben keine Grenzen gesetzt. Jeder Bastler suchte danach, seine Laterne immer schöner zu machen, denn stand sie mit den anderen am Altarplatz, war sie im Blickfeld der gesamten Kirchgemeinde, und dort sollte sie auffallen!

In einem Bericht aus dem Jahre 1936 wird der Rückgang des Brauches, „mit der Mettenlaterne zur Frühandacht zu kommen", bedauert. Schulen und Schnitzvereine werden aufgefordert, sich des Baues der Mettenlaternen anzunehmen.

Im Seiffener Gebiet war es vor allem die Familie Hübsch, die sich mit der Herstellung von Mettenlaternen beschäftigte. Eine Nachricht aus dem Jahre 1934 gibt Auskunft darüber, daß der Vater die Bretter zurechtmachte und die Figuren mit der Dekoupiersäge ausschnitt, die Mutter das Buntpapier schnitt, das die Mädchen hinter das jeweilige Bild klebten. Danach leimte der Vater die Laterne aneinander.

Nach altem Brauch hob man den Rest des Mettenlichtes auf. Brannte man ihn bei Gewitter an, so glaubte man, vor Blitzschlag und anderem Unheil geschützt zu sein. In Grünhain durfte der Rektor und Kantor die zur Mette und Silvester übriggebliebenen Lichtstümpfe aus Sparsamkeitsgründen für sich sammeln.

Der historische Bergaufzug

Öffnen die Weihnachtsmärkte, kommt die Zeit der großen Bergaufzüge. Mit Musik, in historischen Trachten der Berg- und Hüttenleute, ziehen sie daher, die Mitglieder der erzgebirgischen Bergmanns-, Hütten- und Knappschaftsvereine. Ihre Terminbücher sind voll: Sonnabend vor dem 1. Advent Bergaufzug in Chemnitz, vor dem 2. in Stollberg, vor dem 3. in Johanngeorgenstadt und Schwarzenberg und am 3. Advent in Auerbach. Das sind ein paar dieser Termine.

> Näher, näher hinterm Zaune
> Klarinette und Posaune.
> Platz! Jetzt schwenkt sie um die Halde,
> unsre alte, wohlbestallte
> weitberühmte Bergparade.

heißt es in einem Gedicht von Kurt Arnold Findeisen.

Bergmanns-, Hütten- und Knappschaftsvereine gibt es hierzulande in fast jedem Bergort. Zählt man sie, kommen zwischen Gersdorf und Johanngeorgenstadt runde fünfzig zusammen. Ihre vorangetragenen Fahnen künden davon, woher sie stammen. Die Vereinigungen haben durchweg jahrhundertealte Traditionen. Die meisten reichen bis in das 16. und 17. Jahrhundert zurück. Aus den Kalandbruderschaften hervorgegangen, waren sie einst Zusammenschlüsse der Berg- und Hüttenleute, um sich in allen Lebens- und vor allem Notlagen gegenseitig zu unterstützen.

Seit dem ausgehenden Mittelalter erlangte der Bergmann durch seine wirtschaftliche Bedeutung eine geachtete gesellschaftliche Stellung. Bergleute bildeten einen eigenen Stand, der sie in vielerlei Hinsicht von den Handwerkern, Bauern und Arbeitern hervorhob. Ihnen waren Rechte eingeräumt wie die Unterstellung unter die Berggerichtsbarkeit oder die Befreiung vom Militärdienst. Bergstädte bekamen anderen Städten gegenüber den Vorzug, bei der Vergabe von Gerechtsamkeiten, wie dem Brau-, Schank- oder Marktrecht. Die besondere gesellschaftliche Stellung der im Bergbau Beschäftigten wurde äußerlich sichtbar durch ihre Festkleidung, den Berghabit.

Der Bergmann trug seinen „Festwichs" mit Stolz und Eigensinn zu allen bergmännischen Anlässen. Im Habit ging er zum Gottesdienst, zum Bergbier

Restauriertes Bergarbeiterhaus in Annaberg

und zum Begräbnis. In ihm erschien er zur Bergparade und zum Bergaufzug. Teile der Arbeitskleidung von unter Tage wechselten verfeinert und herausgeputzt in die bergmännische Festtracht über, wie Schultertuch, Bergleder, Kniebügel, Geleucht und Barte. Dabei wachten die Bergleute darüber, daß diese Stücke nicht von Unberechtigten getragen wurden. Hatte sich ein Bergmann unter Tage vergangen, stieß man ihn dadurch aus der Gemeinschaft aus, indem man ihm das Bergleder abschnallte. Sein Habit war dem Bergmann so wertvoll, daß er es vererbte wie eine Uhr oder eine Truhe. „Mein Grubenzeug, welches ich sonntags angezogen und in einem Küttel mit geschliffenen Stahlknöpfen und Leder besteht…, vermache ich meinem Schwiegersohn Gottfried Friedrich Müllern", heißt es im um 1800 verfaßten Testament des Bergmanns Christian Gottlieb Fischer.

Die Reihenfolge des Aufmarsches wurde bestimmt von der Stellung und Bedeutung der einzelnen Verrichtungen innerhalb des Bergwesens. Undenkbar, bei der Aufstellung den Bergbeamten oder Häuern den „Vorantritt" streitig zu machen.

Verordnete Bergparaden führte der Oberberghauptmann an, hoch zu Roß. Obersteiger und Steiger marschierten im Block mit der Bergfahne, die der älteste von ihnen tragen durfte. Berghandwerker folgten, die als Zeichen ihr Handwerksgerät mit sich führten. Dahinter die Bergkapelle. Ihnen folgte, gewissermaßen als Mittelpunkt des Gepränges, der Zug der Häuer, angeführt von ihren Obersteigern und Steigern. Die Häuer hatten die Bergbarte

Metallener Bergaufzug über dem „Unteren Tor" in Schwarzenberg

geschultert. Keiner weiß, ob sie aus einer Waffe oder aus dem Gezäh der Bergleute hervorging. Seit dem 16. Jahrhundert wurde sie immer mehr zum Standeszeichen des freien Bergmanns. Die Häuer gingen bedächtig, mit eingewinkelten Knien, sie „kniebügeln voran", wie man sagt. Denn so müssen sie auch in den engen und niedrigen Stollen und Gängen unter Tage gehen.

Hinter ihren Fahnen folgten die Hüttenleute und Blaufarbenwerker, in den Händen die Nachbildungen ihrer Arbeitswerkzeuge. Den Schluß des Aufzuges bildeten die Grubenjungen, angeführt vom jüngsten Steiger. Die Jungen trugen bändergeschmückte Stöcke. Mit ihnen klirrten sie auf das Pflaster, um Aufmerksamkeit zu erwecken. Weit und breit hießen sie deshalb „Stacklegunge", abwertend auch „Stacklebrut".

Dienstlich verordnete Bergparaden waren bei den Bergleuten wenig beliebt. Denn wer zu ihr beordert wurde, mußte viele Unannehmlichkeiten über sich ergehen lassen, lange Fußmärsche in Kauf nehmen und sich Kleidungsstücke zusammenborgen. Denn nicht immer hatte der Bergmann ein vollständiges und einwandfreies Habit. Auch Einbußen an Zeit und Lohn blieben nicht aus.

Obwohl der Bergbau erloschen ist, geblieben sind liebgewonnene Traditionen, die bis in unsere Tage fortleben. Und wenn es wieder heißt, etwa beim Abschluß eines Weihnachtsmarktes, die Bergleute ziehen auf, dann säumen Tausende die Straßen.

Mettenschicht

23. Dezember. Mettenschicht. Über Tage wurde es Abend und die Lichter gingen an. Die Bergleute vor Ort räumten das Gezäh fort, als wäre es Sonntag unter Tage. Sie löschten die Stümpchen, deren Weihnachtslicht sie während der Schicht begleitet hatte. Schneller als sonst stiegen sie die Fahrten hinauf. Der Hutmann hatte das Haus weihnachtlich hergerichtet, hatte Bänke gescheuert, Tische eingesetzt und den Fußboden mit frischem Sand bestreut. Er hatte die Spinnweben fortgewischt und hinter das Balkenwerk Fichtenzweige gesteckt. Auf einem Wandbord lagen, in Moos eingebettet, Glitzersteine, darunter Pyrit, Bergkristall und goldglänzendes Schwefeleisenerz. Dahinter stand eine Grubenblende, um die kleine Sammlung zu beleuchten. Einen Christbaum hatten die Jungmannen vom Wald gebracht, der nun voller Äpfel hing. Auf den Tischen standen Leuchter. In Erwartung der Ausfahrenden brannten die Lichter. Der eiserne Ofen summte. Er machte wohlige Wärme. Auf seiner oberen Platte schwelte Tannenreisig und verbreitete einen weihnachtlichen Ruch.

In kleinen Gruppen kamen die Bergleute herein. Bevor sie ihr Grubenzeug an den Haken hängten, zogen sie ihren Hut und traten vor den Grubenverwalter, ihm „Glückauf!" zu wünschen. Der hatte für jeden ein freundliches Wort, fragte nach dem und jenen, nach Frau und Kind und wußte von mancher Sorge seiner Leute.

Die Männer stellten ihre Grubenblende auf das dafür vorgesehene Bord. In froher Erwartung besetzten sie ihren angestammten Platz, einer neben dem anderen. Der Platz am Tischende war dem Bergverwalter vorbehalten.

Der Steiger verstand das Harmonium zu bedienen. Als er sich zurechtsetzte, wußten die Bergleute, daß die Mettenschicht beginnt. Der Hutmann brachte einen Kienspan und zündete die Kerzen auf dem Christbaum an. Waren ihre Stimmen auch rauh und zum Singen ungeeignet, als vom Instrument die Melodie erklang, sangen sie des Bergverwalters liebstes Lied: „Glückauf, du holdes Sonnenlicht…"

Dann hielt der Bergverwalter eine kleine Rede. Er sprach vom erschienenen Heiland, vom Bergsegen, den er den Menschen brachte und von der Ausbeute im vergangenen Jahr. Er zog einen Zettel aus der Tasche, auf dem er einige Zahlen geschrieben hatte. Es waren gute Zahlen, die hoffen ließen. Seinen Bergleuten wünschte er für alle Verrichtungen Glückauf.

Für den Hutmann war dies das Zeichen, die Teller mit der Bratwurst, Sauerkraut und Kartoffelbrei hereinzutragen. Die Jungmannen waren ihm behilflich. Erst als sie gemeinsam das Gebet gesprochen hatten „Komm, Herr Jesus, sei unser Gast…", begann das Essen. Die Männer hatten Hunger. Einer wie der andere ließ sich seinen Teller erneut mit Kartoffelbrei und Sauerkraut füllen. Der Steiger spielte auf dem Harmonium, und die Männer sangen „Nun danket alle Gott…". Danach ließ der Bergverwalter Zigarren austeilen, „e gaahls Gelächt", wie die Bergleute sagten, und der Hutmann lobte den Bergverwalter: Er habe ein Fäßchen Bier spendiert. Das ließen sich die Bergleute gefallen.

Längst waren die Sterne am Himmel. Der Bergverwalter drückte seine Zigarre aus und zog den Mantel über. Die Mettenschicht war zu Ende. Die Männer, einer hinter dem anderen, stapften durch den vom Schnee verwehten Häuersteig hinab, den Häusern entgegen, in denen sie ihre Familien wußten.

Engel und Bergmann

Bergmann und Engel wurden zum Symbol der erzgebirgischen Weihnacht. Ist es nur ein Zufall, daß neben dem lichttragenden Bergmann die Engelsfigur steht? Treffen sich diese beiden Figuren nicht als Sendboten aus entgegensetzten Richtungen: der aus himmlischen Gefilden herabschwebende Engel und der aus der Tiefe emporsteigende Bergmann? Auf festem Grund der Erde, im weihnachtlichen Bergmannshaus, finden sie sich zu einem Paar zusammen, jeder eine Kerze, zwei oder im Joch viele tragend, Licht wollend und Licht bringend. Die beiden stehen so dicht beieinander, als seien sie ewig ein angetrautes Paar. Dabei ist ihr Herkommen so unterschiedlich, daß sie nur ein glücklicher Umstand in den erzgebirgischen Weihnachtsstuben zusammenbringen konnte.

Veit Stoß hatte schon Ende des 15. Jahrhunderts in der Nürnberger Sankt-Lorenz-Kirche den Engel als Lichtbringer dargestellt. Kniende

Die zwei Grundformen des Schwebeengels: Putte eines unbekannten Schnitzers – rechte Seite: von Max Reißmann geschnitzter Schwebeengel (zwischen 1905 und 1910) .

kindliche Engelsfiguren tragen Kerzen in den Händen, ganz so wie bei den Krippenspielen.

Der lichttragende Engel steht dem Neugeborenen nahe. Engel verkündeten den Hirten die Geburt des Jesuskindes. Engel wiesen der Heiligen Familie den Weg zur Flucht nach Ägypten. Noch zu Beginn des vorigen Jahrhunderts zogen vor Weihnachten „Engelscharen" von Haus zu Haus, um die Weihnachtsbotschaft zu verkünden.

Wurde im kirchlichen Mettenspiel die Geburt des Heilands vorgeführt, ließ man eine lebensgroße Engelsfigur vom Gebälk herab. Der Engel schwebte auch dann hernieder, wenn ein Kind die heilige Taufe empfing. Er versinnbildlichte den „guten Engel", der fortan den Täufling schützen und behüten werde.

Bei den Vertretern aufklärerischer Gedanken im 18. Jahrhundert galt dies fast als Götzendienst. So kam der Tag, an dem der Schwebeengel aus der

Kirche verbannt wurde und in die „Götzenkammer" mußte. Damit war er aus der Kirche verschwunden, nicht aber aus der Vorstellungswelt einfacher Menschen. Schwebte er in der Weihnachtszeit schon nicht mehr vom Kirchenboden, so sollte er fortan daheim himmlischen Segen in die Stube bringen. Familien, die es ermöglichen konnten, beschafften sich einen solchen Schwebeengel. Er hatte verschiedene Namen, hieß schlichtweg „Docke", „Hallelujaengel", „Gloriaengel" oder „Verkündungsengel". In manchen Familien bekam er auch einen menschlichen Namen, hieß „Bärbel", Winni" oder „Engel Christine", der unserer Nachbarn hieß „Minna". Im Bildteil des weitverbreiteten Schwarzenberger Schwibbogens ist er dargestellt über dem Schnitzer. Über der Klöpplerin hängt die Lichterspinne.

Der Schwebeengel in der Kirche hat zwei Ausgangsmotive. Seit dem Mittelalter sieht man ihn als eine geflügelte Jungfrauengestalt, bekleidet mit einem weißen Hemd, oft mit einem Kranz oder Band im Haar. Die andere Form wird vom Putt hergeleitet. Sie stellt ein nacktes beflügeltes Kindlein dar, pausbäckig und mit einem Band um die Lenden. Die Flügel sind bei beiden leicht abstehend, sind goldbronziert und sorgfältig bis ins Detail beschnitzt.

Zwischen den ausgebreiteten Armen hält der Schwebeengel ein Spruchband mit Losungen wie „Friede auf Erden", „Ehre sei Gott in der Höh" und „Gloria exelsis Deo!", oder er trägt ein hölzernes Joch auf dem Kopf mit meist sieben Kerzen oder Rüböllämpchen. Bei manchen Schwebeengeln sind die Drahtlichthalter nahe dem Lendengürtel in den Körper eingelassen.

Den Feierabendschnitzern gelang es nur selten, einen aussagekräftigen Schwebeengel zu schaffen. Dafür fehlten ihnen die Grundkenntnisse der Anatomie des menschlichen Körpers, geeignetes Holz und künstlerisch-handwerkliche Fertigkeiten. So hielten sie sich eng an das kirchliche Vorbild und kopierten es. Das konnten sie freilich nicht umsetzen, wie es ihnen bei den anderen Weihnachtsfiguren gelang. Wie dem auch sei: Schwebeengel werden fortvererbt. Sie sind auch heute noch in den erzgebirgischen und vogtländischen Weihnachtsstuben anzutreffen.

Mitte des 19. Jahrhunderts bekam der Schwebeengel im Lichterengel sein Gegenstück. Aus der Schwebe- ging die Standfigur hervor. Hatten Schwebeengel noch Spruchbänder und Blumenkörbe in den Händen, so sind die Standfiguren ohne ihre Kerzen nicht denkbar. Was sollten sie sonst für einen Sinn haben, wenn sie keine Kerzen trügen! Auf ihre Verbreitung wirkte sich auch das 1818 erfundene Stearin- und das 1830 erfundenen Paraffin aus. Die daraus hergestellten Kerzen waren für jeden erschwinglich.

Um die Lichtfülle zu vergrößern, wurden um 1850 die Jochengel bekannt. Das sind solche, die auf der Kopfbedeckung einen hölzernen, mit vier bis sieben Kerzen besteckten Bogen tragen. In dieser Zeit entstand in Oberwiesenthal, angeblich von einem Waldarbeiter gefertigt, ein Lichterengel mit einem zwölfkerzigen Kranz über dem Kopf. Die 13. Kerze hält er in einer Tülle mit der rechten, indessen die linke Hand die große Lichterkrone stützt. Ein um 1860 in Ehrenfriedersdorf entstandener Lichterengel trägt eine zylinderartige Kopfbedeckung und hält in beiden Händen Leuchterspinnen mit jeweils vier Kerzen. Beide Schnitzengel tragen ein kurzes Gewand. Das gibt die Beine und die Füße frei. Zur Sicherung der Standfestigkeit der Figur wird ein Bodenbrett nötig.

Der geschnitzte Lichterengel mußte bald dem billigeren, weil leichter herzustellenden gedrechselten Lichtträger weichen. Schöpfer waren die

Spielzeugmacher des Seiffener Gebietes. Sie gaben ihnen ihre typische Gestalt. Weit besser als beim Lichterbergmann läßt sich bei dem Engel die Grundform der gedrechselten Docke verwenden.

Die meisten Lichterengel tragen in jeder Hand eine Kerze. Die Arme sind ausgestreckt, die Tüllen durch einen Steg mit dem Unterkörper verbunden. Es gibt auch Exemplare mit angewinkelten Armen, bei denen der Steg wegfällt. So beliebt bronzierte Engelsflügel sind, kommen auch buntbemalte vor. Obwohl es die volkskundliche Forschung nachweisen kann, daß dem nicht so ist, wollen die Leute im Gebirge im Lichterengel des Bergmanns Frau sehen. Sie deuten: Was wäre der Bergmann ohne sein treusorgendes Weib, das ihm Nahrung zubereitet, die Kleider trocknet, die Kinder erzieht, den Hausstand versorgt? Engelsgleich habe man die Figur darstellen wollen und doch irdisch. Das beweise die vorgebundene Schürze, der ausgeformte Busen und die eher einem Schachthut als einer Engelskrone gleichende Kopfbedeckung. Und sie argumentieren weiter: Suche in der Kirche nach Engelsfiguren mit diesen Merkmalen! Ihr sucht vergebens. Die dargestellten Engel sind barhäuptig, geschlechtslos und tragen keine Schürze, die doch letzten Endes ihren Ursprung in der Arbeit hat.

Ob die von Kunstgewerblern immer wieder neu gestalteten Engelsfiguren in allen Dimensionen und aus unterschiedlichem Material die Tradition der erzgebirgischen Weihnachtsengel weiterentwickeln und fortsetzen können, wird sich herausstellen.

Der geschnitzte Lichterbergmann, oft auch „Lichtsteiger" genannt, ist der Stolz vieler Familien. Man weiß, wer ihn geschnitzt hat, einer aus dem Dorf, der Nachbarschaft, der Vater selbst. Allgemein gilt er als Erbstück. Oft wird beizeiten ausgehandelt, wer von den Kindern das Glück hat, ihn in den eigenen Hausstand mitnehmen zu dürfen. Es sei denn, es besteht in der Familie der Brauch, in der Kindheit jedem Jungen einen Lichterbergmann, jedem Mädchen einen Lichterengel zu schenken.

Geschnitzt werden Bergleute in ihrem Festwichs: Älteste, Steiger und andere Bergoffizianten. Selten sind es „Einfache", und schon gar nicht solche aus den Gewerken wie Maurer, Bergschmiede, Zimmerlinge. Gegen alle Tradition wäre, lichttragende Bergleute in Arbeitskleidung darzustellen,

„Drackete", und schon gar nicht Bergleute der Neuzeit, etwa mit Preßlufthammer und Sicherheitshelm.

Lichttragende Bergmannsfiguren kennt man seit Jahrhunderten aus der Kirche. Aus Zinn gegossen, stehen sie auf dem Altartisch ehemaliger Bergorte. Auch heute ist es noch so. Die meisten stammen aus der Zeit nach dem Dreißigjährigen Krieg, als man die von Soldaten geraubten silbernen Leuchter durch zinnerne ersetzte.

Schwebt zur Weihnachtszeit auch kein Engel von der Stubendecke, bleibt seine Figur mit dem des Bergmanns auf dem Fensterbrett das Gleichnis von Himmel und Erde, von Segen und Arbeit.

> „Der Engel mit seinem Schein
> will Dir und dem Bergmann Begleiter sein."
> Text einer Postkarte mit Schnitzarbeiten von Holzbildhauermeister
> Hartmut Rademann, Schwarzenberg

5. KAPITEL

Bornkinnel, Mothsgungel und Weihnachtsspiele

Das Bornkinnel auf dem Altarplatz

Es gibt Traditionen, die sich in Sachsens Kirchen über die Jahrhunderte erhielten. Dazu zählt das Aufstellen der Bornkinnels. Schon im 9. Jahrhundert stellte man zum Gottesdienst in der Heiligen Nacht eine Krippe auf, in der eine Puppe als Christkind lag. Mitte des 14. Jahrhunderts trat an seine Stelle eine neue Figur, die des Bornkinnels. Sie mag aus Böhmen gekommen sein. Dort hatte die Bornkinnelverehrung einen breiten Raum. Erinnert sei nur an das „Prager Jesulein" der Kirche Maria Victoria in der Hauptstadt von Tschechien. In Sachsen wurden die ältesten Bornkinnelfiguren in Kamenz (Ende des 15. Jahrhunderts) und Zwickau (um 1520) nachgewiesen.

Man deutete früher den Namen „Bornkinnel", was nahe liegt, als „geborenes Kindlein". Später wurde angenommen, daß darunter das in der Krippe, dem Barn, geborene Kindlein zu verstehen sei. Doch auch diese These wurde wieder verworfen.

Im Erzgebirge versteht man unter Bornkinnel eigentlich viererlei: Das Bornkinnel begleitet den Hans Rupperich, zeigt ihm den Weg, wenn er den Kindern seine Gaben bringt. Bornkinnel nennt man das Weihnachtsfest selbst: „Es is ja heit Bornkinnel…", schreibt Christian Gottlob Wild um 1809. Auch die Weihnachtsgeschenke werden Bornkinnel genannt: „Wos is dä dei Bornkinnel?" Schließlich ist das Bornkinnel eine zur Advents- und Weihnachtszeit und besonders zur Christmette in der Kirche aufgestellte kindsgroße geschnitzte Figur.

In der einen Hand trägt das Bornkinnel die Weltkugel mit dem Kreuz darauf, die andere Hand hat es segnend erhoben. Die Weltkugel mit dem aufgesetzten Kreuz als Sinnbild der göttlichen Bedeutung des Kindes.

Meist ist die Figur mit einem blütenweißen Hemdchen bekleidet und einem Brokatkleid darüber. Zu allen Zeiten fanden sich Frauen bereit und sahen es als hohe Ehre an, der Figur ein neues Hemd oder Kleid zu nähen, zu spenden und überzuziehen. Oft waren es schwere Spitzen, die das Kleidchen schmückten, Brokat, Samt mit Verzierungen und feinen Manschetten.

Obwohl aus der katholischen Christmette kommend, wurde es in vielen evangelischen Kirchen nicht in die Götzenkammer verbannt, sondern blieb als eine unverzichtbare Figur der Weihnachtszeit erhalten. So gibt es ein besonders schönes Bornkinnel aus dem Jahre 1673 in der Kirche von Bärenwalde. In Schwarzenberg und Thierfeld wird zur Weihnachtszeit eine solche Figur aufgestellt. Das Thierfelder Bornkinnel lag lange Zeit auf dem Kirchboden. Mit einem roten Rock, der mit weißen Spitzen verziert ist, steht es seit 1930 auf einer schönen Konsole. In Zwickau erhielt sich der Bornkinnelbrauch bis 1781. Alle drei aus Zwickau bekannten Bornkinnelfiguren werden dem 16. Jahrhundert zugeordnet. In einer von ihnen vermutet man das Werk von Peter Breuer (um 1472–1541), einem Schüler Tilman Riemenschneiders. Dazu heißt es in den Zwickauer Kirchenrechnungen: „Für die Marienkirche wurde das Bornkinnel 1568 für 8 Groschen von Jakob Helwige renoviert." Für das Bornkinnel in der Katharinenkirche hat der „Dischler Georg Gewendt einen neuen Sockel geschnitzt".

Die älteste Nachricht von einem Schneeberger Bornkinnel stammt aus dem Jahre 1593. Der Brauch könnte jedoch älter sein. Unterlagen weisen aus, daß häufig „Engel-Kertzen" gekauft wurden. Zu Weihnachten 1658 erhält Christian Unger „vor Tillen zun bornkindel" seine Bezahlung aus dem „geistlichen Kasten". 1600 entstand durch den Maler Wolf Weiß eine neue Bornkinnelfigur. In den Akten ist darüber vermerkt: „3 Gulden vor das geschnitzte Kindlein auf Altar dem Maler Wolf Weiß…" In der Schneeberger Hospitalkirche lebte der alte Brauch 1953 wieder auf.

Wie in anderen Orten wird auch in Zschorlau das Bornkinnel immer wieder neu angekleidet. Das Zwönitzer Bornkinnel von 1688 trägt ein weinrotes Sammetröckchen mit einer Spitzenkrause. Als man damals die erneuerte Kirche weihte, überreichte die Frau Vizcrichter und Organist Wagner das vom Tischlermeister Ulrich geschnitzte Bornkinnel. Es war besonders schön geschmückt und stand auf der Weltkugel. Vom Bockauer Bornkinnel heißt es 1789, es sei eine unschickliche Puppe auf dem Altare. Das Auer Bornkinnel läßt sich seit 1607 nachweisen, das in Geyer seit 1657, in Hartmannsdorf bei Kirchberg seit 1700 und in Johanngeorgenstadt seit 1712. Das Bornkinnel von Sosa ist 1741 überliefert. Von Waldenburg heißt es 1712, daß die Töpfer ein paar Rosentöpfe für das neugeborene Jesulein stifteten. In Lößnitz war es bis 1741 Brauch, „das Christkind am Weihnachtsfeste und das Bild Christi mit der Siegesfahne am Osterfeste auf den Altar zu setzen". In Kirchberg sei es Sitte gewesen, zur Christmette das Bornkinnel zu zeigen: „Man wollte damit die Einbildungskraft auf den Gegenstand des Festes lenken . . ." – Das 1846 bei Neidhardstal existierende Bergwerk führte den Namen „Bornkindler-Maaßen-Zeche".

Johann Paul Oettel berichtet 1748 in seiner Eibenstocker Chronik, daß zwei Töchter des Hammerherrn Kaspar Wittig, nach dem Wittigsthal bei Johanngeorgenstadt benannt, 1642 der Eibenstocker Kirche ein geschnitztes Bild überbrachten, „neugeboren Christkindlein" genannt. Michael Krauße hatte es in grünen Taffet gekleidet. Zur Weihnachtszeit wurde es auf den Altar gestellt. Oettel ist darüber verärgert. Er schreibt, dies sei katholischer Götzendienst, den Wittig vielleicht in Böhmen gesehen habe.

Bereits im 18. Jahrhundert meldeten sich Stimmen gegen die Bornkinnelverehrung. So berichtete 1712 der Annaberger Superintendent an die oberste Kirchenbehörde von der „Aussetzung des sogenannten Jesuskindleins an Weihnachten, da man, wie hier in Annaberg, ein hölzernes Bild in Gestalt eines kleinen Kindgens mit einem Zechen Hemden angethan auf den Altar setzt, bei welchem sich in der Vesper die kleinen Kinder mit Hauffen einfinden und es ansehen". Ebenfalls 1712 machte Pfarrer Engelschall aus Johanngeorgenstadt eine Eingabe und beantragt die Abschaffung der Metten, weil der dabei geübte Unfug unerträglich würde. Die Johanngeorgenstädter Bergknappen protestierten dagegen und erreichten, daß der Antrag niedergeschlagen wurde. Das war nicht überall so, dadurch verschwand unwiederbringlich manches Bornkinnel, so das von Schneeberg, entstanden 1591, das von Langenbach aus dem Jahre 1714, von Lößnitz aus dem Jahr 1741 und von Sosa aus dem Jahr 1742.

Das Bornkinnel in der Schneeberger St. Wolfgangskirche
Linke Seite oben: Bornkinnel aus Bärenwalde und aus Zschorlau – darunter:
Bornkinnel aus Thierfeld – daneben: eine dem Bornkinnel nachempfundene, in
Schneeberg und Umgebung übliche Wattepuppe

Das Scheibenberger Mothsgungel

Eine ganz lokale Weihnachtsfigur haben die Scheibenberger in ihrem Mothsgungel. Es ist eine auf grünem Sockel stehende nackte Knabenfigur, schwarzhaarig und mit einer goldenen Schärpe um die Lenden. In den Händen hält sie in grünen Tüllen steckende weiße oder rote Kerzen, oder, auch das kommt gelegentlich vor, einen kleinen Schwibbogen.

Die Figur hat in Scheibenberg ihre feste Tradition. Sie geht zurück auf die Zeit um 1815. Damals begann man in einem kleinen ortsansässigen

Werner Dorias vor dem Mothshaus in Scheibenberg

Betrieb für Tonöfen und Tonwaren, die „Kunzefabrik", allerlei Figuren aus Papiermaché herzustellen, gedacht als billiger Ersatz geschnitzter Bestückungen für Drehleuchter, Paradiesgärten und Weihnachtsberge: Hirsche, Rehe, Schafe, Hirten, Jäger. Die Nachfrage dafür war groß, so daß sich eine serienmäßige Produktion lohnte. Dabei entstand auch die Figur des lichttragenden Knaben.

Sie weicht ganz und gar ab von den herkömmlichen erzgebirgischen Weihnachtsfiguren und scheint eher dem sakralen Bereich zu entstammen. Ein alter Scheibenberger sagt: „Unner Gungel is gewißlich aus dr Kirch dervageloffen." Putten mögen das Vorbild gewesen sein, vielleicht der Schwebeengel oder das jährlich um die Weihnachtszeit auf dem Altar stehende Bornkinnel. Von jedem ist etwas in dieser Figur.

Der zunächst aus Holz geschnitzte Körper wurde zum Modell aller nachfolgenden Figuren. In einem Holzkasten liegend, umgoß man ihn mit Gips. Dadurch entstand eine zweiteilige Gips-Guß-Form für Körper

Mothsgungel in der Werkstatt von Werner Dorias

und Beine. Für die später anzubringenden Arme war eine weitere Form nötig. In sie preßte man die knetbare Masse, ließ sie trocknen und konnte sie anschließend abputzen, säubern, grundieren und farbig bemalen. Der volkskünstlerische Wert dieser Figur kann sich mit den geschnitzten und gedrechselten nicht messen. Er liegt bestenfalls in der Gestaltung und Herstellung des Modells und in der Bemalung der Figur.

Als 1818 das Unternehmen abbrannte und die Produktion aufgegeben wurde, ergriff der Scheibenberger Schuhmachergeselle Friedrich Gottlieb Mothes, der als Former dort gearbeitete hatte, die Initiative und stellte auf eigene Faust die Knabenfiguren her. Für ihn wurde es ein Broterwerb. Nach und nach bürgerte sich die Figur unter dem Begriff „Mothsgungel" ein, abgeleitet vom Namen des Herstellers.

In den späteren Jahren unterhielt Mothes in der Betstube eines Huthauses eine kleine Verkaufsausstellung seiner Erzeugnisse, mit denen er auch hausieren ging. Jedes Jahr belud er damit den Schiebbock und fuhr mit ihm den

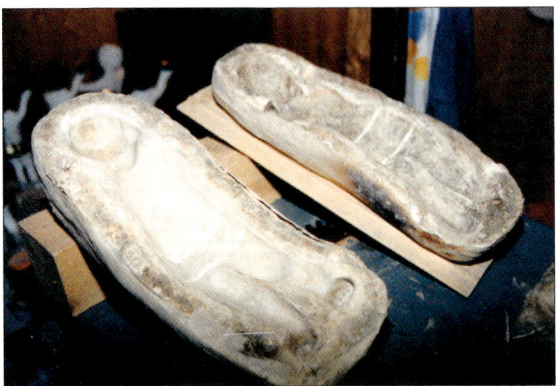

Eine von Ray Kunzmann hergestellte Nachbildung des Mothsgungel – daneben: die von Werner Dorias gefundenen Originalformen

neun Stunden langen Weg von Scheibenberg nach Chemnitz. Hier hatte er auf dem Nikelsmarkt einen kleinen Stand.

Nach seinem Tod fertigte die Figuren als Nebenerwerb sein zweiter Sohn. Diesen löste wiederum dessen Sohn ab. Werner Dorias, ein späterer Nachkomme der Familie, setzte die Tradition fort. Er kaufte im Jahr 1957 das Haus von Karl Mothes, dem Bruder seiner Großmutter, geborene Frieda Mothes. Beim Aus- und Umbau des Hauses fand er neben beschädigten eine noch komplett erhaltene Mothsgungelform. Nachdem der die Materialzusammensetzung herausgefunden hatte, begann er in den siebziger Jahren mit der Herstellung von Mothsgungeln. 2005 mußte er altershalber die Fertigung und Restaurierung der Figuren aufgeben. Jene Scheibenberger, die noch solch ein Mothsgungel ihr eigen nennen, halten sie in Ehren. Heutzutage werden Nachbildungen des Mothsgungel von Ray Kunzmann hergestellt.

Die Weihnachtsspiele der Bergleute

Es ist ein altüberlieferter Brauch, der einst über ganz Deutschland verbreitet war, in der Vor- und Nachweihnachtszeit von Haus zu Haus zu gehen, um ein Christspiel aufzuführen und dafür Gaben zu erheischen. Die Christspiele sind sehr alt und gingen aus den Hirtenspielen hervor. Oft verbanden sie sich mit der „Heiligen Christfahrt".

Sieht man von den in der Kirche aufgeführten Mettenspielen ab, lassen sich zwei Arten von Christspielen unterscheiden: die Engelsschar und die Königsschar. Die Gruppen, die diese Spiele darboten, nannten sich manchmal auch „Heiligenchristspieler".

Die Engelsschar trat in der Adventszeit auf und verkündete die Geburt des Heilands und die Anbetung durch die Hirten. Der Schar gehörten an zwei weißgekleidete Engel, der Heilige Christ, Bischof Martin und der heilige Nikolaus, ferner Maria, Joseph, zwei Hirten und Knecht Ruprecht.

Die Königsschar führte ihr kleines Spiel zwischen Hohneujahr und Mariä Lichtmeß auf, gelegentlich sogar bis Fastnacht. Es stellte außer der Geburt den Zug und die Anbetung durch die Heiligen Drei Könige dar, ihre Befragung durch Herodes und den Kindermord. Zur Schar gehörten zwei Engel, Maria, Joseph, der Wirt, zwei oder drei Hirten, die Drei Heiligen Könige, Herodes, sein Diener und ein Schriftgelehrter.

Schon um 1500 gab es in Grünhain ein solches Spiel, das bis zum 6. Januar als Engelsschar, danach als Dreikönigsschar aufgeführt wurde. Von David Trommers „Kurtzer Christ-Comoedie Von sieben und mehr Personen" aus dem Jahre 1670 blieb uns der Text erhalten und gilt heute als ein früher Beleg der vogtländischen Mundart. Drastisch läßt Trommer seinen Knecht Ruprecht als Vorredner eintreten:

> Glück zu/ ihr Herrn/ Glück zu! Ich bin der büße Maan/
> Der alle Kinner stracks uff ehnmohl fressen kaan …

1682 erlebte Freiberg einen Königsschar-Umzug. In Glauchau führten die Handwerksgesellen ein Christspiel bis zu seinem Verbot am 18. Dezember 1766 auf. – Besonders im 17. und 18. Jahrhundert waren die Christ- oder Weihnachtsspiele beliebt. Erst im weiteren Zeitverlauf ließ ihr Gebrauch nach. Ungeachtet dessen, wurden um 1861 in 32 erzgebirgischen Orten solche Spiele aufgeführt, so in Aue, Zschorlau, Pfannenstiel und Bockau. Am längsten hielten sie sich in Steinbach und Sehma.

Hierzulande waren es vor allem die Bergleute, die sich zu Engels- und Königsscharen zusammentaten. Die nur aus Männern bestehende Spielschar zog Abend für Abend von einem Haus zum andern und führte im Hausflur oder in der großen Bauernstube ihr Spiel auf, zum Teil gesungen, zum Teil gesprochen nach gereimten Texten. Erst im 19. Jahrhundert kam eine Frau hinzu, um die Maria darzustellen. Es war zu komisch, wenn ein Mann mit tiefer Stimme die Maria verkörperte. Oft mischte sich dabei Mundart mit Hochsprache. Selten weiß man davon, wer die Spiele verfaßte. Sparsame Utensilien mußten die Rolle der Spieler, die von Haus zu Haus zogen, verdeutlichen, etwa durch eine Krone aus Pappe, angehängte Flügel, ein umgehängtes Schaffell. So wurden aus ihnen Könige, Engel oder Hirten.

Es blieb nicht aus, daß man mit den Spielen nicht nur Spaß, sondern auch Unfug trieb. Dies rief die Geistlichkeit auf den Plan. Sie sah darin eine Mißachtung der heiligen Geschichte. Seit dem 18. Jahrhundert wetterte sie gegen dieses gottlästerliche Treiben und veranlaßte die Obrigkeit, entsprechend einzuschreiten. So fand zum Beispiel Dr. Sieber in den Schneeberger Ratsakten, daß 1750 eine und zwei Gruppen Bergleute „sich wider das Verbot unterstanden, bei der Stadt und in den Ratsdörfern Griesbach und Oberschlema Christkomödien und Heiliges Dreikönigsspiel zu treiben und bei Zulauf des Volkes nachts in den Häusern hin und her vagieren", und an anderer Stelle wurde beklagt, daß Weihnachten 1755 wieder „unzulässige und ärgerliche Christkomödien und Heilige Dreikönigs-Spiele von Bergleuten" aufgeführt worden seien. Das Bergamt ließ derlei Spiele auf den ihm unterstellten Bergfreiheitshäusern geschehen. Das war für die Bergleute ein Freibrief. Sie liefen bei Tag und Nacht in die Dörfer und lösten dort „Excesse" aus. Das bewog den Schneeberger Rat, die „Excedenten" zu bestrafen, ohne daß sich das Bergamt schützend vor die Bergleute stellte.

Da die Spiele immer mehr in Bettelei ausarteten, wurden sie zum Dorn im Auge der Obrigkeit und besonders heftig um 1800 bekämpft. 1803 sperrte man junge Bergleute in Thalheim zwei Tage ein, weil sie in Dorfchemnitz, Meinersdorf und Mitteldorf im geheimen in den Häusern einzelner Bewohner und öffentlich in einem Zechenhaus die Spiele aufgeführt hatten. 1805 waren in Sachsen amtliche Erörterungen im Gange, die schließlich zu polizeilichen Verboten führten. Sie blieben jedoch wirkungslos. So führten zum Beispiel 1842 Neustädtler Bergleute ein Heilig-Dreikönigsspiel auf: „Da es offenbar eine Herabwürdigung heiliger Gegenstände enthält, hat solches der Stadtrat verboten und sollen Übertreter arretiert und polizeilich bestraft werden."

Andere Weihnachtsbräuche überdeckten diese Art der Christspiele außerhalb des Kirchenraumes. Uns Heutigen bleibt nur noch das Erinnern an sie, an einen Brauch lebendigen Weihnachtserleben unserer Vorfahren.

Weihnachtsbotschaft im Krippenspiel

Ein Teilnehmer und ein Verfasser von Krippenspielen berichten:

In der Region rund um die ehemalige Kreisstadt Marienberg hat das Krippenspiel eine lange Tradition. Sie nahm in den ersten Jahrzehnten des 20. Jahrhunderts ihren Anfang. Bereits im Spätherbst beginnen die Proben.

Szene aus einem Krippenspiel in Seiffen

Krippenspiel in Großrückerswalde: Der Engel überbringt den Hirten auf dem Felde die Botschaft von der Geburt Jesu Christi, eine Szene, die in keinem traditionellen Krippenspiel fehlt.

Kostüme werden genäht und zusammengestellt, Requisiten gebastelt, Bühnenbilder kreiert. Posaunen, Kirchenchor, Kurrende, ja sogar die Besucher des Gottesdienstes selbst werden musikalisch-feierlich in das Krippenspiel einbezogen. Verkündet wird dabei das Geschehen rund um die Geburt Jesu Christi, wie sie im Neuen Testament beschrieben ist. Jahr für Jahr zieht diese besondere Form der Christmette Tausende Besucher an. In Großrückerswalde und Mauersberg etwa stehen die Gemeindemitglieder am ersten Weihnachtsfeiertag sogar mitten in der Nacht auf, um den Beginn der „Metten" im Kerzenschein punkt 5 Uhr morgens nicht zu verpassen. In einigen Gemeinden wie Pockau, Großrückerswalde, Zöblitz oder Seiffen gibt es neben dem klassischen Krippenspiel für Erwachsene auch eins für Kinder, bei dem die jüngsten Gemeindemitglieder selbst auf der Bühne stehen. Auch wenn es zwischen den Gemeinden Unterschiede in der Art der Ausgestaltung der Christmetten gibt, so ist allen eines gemeinsam: die feierliche, besinnliche Stimmung, in welcher der Geburt des Heilands gedacht wird.
Text und Fotos: Jan Görner

Das Krippenspiel gehört unbedingt in eine Christvesper am Heiligabend oder in eine Christmette am 1. Weihnachtstag. Das ganze Jahr über dominiert in unseren Kirchen die Musik, aber zu Weihnachten sollte eben ein Krippenspiel hinzukommen, damit nicht nur die Ohren, sondern auch die Augen Weihnachten erleben und erfassen können. Schon seit den dramatisierten gregorianischen Wechselgesängen der Mönche im Mittelalter trägt nun auch das Spiel zur Verkündigung bei, ja es übernimmt am Christfest sogar die Verkündigung. Die Weihnachtsgeschichte, das einstige Geschehen in Bethlehem, wird in Szenen und Dialogen der Gemeinde vergegenwärtigt. Die Darsteller sind meist Jugendliche oder Konfirmanden.

Sparsame, stilisierte Kostümierung will dabei Illusion wecken und die uralte Heilsgeschichte in unsere Gegenwart hereinholen. Das Krippenspiel ist also immer ein wesentlicher Teil eines Weihnachtsgottesdienstes. Die jugendlichen Spieler werden dabei zu Boten der frohen Botschaft. Deshalb sind die Textvorlagen für Krippenspiele immer wichtig, übernehmen doch ihre Worte den Predigtdienst. Ob in Prosa oder in der geläufigen beliebten Versform sind die Spieltexte Träger der alten und immer wieder neuen Weihnachtsbotschaft. Alles, was die biblischen Gestalten hier sprechen, muß realistisch und bibelgemäß sein. Märchenhafte oder übertrieben wunderträchtige Inhalte oder legendäre Figuren gehören deshalb in kein Krippenspiel, weil sonst die Weihnachtsgeschichte selbst für eine Legende oder ein Märchen gehalten wird. Auch Figuren oder sprechende Tiere, die ja in Lukas 2 nicht vorkommen, sollten ein Krippenspiel nicht überfrachten. Frei erfundene Weihnachtsmärchen gehören nicht in eine Christvesper oder -mette, sie können in anderen Gemeindezusammenkünften ihren Platz haben. Denn das Krippenspiel soll nicht nur ein nachhaltiges Erlebnis sein, sondern eine lebendig gewordene Weihnachtsbotschaft für Groß und Klein. Ernsthafte Verkündigung muß immer Aufgabe und Auftrag eines jeden Krippenspiels bleiben, wenn auch heitere und lustige Szenen (z. B. bei den Hirten) die Weihnachtsgeschichte ausschmücken und auflockern können. Selbstverständlich sollten immer auch weihnachtliche Lieder und Choräle, Flötenspiel und Bläsermusik die dramatische Darbietung bereichern und ergänzen. Im Erzgebirge gehört Musik meist zu den festlichen Krippenspielen dazu.

Die Heiligen Drei Könige auf dem Weg nach Bethlehem
unten: Maria, Josef, Hirten und Engel an der Krippe

Schlußbild des Krippenspiels

Freilich ist das Krippenspiel im Kirchenraum noch nicht so alt wie die bereits im 18. und 19. Jahrhundert von ziehenden „Engelscharen" aufgeführten. Im gesamten Erzgebirge gehören inzwischen Krippenspiele zum Weihnachtsgottesdienst.

Wolfram Böhme, der Verfasser dieses Textes, hat selbst Krippenspiele geschrieben. Er schreibt darüber:

In einem Zeitraum von vielen Jahren habe ich zehn Krippenspiel-Textvorlagen entworfen. Die meisten wurden in erzgebirgischen Kirchen aufgeführt. Es waren allesamt Reimspiele in hochdeutscher Sprachform und dadurch leichter zu lernen als Prosatexte. Mir ging es darum, die Wirklichkeit des Weihnachtsgeschehens zu veranschaulichen mit all ihren Nöten und Besonderheiten. Vor allem bei der Herbergsuche sollte Marias beängstigende Notlage und das beinahe unlösbare Unterkunftsproblem der Gemeinde nahegebracht werden.

In einigen Spieltexten bezog ich den Besuch der drei Weisen bei Herodes in Jerusalem mit ein. Gesinnung und Absicht des grausamen Königs bilden dabei einen wirkungsvollen Gegensatz zur beliebten Krippenidylle, die ja mit der naiv treuherzigen Anbetung durch die Hirten ihren szenischen und auch emotionalen Höhepunkt erreicht. Gespräche und Anbetungsworte der „drei Könige" (einer davon immer als Mohr!) sind dagegen feierlich ernst, symbolträchtig, beinahe prophetisch und weisen schon jetzt den Weg in eine weltweite Verbreitung des künftigen Christusglaubens. Sie repräsentieren innerhalb des engen jüdischen Anfangs in Bethlehem die „Heiden", die als bekehrte Völker das Heil in Christus finden sollen. Maria begleitet das wundersame Geschehen meist mit nachdenklichen, ahnungsvollen Worten. In einem Krippenspiel ließ ich am Ende die Hirten durch die ganze Kirche ziehen. Sie „priesen und lobten Gott" und wurden so zu den ersten Verkündern der Weihnachtsbotschaft.

Weil manche Spielgruppen gern mit der Verkündigung an Maria beginnen und diesen kurzen Dialog der späteren Geburt Jesu voranstellen, habe ich solch eine Maria-Engel-Szene entworfen. Auf Wunsch mancher Spieler wurde zu Zeiten drohender Kriegsgefahr in einem prologartigen Gespräch der Engel der Wunsch nach Friede in unserer Welt mit einbezogen. Sonst waren aber Engel im Stall an der Krippe eher um den Neugeborenen besorgt und wollten das Jesuskind in den Schlaf singen. Die große Engelverkündigung auf dem Hirtenfeld habe ich nur einmal sprachlich umgeformt, meist ließ ich sie in Bibelsprache vom Engel in einer Vertonung Rudolf Mauerbergers singen, um diese bedeutsame Botschaft auf die Christfestgemeinde unmittelbar einwirken zu lassen, während oft ein angeschlossenes Gloria-Lied das Lob der Engelschar übernahm. Überhaupt wird jedes Krippenspiel von dazu passenden Weihnachtsliedern ergänzt und emotional vertieft. So muß auch jedesmal „Stille Nacht, heilige Nacht" ein Krippenspiel abschließen, indem nun die ganze Gemeinde in die Feier der Geburt mit einbezogen wird.

6. KAPITEL

Weihnachtsberge

Erzgebirgische Weihnachtsberge

Als um 1830 aus Süddeutschland, vor allem aber aus den böhmischen Grenzdörfern, die Krippen ins Erzgebirge kamen, trat eine neues, seinem Ursprung nach eigenständiges Element in die Weihnachtsstuben. Die einen erkannten diese Eigenständigkeit an und stellten die Krippe für sich. Neben dem Berg stand fortan die Krippe. Andere, vielleicht war es zunächst eine Platzfrage in der engen Bergmannsstube, fügten sie in eine noch leere Stelle ihres Berges ein. Sie wurde nicht zum Mittelpunkt, fand einen zufälligen Platz, doch verwuchs sie mit dem Ganzen.

War die Krippe im orientalischen Stil gestaltet und stimmte sie auch ihrer Größe wegen nicht mit den üblichen Figuren und Darstellungen des Berges überein, so störte das den Erbauer ebensowenig wie seine Betrachter.

Mitten in der erzgebirgischen Bergbaulandschaft, zwischen Göpel und Kauen, stand fortan der Stall von Bethlehem. Eine neue Art von Heimatberg begann sich zu entwickeln, der „Weihnachtsberg".

Ein Beispiel dafür gibt der auf uns überkommene älteste Weihnachtsberg des Erzgebirges, der Cranzahler Stufenberg, der im Schneeberger „Museum, für bergmännische Volkskunst" seine Heimstätte hat. Er entstand zu Beginn des 19. Jahrhunderts. Das Bergwerk, ein Schnitt durch einen Untertagebetrieb, die freie, stark orientalisch wirkende Nachbildung der Bergstadt Annaberg, die nachträglich eingeordnete orientalische Krippe mit der großen Schafweide verbinden sich harmonisch miteinander.

Vordergründig bleibt die Arbeit des Bergmanns unter Tage. Darüber zieht der Bergaufzug zur Kirche hin, seinen „Streittag" abhaltend. Pyramidenartig steigt die Bergstadt steil empor. An dichtem Tannengrün, das den Abschluß bildet, hängen zahlreiche Sterne.

Nach dem Vorbild des Heimatberges kann sich auch die Krippe selbst zu einem Berg auswachsen. „Angelagert" wird nun nicht mehr die heimische

Der Weihnachtsberg von Friedrich Nötzel aus Brünlos

Bergbaulandschaft. An ihre Stelle tritt, dem Stil der Krippe nach, die orientalische Landschaft. Dargestellt werden Szenen aus der biblischen Geschichte. So kommt es zur Bezeichnung „Orientalischer Weihnachtsberg".

Der älteste dieser Art ist das „Krüger-Bethlehem" im „Museum für bergmännische Volkskunst" in Schneeberg. Angeregt durch eine Meißner Bilderbibel, die ihm als Vorbild diente, begann der Schneeberger Tischlermeister Hermann Krüger 1838 mit der Arbeit an seinem orientalischen Weihnachtsberg. Oft mußten zu den Schnitzfiguren seine Angehörigen Modell sitzen. So wuchs das Werk Jahr um Jahr durch Gruppen und Figuren bis zu seinem Tode im Jahre 1939.

Heute hat der Berg 58 Gruppen mit 650 Figuren. Er stellt die Lebensgeschichte von Jesus Christus dar. Zu den schönsten Szenen gehört die Hochzeit zu Kana, das Abendmahl und die Speisung der 5000. Baute Krüger sein „Bethlehem" auf, und das geschah Jahr für Jahr um die Weihnachtszeit, dann räumte er dazu einen Teil seiner Tischlerwerkstatt aus. Denn der Berg zog sich an zwei Wänden hin und erreichte die stattliche Länge von zehn Metern. Als Hintergrund diente ihm eine gemalte Landschaft von Palästina. Decke und Wände waren mit Reisig ausgeschlagen und stellten so einen Bezug zum Erzgebirge her.

Nach Hermann Krügers Tod übernahmen seine Angehörigen den Berg. Sie pflegten ihn und erweiterten ihn teilweise, bauten ihn aber nur noch unregelmäßig auf. Im Jahre 1979 fand er im Schneeberger Museum seinen festen Platz.

Der Strumpfwirker Friedrich Nötzel aus Brünlos, 1894 geboren, begann dreizehnjährig im Jahre 1907 mit dem Bau seines Weihnachtsberges und arbeitete bis Mitte der 60er Jahre, fast ohne Unterbrechung, daran. Vollmechanisiert wird innerhalb von zwanzig Minuten die gesamte Weihnachtsgeschichte dargestellt, so die Verkündigung, der Zug der Heiligen Drei Könige, die Anbetung der Hirten oder der Kindermord zu Bethlehem. Sieben Uhrwerke versehen jede Einzelszene mit einem Mechanismus. Dazu erklingt Musik aus Spieldosen. Erstaunlich dabei bleibt, daß Nötzel ohne Bauplan und unter Verwendung einfachster Mittel die Verlebendigung seines Berges erreichte. Die Anlage nimmt eine ganze Stube ein. Als Friedrich Nötzel wegen seiner Tüftlergabe gelobt wurde, wehrte er ab und meinte, so kompliziert sei das alles nicht. Man müsse sich nur in alles hineindenken. Er verstarb im hohen Alter von 91 Jahren. Seine Nachkommen erklären Besuchern in gleicher Weise den Berg, wie es einstmals sein Erbauer tat.

Ein weiterer berühmter erzgebirgischer Krippenberg befindet sich im „Museum für Völkerkunde" in Leipzig und, jeweils um Weihnachten, in der Stadtkirche von Oberwiesenthal. Ihn hat der Malermeister Karl Hertelt aus Oberwiesenthal geschaffen, der von 1837 bis 1917 lebte.

Man muß nicht selbst ein Schnitzer sein, um einen Berg aufzubauen. Besonders im ersten Drittel des vorigen Jahrhunderts wurde es üblich, sich einen Berg zusammenzustellen aus Stockschwämmen, Moos, Fichtenreisig und zufällig vom Krammarkt mitgebrachtem Pfennigvieh oder Masseschäfchen. Weihnachtsberge in den Erzgebirgsstuben werden rar. In den modernen Wohnungen von heute ist kaum noch eine Ecke, die einem Berg vorbehalten bleibt.

Von Ray Kunzmann, Scheibenberg, aus Naturmaterial gestaltete Weihnachtsberge

Ausschnitte aus dem Weihnachtsberg des Schnitz- und Bergvereins Lößnitz

Erzgebirgische Schnitzgemeinschaften

Am 12. Januar 1879 treffen sich in der Bergstadt Lößnitz 21 Schnitzer, Bastler und Weihnachtsbergbauer und gründen den „Bergverein Lößnitz". Er setzt sich zum Ziel, „erzgebirgische Sitten und Gebräuche zu pflegen, die Kunst des Schnitzens zu fördern und Geselligkeit zu üben". Der gewählte Vorstand nennt sich „Bergrat", die einzelnen Mitglieder haben, entsprechend ihrer Funktion im Verein, andere bergmännische Bezeichnungen, sind „Bergverwalter", „Steiger" oder „Schichtschreiber". Zu den Pflichten eines jeden Mitgliedes gehört es, einen Berg in seiner Wohnung aufzubauen. Am 1. Weihnachtsfeiertag gibt es einen Umgang, „Bergkontrolle" genannt.

Es handelt sich hier um den Beginn einer bewußten Traditionspflege. Die Vereinsmitglieder sind keine Bergleute mehr. Sie möchten aber die vom Bergbau geprägten Sitten und Bräuche ihrer Vorstellung nach bewahrt wissen. Schließlich waren ihre eigenen Vorfahren Bergleute, welche in den Erzgruben oder in den Schieferbrüchen der nahen Umgebung von Lößnitz schürften.

Schon wenige Monate nach der Gründung des Vereins reift die Idee, gemeinsam einen großen Weihnachtsberg zu bauen und öffentlich zu zeigen. Der Vorstand rechnet sich aus: Bringt jeder annähernd nur drei Figuren in das Gemeinschaftswerk ein, kann man mit rund sechzig den Anfang machen. Ob die Rechnung so aufging, wissen wir nicht. Jedoch gibt es bald einen großen Weihnachtsberg, größer als alle bisher bekannten, und hergestellt von einer ganzen Gemeinschaft. Das ist neu und ungewöhnlich.

Inhalt und Gestaltung dieser großen Anlage widerspiegeln die soziale Stellung ihrer Schöpfer, ihre Weltanschauung und geistige Haltung. Denn hier entstand ein Berg der öffentlichen Schaustellung wegen, ein Repräsentationsstück des Vereins. Nur in den größten Räumlichkeiten des Ortes, in Sälen oder in der Schulturnhalle, läßt er sich in voller Größe aufbauen.

Und wird der Weihnachtsberg gezeigt, drängen sich Schaulustige, Schulklassen und Schnitzer aus der ganzen Umgebung, das Wunderwerk zu bestaunen. Die Schöpfer stehen dabei, um zu zeigen, zu erläutern und sich selbst ein wenig bewundern zu lassen. Das macht Mut zur Vergrößerung und zum weiteren Ausbau.

Der Lößnitzer Weihnachtsberg wurde rasch berühmt und hatte das Primat unter allen anderen im Erzgebirge. Ein unersetzlicher Schaden entstand, als im Jahre 1915 der gesamte Berg ein Opfer der Flammen wurde.

Sieben Jahre später, 1922, sind von den Vereinsmitgliedern genügend Figuren geschaffen, um mit einer Schnitz- und Bergausstellung an die Öffentlichkeit zu treten. Der neu entstandene Weihnachtsberg wird jedes Jahr um eine Idee größer und reicher an Szenen der biblischen Geschichte. Bevor er 1965 erneut vom Feuer vernichtet wird, ist er 72 Quadratmeter groß und verfügt über 31 poesievoll gestaltete Einzelszenen.

Vom Lößnitzer Beispiel beeinflußt, schlossen sich im Jahre 1898 Schnitzer und Bastler aus Schneeberg zu einem „Berg- und Krippenverein" zusammen und nahmen sich gleich zu Anfang vor, gemeinsam einen Großweihnachtsberg zu bauen. Zwischen 1898 und 1926 entstand als ihr Gemeinschaftswerk der „Schneeberger Weihnachtsberg".

In Neustädtel begannen die Schnitzer 1908 mit einem solchen Großberg. Als er fertig ist, sind sie nicht so recht glücklich damit. In vier Jahren, von 1919 bis 1923, modeln sie ihn völlig um zu einem erzgebirgischen Heimatberg. Nun werden in 32 Szenen vorwiegend Geschehnisse aus dem Ort dargestellt.

Verhältnismäßig spät, im Jahre 1930, schließen sich in Beierfeld Schnitzer und Bastler zu einem „Bergverein" zusammen. Dadurch, daß der Vorstand „Pflichtarbeiten" vergibt, kommt es verhältnismäßig rasch zu einem großen „Bethlehem". Andere thematische Berge entstehen, wie „Christmetten", „Große Krippe" und „Hutzenstube". Der große Weihnachtsberg, „wie anderswo schon lange vorhanden", bleibt nicht aus. 1958 wird er erstmals öffentlich gezeigt. Er ist ganz nach herkömmlicher Art gebaut, so wie es die Tradition gebietet. Jahr für Jahr muß er sich jedoch Veränderungen gefallen lassen. Denn, das ist auch bei ihm nicht anders: „Ein Berg ist niemals fertig, er ist nur das Ergebnis der bisherigen Arbeit!" So sagen die Berg- und Krippenbauer. Und wer sich in der Materie auskennt, muß ihnen rechtgeben. Inzwischen ist der Beierfelder Gemeinschaftsberg auf viele Quadratmeter angewachsen. Ob er noch größer wird? Schnitzer und Bastler behalten die Antwort für sich.

Linke und rechte Seite:
Ausschnitte aus dem
Weihnachtsberg des
Schnitz- und Bergvereins Lößnitz

Die alten Vereine haben manche Wandlung durchgemacht. Auch die Schnitzer und Bastler unserer Tage wissen viel zu gut, wie nützlich für ihr Tun die Gemeinschaft ist. Und so gibt es kaum einen Ort im Erzgebirge und in den angrenzenden vogtländischen Gebieten, in denen sich nicht Schnitzer zur Gemeinschaft finden. Und kommen die Weihnachtstage ins Land, künden Plakate und Zeitungsanzeigen von der Schnitzausstellung da und dort. Man könnte sie beinahe eine Rechenschaftslegung nennen. Dorfbewohner, Schnitzer aus den Nachbardörfern, Lehrer mit ihren Schulklassen, sie alle lassen es sich nicht nehmen, zu den Besuchern zu gehören. Manch einer von ihnen sucht und entdeckt, was neu ist auf dem Berg.

Of'n Ritterschgrüner Weihnachtsbarg

An enn Sunnobndnoochmittig sat mei Grußvoter ze mir: „Gung, wenn dei Mutter nischt dergegn hot, machen mer morgn emol Laabnschie. Mir laafen of dr Ritterschgrü un besanne uns dan grußen Weihnachtsbarg."

Dos war eich e Frahd! Ich war noch net oft vun derhaam fort gwaasen. Daaretwaagn warn's mir aah bähmische Dörfer, wie dos hinter die Barg aussohch, die üm unner Dorf drüm rüm warn. Große un klaane warn dos, manniche aah bluß Hutzeln, klaane Hübele, of danne net emol dr Schlieten richtig gieht. Oder wu die alle warn, war geleich dr Wald oder dr Hımmel. Wenn ich in menn Bett log un dr Zug verbeigerattert is, dacht ich mannichsmol: Wu mögn die Schiene bluß alle sei? In Australien ebber oder gar in dr Lautere, wu die Kärbmacher haarkumme?

„Öb se in dr Ritterschgrü aah esu reden wie mir dohierde?" fröget ich menn Grußvoter. Daar oder hot när gelacht un gesat: „Mach när, Maahrluder! In dr Ritterschgrü reden se ritterschgrünerisch, un in Cradorf reden se cradörferisch." Nu wußt ich geleich gar nimmer, wie ich dra war.

Mei Mutter sat: „Dos sieht ne Grußvoter aahnlich. Kaa Arbet, oder Laabnschie machen!" Ze daarer Zeit hot mei Voter kurz gearbet. Er is bezeiten fort und war ze Mittog langk wieder derhaam. Meine Leit saten: „Besser geleiert als gefeiert!"

Mei Grußvoter hot mir die Sach vun dan Ritterschgrüner Weihnachtsbarg esu schie ausgemolt, doß ich när noch an dr Ritterschgrü un an dan Weihnachtsbarg denken kunnt. Klaane Weihnachtsbarg gob's aah in unnerer Nachberschaft, ben Harzer in dr Öberstub un ben Kaller-Emil geleich übern Hausbuden wag, oder enn richtign grußen hatt ich noch kaamol gesaah.

In aller Herrgottsfrüh sei mer lusgeloffen. Mei Grußvoter war all mei Tog e alter Frühnickel. Es war daamisch kalt. Wall's oder egal ne Barg nagang, sei mer ball warm worn. Mei Mutter hatt schu racht: Es war garschtig laafen. Dr Grußvoter hot in enn fort gewannigt: „Eine Gelätt is dos. Dos kimmt bluß vun daarer olbern Ruschelei. Verwähnt sei heitzetog de Leit. Kaans will meh laafen." Wie mer bei dr Cradörfer Kirch warn, fung's sacht a ze flaameln. Mer hätt denken könne, dos sei lauter Bettfaadern, die drubn in Himmel lusgelossen wurn. Geleich war'sch ümedüm viel neiwaschener. Menn Grußvoter war vun Bargaufwärtslaafen de Luft knapp worn: „Wart när emol, Gung, ich muß erscht emol Luft schnappen."

Bei dr grußen Lind, die geleich naabn dr Kirch stieht, sei mer traaten geblibn. Es war gerod dos Flackel, vun dan mer nei of Schwarzenbarg gucken kunnt. Schie war dos! Zwischen dan Geflaamel kunnt mer ganz weit drinne is Schwarzenbarger Schloß un de Georgenkirch liegn saah, in daar mich meine Leit haben taafen lossen. Esu klaa war dos alles! Gerod esu, als wenn's of enn Weihnachtsbarg war.

„Grußvoter, guck när emol, wie weit mer dohierde saah ka!" sat ich, doß daar aah ewos dervu hätt. Daar oder bindt sich de Schuhbandle zu. Wie er dermiet in Geschick war, sei mer wettergcloffen. Es gang noch e Stück ne Barg na un nort of dr Ebn hi.

Wie mer ben Kreizwaag warn, hot's net bluß geflaamelt, aah net bluß geschneit, do hot's ne Schnee schübelweis rogehaant. Mer kunnt kaane zaah Schriet weit saah. Ben Laafen hob ich mannichsmol ze menn Grußvoter derhöh guckt. Dos hot mer Spaß gaabn. Dan hatt's vollgestöbert! Geleich war aus dan dr Hans Rupperich worn! Ich mußt mich ben Laafen ebber e wingk meh na'n Grußvoter seiner Hand gehängt hobn, denn er sat of aamol: „Tunne dir wuhl de Baa weh?"

„I, kaa Gedank!" sat ich verlaagn un machet extra gruße Schriet, doß'r denken sollt, de Laaferei könnt noch zaah Stunden esu wettergieh. Wenn mer esu durch dan Schnee gieht un sieht net derhaufen, ka mer sich in dos un gens neidenken un mannichs ausmoln, wos net is, un mer merkt gar net, doß mer läft.

„Is dos dorten schu de Ritterschgrü?" fröget ich, wie mer e paar Haiser aus dan Schneegestöber vürgucken sohchn. „Dos is Glubnstaa. Dorten drübn sei de Felsle un is dr Flemmig, wu se die schinn Peremettle machen, die se of'n Weihnachtsmark verkaafen." Un e Walle dernooch: „Dos Haisel do is dr Glubnstaaner Bahhuf. Nu is nimmer weit..."

Dr Schnee hot an de Schuh gezerrt un geworschtelt, doß mannichsmol ehnder rückwarts als vöder gang. Ich kunnt mich när eitel wunnern, wos alles zwischen derhaam un dr Ritterschgrü ze saah war, sugar Bahhöf. Un dos trotz dan Gestöber. Mit daare Laaferei wollt's oder gar nimmer esu racht gieh. An libbsten wär ich wieder ümgekehrt. Mocht doch daar Weihnachtsbarg sei, wu er war. Mir habn de Baa weh geta, un hungrig war ich extra noch.

Do sat dr Grußvoter, als wenn er Gedanken laasen könnt: „Hast de schu emol e orndtlich Sauschlachten mietgemacht?" Un wall ich niescht drauf gesat hob: „Galle, de waßt gar net, wos dos is? Nu paß när auf, wenn mer vür de Weihnachtsfeiertog unnern Englischen Widder schlachten. Ich bi gut derfür, daar Hos hot seine zaah Pfund. Sei schu de Belgischen Riesen Trämeln, oder na de Widder kumme se net. Wenn mer enn sett Hos schlacht, is dos gerod wie e Sauschlachten. Legn mer dan nei dr Pfann, gucken gewieß de Baanle vorn un hinten übern Rand un untern Deckel vür."

„Mach mer do aah Laaberworscht un Wellflaasch, wie dr Stiehler-Flaascher?"

„Nu, dos gerod net. Mer waarn fruh sei, wenn e schiener Brocken in dr Pfann rümschwimmt un e schiene Brüh werd."

„Grußvoter, guck när emol. Wu machen dä die Leit allezamm hi?" Dr Grußvoter bracht sei Gesicht aus'n Mantelkrogn raus, haanet sich mit dr Hand na dr Störr, doß ne Schnee vun dr Mütz geruschelt kam, un ruffet: „Sapperment noch emol! Daar Englische Widder brengt enn ganz aus dr Balangse! In aaner Haar hätt mer'sch Trompetel verpaßt un wärn dra verbeigeloffen. Gung, mer sei do!"

Dra dr Tür vun Arnoldshammer stand aaner in enn Barghabit, verkaafet Biletter un reißet se aah geleich miet o. Sei Kluft war of Zuwachs berachent. Er hatt de Ärmeln ümgeschlogn, oder trotzdam kunnt mer när de Fingerspitzen saah.

In dan Saal hot's überol gekloppt, gerahzt, gescheppert, do hot's gequietscht, geklengelt un gerasselt. Warm war'sch, un e ganzer Haufen Lichter habn gebrannt. Überol hot sich's gedreht un bewegt. Un zwischennei sei de Leit geloffen, habn när gebischert, als wollten se die ganze Zauberei net vertreibn. Wu blebbt mer zeerscht stieh, wu guckt mer zeerscht hi? Barg un Peremetten! Peremetten un Barg. Figurn, Lichter, Draahtle! Bargleit un Engeln, Farschter, Hirschen un Haiser!

„Grußvoter! Grußvoter, saah när emol dohierde dan schinn Ruschelbarg! Dorten tunne welliche Stöck raus, hüten ihre Ziegn, klippeln Borten, un zwischen daarer Schofhaard laafen Löbn rüm. Grußvoter, Grußvoter…"

„Gung, bi när net esu aufedauf! Dos blebbt uns alles!" Er gucket erscht e wingk rüm. Wall oder kaa annerer Platz war, setzet er mich of'n Fansterstock. „Laaf net fort. Bleib do sitzen. Ich hul dr erscht ewos ze assen!" Denn mir hatten gesaah, doß in aaner Eck e Ma Pfafferkuchn verkaafen wollt. Dr Grußvoter hatt's noch gar net ganz gesat, do war er aah schu zwischen de Leit verschwunden.

Ich hob meine Baa vun dan Fansterstock baumeln lossen un menn Kopp nei dr Eck gelaahnt. Ach, war dos schie waach un warm. Un de Baa haben mir aah nimmer weh geta.

Hirten, Schof, Hirschen un Farschter sei üm daare Peremett rüm durchenannergeloffen. Mittendrinne in dan Barg stand e goldener Tampel, in dan gerod dr Heiland geborn worn war. Vun Fald kame de Hirten, üm sich dos Gungel azesaah. Aaner vun die Manner hatt e Schof of de Achseln, e annerer aans an enn Bandel, dos hinter ne haarloff. Un aah de drei Könign warn unterwaags un schrieten hinter daarer Bargkapell haar. Die hatten oder mit dan Bargleiten nischt ze tu. E Schwammesucher is mit senn Schwammekorb vergaabns quaar durch daare Bah geloffen, wu die Kinner geruschelt habn.

Kunnt dä dos alles sei? Daar Farschter schießet doch mitten nei daar klenn Eisenbah, die dran Barg entlanggedampt is. Er hatt sei Flint na aaner Ölpalm agelegt. Su e Uverstand, wu doch dernaabn de Kinner Himmelhuppen machen. Dr Grußvoter wür sogn: „Dos, un anner Zeig, kimmt of enn Weihnachtsbarg miet vür." Mit enn Mol wußt ich's: Dos is'r, dos is dr Ritterschgrüner Weihnachtsbarg!

Do häret ich of aamol vun weit haar e tiefe Stimm dreinei, als wär dr Grußvoter miet of dan Barg. „Saah haar, indasen ich enn Pfafferkuchn hul, hot's unnern Klenn de Gedanken genumme." Un ze jemanden sat'r: „ Daar is heit schu weit geloffen." Un daar annere gob retour: „Do loß ne när e wingk schlofen." – „Es is när, wall er sich gar esu sehr of dan Weihnachtsbarg gefraht hot." Meh brauchet dr Grußvoter net ze sogn, do hob ich de Aagn aufgemacht. „Nu habn mer ne doch geweckt", sat daar fremme Ma un wollt wetterlaafen. Dr Grußvoter hot mich vun dan Fansterstock rogehubn un hot mer übern Kopp gestrichen. Nu habn se beede gelachelt.

Ach, hätten se mich när noch e wingk traame lossen. Su hatt mich dr Grußvoter mitten aus'n Ritterschgrüner Weihnachtsbarg wieder nei's Laabn gehubn.

Der Paradiesgarten

Ein fast vergessenes weihnachtliches Relikt des Erzgebirges und oberen Vogtlandes ist der Paradiesgarten. Bei den Leuten im Gebirge auch Garten, Paradies, Lust- oder Weihnachtsgarten genannt. Diese kleine Miniaturlandschaft ist schwer einzuordnen: nicht Krippe und nicht Heimatberg, von jedem etwas.

Seinem Namen nach mag er ursprünglich tatsächlich Szenen aus dem Paradies beherbergt haben. Die Beziehung zu Adam und Eva, die Weihnachten ihren Namenstag haben, läßt sich vermuten. Jedoch waren die beiden so wie Schlange und Apfelbaum, auch in den älteren Paradiesgärten, nicht zu finden. Die Beziehung zum Paradies finden wir auch in den frühesten Motiven des Schwibbogens.

Auf ebener Fläche, von einem Zäunlein aus Zinn oder Holz umgeben, tummelt sich im Moos allerlei Getier, billiges Pfennigvieh. Da eine Schäferei, dort eine Jagd, die Figuren gedrechselt oder aus Masse. Und als Hauptsache dürfen die Bäume nicht fehlen. Niemanden stört die unterschiedliche Größe, auch nicht das unterschiedliche Material, aus dem sie hergestellt sind. Die meisten waren irgendwann vom Weihnachtsmarkt mitgebracht, wie uns 1926 Richard Truckenbrodt aus Johanngeorgenstadt bestätigt. Aber gerade die Buntheit macht den Reiz des Paradiesgartens aus.

Die Geschichte des Paradiesgartens ist schnell erzählt: 1846 stellte man die Pyramide auf den Tisch und baute den Garten so um sie auf, als sei sie aus ihm herausgewachsen. Und es ist, als verlebendige sich ein Teil der Figuren durch die Drehbewegung der Teller. Runde zwanzig Jahre später, 1865, wuchs die Pyramide aus einem dicken, aus dem Wald geholten Moospolster empor, in das man allerlei Figuren gestellt hatte.

Üblich war aber auch, einen solchen Garten um den Weihnachtsbaum aufzubauen. Die Moospolster verhüllten den Ständer aus Eisen oder Holz und täuschten einen Hügel vor. So entstand beim Betrachten der Eindruck, als wüchse daraus ein Baum, der Weihnachtsbaum. Durch die Hügellandschaft rückte der Paradiesgarten dem Heimatberg näher.

Der heimische Dichter Fritz Thost, selbst Schnitzer und Bastler, schrieb vor 70 Jahren über seinen Paradiesgarten:

> Mein Herz nahm sich zu Lehen
> ein Wundergärtlein fein,
> darin darf all's geschehen,
> was mir nur so fällt ein.

Moritz Spieß aus Annaberg berichtet über einen Paradiesgarten vor 150 Jahren: „Er war ein mit Moos ausgelegtes Brett, das ein Zäunlein umgab. Oder er wurde besonders an der Wand oder in einer Ecke aufgestellt. Aus dem Moos glänzten Steine, Erze oder abenteuerlich aussehende Wurzeln aus dem Wald. Mittelpunkt war der Stall, in dem die heiligen Leute, Ochs und Esel ruhten, die dem Christkind den ausgehenden Odem wieder einblasen sollten. Seitwärts traten die Hirten mit ihrer Herde, denen der Engel erschien. Im Hintergrund war Sand gestreut. Auf dieser künstlichen Wüste kamen die Heiligen Drei Könige gezogen. Auf erhöhten Absätzen standen verschiedene Gruppen, meist aus der biblischen Geschichte. Die Höhe bildete die Stadt Bethlehem, durch Häuser angedeutet. Über der Stadt war ein großer Stern an der Stubendecke befestigt." Diese Beschreibung könnte ebenso auf einen Weihnachtsberg zutreffen, was eigentlich nur belegt, wie dicht beieinander früher Paradiesgärten und Weihnachtsberge waren.

Einer Überlieferung von 1846 zufolge errichtete man um die auf dem Tisch stehende Pyramide einen Paradiesgarten. Die von Gustav Klemm um 1865 geschilderte Pyramide steht in einem Garten, der mit Moos ausgelegt ist, in das man Holzfigürchen gesteckt hat. 1909 schreibt John, daß sich die Christgeburt meist inmitten eines Paradiesgartens befindet.

Der Paradiesgarten kam nach dem zweiten Weltkrieg außer Gebrauch. Die kleine Wohnung bot kaum noch Platz für den Weihnachtsbaum, und die Pyramide mußte sich mit einem Platz auf der Anrichte begnügen.

Eine kleine Fortsetzung findet er in den Dörfern da und dort, besonders im erzgebirgischen Strumpfmacherdorf Auerbach, in dessen Umgebung Auerbacher Fenster genannt. Dort legen die Leute den Zwischenraum der Kastenfenster mit Moos aus, mit kleinen Fliegenpilzen aus Pappmaché besetzt und mit allerlei Figuren bestückt. Da kann's schon sein, daß eine Jagd dargestellt wird, ein Schafgarten oder eine Krippe. Und über allem steht der Schwibbogen, den Sternhimmel symbolisierend.

Die Weihnachtsausstellung in Dippoldiswalde

Im Osterzgebirge findet jedes Jahr von November bis Februar die wohl umfangreichste Weihnachtsausstellung des gesamten Erzgebirges statt. Sie zieht immer wieder eine große Besucherschar in ihren Bann. Ausgerichtet wird sie vom Lohgerber-, Stadt- und Kreismuseum in Dippoldiswalde. In 15 Ausstellungsräumen wird weihnachtliche Volkskunst aus dem Osterzgebirge gezeigt. Dabei verwandelt sich das ehemalige Wohngebäude des Lohgerbers in ein „Weihnachtshaus". In allen Fenstern des barocken Hauses leuchten Schwibbögen. Ein großer geschnitzter Engel „begrüßt" die Besucher an der Eingangstür, rechts neben dem Museum dreht sich eine sechs Meter hohe Pyramide. Neben den bekannten Traditionsfiguren Engel und

Das „Hornsberger Weihnachtsfenster" (1993) von Rolf Steinbach. Der Begriff Hornsberg ist vom Wohnsitz des Volkskünstlers „Am Hornsberg" abgeleitet. – Daneben: die 250 cm hohe, fünfetagige Pyramide mit Motorantrieb von Herbert Jaster, Dippoldiswalde. Auf der ersten Etage stehen acht Nußknacker, auf der zweiten vier Engel und vier Bergmänner, auf der dritten acht Räuchermänner, auf der vierten acht Kurrendesänger, auf der fünften Rehe und Bäume.

Bergmann, Nußknacker und Räuchermann sind zahlreiche Pyramiden und Schwibbögen zu sehen.

Höhepunkte der Ausstellung sind die elektromechanisch betriebenen Weihnachtsberge und Modelle wie z. B. der „Weihnachtsberg von Dippoldiswalde und Umgebung" und zahlreiche Weihnachtsliederberge des Weixdorfers Rolf Steinbach, eine moderne Weihnachtsmannwerkstatt mit Computer sowie eine Wasser- und Windmühle von Heinz Büttner aus Schmiedeberg oder die „Zwergenwerkstatt" von Wolfgang Buder, ein elektromechanisches Meisterwerk, welches bei den Besuchern der Ausstellung immer wieder Bewunderung hervorruft.

Die erste Dippoldiswalder Weihnachtsausstellung fand 1976 statt, ein Jahr nach der Eröffnung des Museums. Jedes Jahr werden in der Weihnachtsschau neue, bisher noch nicht ausgestellte Exponate gezeigt. An den Wochenenden im November und Dezember führen Volkskünstler Schauarbeiten vor. Fünfzehn im Museum entworfene weihnachtliche Bastelbögen werden den Besuchern angeboten.

„Weihnachtsberg Zwergenwerkstatt" von Wolfgang Buder, Dresden, 2004.
Die Besucher können einen Knopf betätigen, danach öffnet sich die große Tür im Berg, und man sieht 13 Zwerge, die für den Weihnachtsmann arbeiten. Nach geraumer Zeit schließt sich langsam die Tür wieder.

Liederberg von Rolf Steinbach nach dem Weihnachtslied „Am Weihnachtsbaume die Lichter brennen" – darunter: Detail aus dem „Weihnachtsberg von Dippoldiswalde und Umgebung" von Rolf Steinbach auf ca. 10 qm.

7. KAPITEL

Weihnachtsmärkte

Enn Gahrmerich vun Weihnachtsmark

Reisen vor dem 1. Advent die Marktleute an und richten ihre Buden ein, ist dies ein untrügliches Zeichen, daß Weihnachten vor der Tür steht. Um Überschneidungen zu vermeiden, legten später die Behörden Ort und Termin eines Marktes fest. Im Kalender veröffentlicht, konnten sich Händler und Käufer darauf einrichten. So hatte zum Beispiel Buchholz, „um Wintersachen einkaufen zu können", seinen Weihnachtsmarkt am Montag vor St. Katharina (25. November) abzuhalten. Aue war am St. Katharinentag an der Reihe, Schwarzenberg am Sonntag vor dem Christtag, Chemnitz vom 22. bis 24. Dezember.

Oft fanden die Weihnachtsmärkte an den Tagen von Schutzheiligen der Kirche statt. Sie waren hierzulande Krammärkte. Auf ihnen kauften vornehmlich, da billiger als anderswo, die ärmeren Bewohner. Es waren Dinge des täglichen Lebens. Karussells, Riesenräder, Ratzbuden hatten auf den Märkten keinen Platz. Nur gelegentlich belebte eine Attraktion den Markt. Leute mit Glückstöpfen und „so mit Würfeln und Drehen spielen" warben um Zuspruch. 1657 erregte auf dem Schwarzenberger Weihnachtsmarkt ein Affe großes Aufsehen. Im 19. Jahrhundert waren es Bänkelsänger mit Leierkasten und Puppenspieler, die ihre Anziehungskraft ausübten.

Der Marktmeister galt in der Zeit des Weihnachtsmarktes als allgewaltige Person. Er hatte für Ruhe und Ordnung auf dem Markt zu sorgen. Jedem Händler wies er seinen Platz an. Das Material zum Budenbau stellte der jeweilige Rat. Nach dem Markt räumten es die Stadtknechte wieder fort. Dafür mußten die Händler ein Standgeld entrichten, das „Städtegeld". Es hatte keine bestimmte Höhe, sondern richtete sich „nach Gelegenheit und was jeder für Ware" anzubieten hatte. Schließlich gab es auch ungünstige Standplätze, wie am Rande des Marktgeschehens. Händler hatten begehrte

Pyramidenparade auf dem Weihnachtsmarkt in Aue – darunter: Blick auf den Weihnachtsmarkt in Annaberg und daneben ein bergmännisches Blaskonzert – darunter: Eselreiten für die Kleinsten auf dem Schwarzenberger Weihnachtsmarkt

Weihnachtsmarkt der Gemütlichkeit auf der Burg Scharfenstein –
unten: Christmarkt in Freiberg (Foto: Kießling Stadtmarketing Freiberg)

und weniger begehrte Ware, benötigten viel Platz, wie die Töpfer und Korbmacher, oder wenig, wie die mit Kurzwaren oder Schuhwichse handelten.

Wer zum Weihnachtsmarkt ging, brachte den Daheimgebliebenen ein kleines Geschenk mit, einen „Gahrmerich". Dienstboten erhielten, damit sie ihn kaufen konnten, ein Geldgeschenk von ihrem Dienstherrn.

Die Tradition der Weihnachts- oder Christmärkte reicht weit zurück. Hierzulande erteilte das erste Marktprivileg 1143 König Konrad III. an das Chemnitzer Benediktinerkloster. Seinem Vorsteher, dem Abt, wurde gestattet, ein forum publicum, einen öffentlichen Markt, einzurichten. Annaberg hielt ab 1510 seinen Weihnachtsmarkt ab, Niklasmarkt geheißen. Auf ihm durften nur einheimische Kaufleute und Handwerker ihre Waren anbieten und verkaufen. Im 17. Jahrhundert kam zum Niklasmarkt noch ein Christmarkt hinzu. Heute gehört der Annaberger Weihnachtsmarkt, der vom Freitag vor dem 1. Advent bis zum 4. Advent dauert, zu den vielbesuchten des Erzgebirges. Auch der Marienberger Weihnachtsmarkt hat seine Tradition. Er beginnt am ersten Adventswochenende. Auf dem zentral gelegenen Marktplatz bieten mehr als 40 Händler ihre Waren an. Zwönitz erhielt einen Jahrmarkt 1525 bewilligt. Damit sollte dem durch den Stadtbrand stark zerstörten Städtchen geholfen werden. Das Buchholzer Marktrecht stammt aus dem Jahre 1741, erst nach langem Kampf konnte die Annaberger Vorherrschaft gebrochen werden. Ähnliche Kämpfe hatte Jöhstadt zu bestehen, bevor es 1655 zum Marktrecht kam.

Der seit 1534 regelmäßig am 4. Advent abgehaltene Schwarzenberger Weihnachtsmarkt hieß zu Anfang „Stollenmarkt", nach 1700 dann nur noch Weihnachtsmarkt. Er dauerte drei Tage und stand allen „Käufern und Verkäufern, Händlern und Handierern" offen. Zum Weihnachtsmarkt 1852 boten in 400 Buden u. a. Zinngießer, Nadler, Drechsler, Kammacher, Strumpfwirker, Pfefferküchler, Töpfer, Schuhmacher und Gewürzhändler ihre Erzeugnisse an. Heute dauert der Weihnachtsmarkt in Schwarzenberg zehn Tage.

Die Weihnachtsmärkte sind weithin beliebt. Nach Angaben der Deutschen Zentrale für Tourismus gibt es gegenwärtig in Deutschland jährlich etwa 2500 Christkindl-, Weihnachts- und Adventsmärkte, nicht gerechnet die vielen kleinen, unbedeutenden Märkte. Allein die Berliner halten 50 solcher Märkte ab.

Bei vielen erzgebirgischen Weihnachtsmärkten gehört es zur Tradition, daß sie mit einer Bergparade abgeschlossen werden, so in Schwarzenberg, Schneeberg und Marienberg. Die größte mit einem Bergzeremoniell findet in Annaberg statt. Die Bergparaden mit Trommeln, Schellenbaum und Blasmusik sind ein Höhepunkt im vorweihnachtlichen Geschehen.

Dr Weihnachtsmark is aufgeta!

Sein Termin stand in jedem Heimatkalender, eingeklemmt zwischen Roß-, Geflügel-, Wochen- und Jahrmärkten, der Weihnachtsmarkt. Wir Jungen freuten uns darauf und meinten, damit beginne die eigentliche Weihnachtszeit. Waren wir auf dem Schulhof oder sonstwo zusammen, orakelten wir, was wir alles kaufen wollten, vergaßen dabei freilich, wo das dafür notwendige Geld herkommt. Da gab es welche, die wollten sich unbedingt Zündplättchenrevolver kaufen, Laubsägeblättchen, ein Jojo, das groß in Mode war, oder Schneeschuhwachs, den jedes Jahr ein Händler aus dem Bauchladen für billiges Geld anbot und von dem er ausrief, es sei das beste Wachs der Welt. Ich ließ sie reden, dachte eher an etwas zum Essen und daran, wie ich zu ein paar Groschen käme.

Als dann Kinder ins Schulhaus kamen, die tags zuvor in Schwarzenberg waren und mit heißem Kopf berichteten, wie es auf Markt und Straßen durcheinandergehe, wuchs unsere Spannung riesengroß. „Ja, die Bermsgrüner Straße hinauf, den Bahnhofsberg hinunter, auf dem Untermarkt … Buden über Buden…"

Vor dem Großvater hatte ich mein Leben lang Respekt und mußte mich geradezu überwinden, ihn um ein paar Marktpfennige anzugehen. Ich wartete, bis ich ihn allein im Schuppen wußte. Schnell war ich bei ihm und stotterte irgend etwas hervor. Vielleicht war es ganz unsinniges Zeug. Großvater spürte meine Verlegenheit, strich mir über den Kopf, griff zur Geldbörse und drückte mir drei Groschen in die Hand. Ich jubelte. Opa besänftigte: „Nicht so laut, Großmutter braucht's nicht zu wissen!"

Lichterfest in Schneeberg und Weihnachtsmarkt in Schwarzenberg

Eben, denn die konnte ich ja auch noch angehen. Bei ihr fiele es mir leichter. Großmutter war aber zach. Die Zuwendung fiel mager aus. Wenn auch. Besser als nichts. Von Mutter bekam ich siebzig, achtzig Pfennige. Von der Großmutter im Bahnhof war nichts zu erwarten. Die klöppelte, klöppelte und kam zu nichts. Sie war eine fleißige, aber eine arme Frau.

Am Markttag zogen wir nach Schwarzenberg, vier, fünf Jungen aus der Klasse, waren guter Dinge, unterhielten uns lauthals und tauchten bald in das Schwarzenberger Marktgeschehen ein.

Obwohl noch früh am Tag, war die reinste Völkerwanderung Richtung Stadtmitte unterwegs. Die Menschen drängten sich gegen die Auslagen der ersten Bude. Die einen standen, die anderen wollten weiter. Bratwurstduft zog durch die Luft. Gequäke von Kindertrompeten, Wortfetzen von Ausschreiern. Dabei bot die Frau der ersten Bude lediglich Klöppelzeug an, das doch die wenigsten interessieren konnte: Zwirn, dicken, dünnen, grauen, weißen, Klöppeltütchen aus Kirschbaumholz, Klöppel, Steck- und Aufstecknadeln, braunlackierte Ständer und Klöppelsäcke. Klöppelsäcke ein

Weihnachtsmannparade auf dem Zwönitzer Weihnachtsmarkt
unten: Bergparade auf dem Marienberger Weihnachtsmarkt

ganzes Regal voll, einer bunter bezogen als der andere und mit grellfarbenen Bildchen in der Bindung.

Im Menschengedränge hatte sich bald unsere Gruppe verloren, die einen waren schnell an diesem Menschenknäuel vorbei. Wir, Schulfreund Fritz und ich, brauchten Zeit dazu. Wir hatten es weniger eilig als die anderen und bemerkten, zu zweit marktet es sich ohnehin besser als zu viert oder fünft. Also ließen wir uns gemächlich vorwärtsschieben.

Nun ja, so eine Bratwurst… Ich dachte an Vaters Spruch: Erst kreisen, dann zuschlagen, und er machte dazu eine Handbewegung, als sei sie ein Habicht oder Bussard. Also kreisten wir. Die Bratwurst später, beim rechten Stand.

Die Menge schob uns durch die engen Gassen vorwärts, die von den Buden gelassen wurden. Was gab es da alles für gutes Geld zu kaufen: Meterspitze, Filzpantoffeln, Christbaumschmuck, gebrannte Mandeln, Pfefferkuchenherzen, Massevieh, Hosenträger, Bundaale, Bastelzeug, Zuckerwatte, Tontöpfe, Fleckwasser, Kerzen, Vogelbauer, Pyramidenfiguren, bestenfalls an den Buden mit Bastelzeug und den Krippenfiguren hielten wir an.

Aus der Bratwurst wurde nichts. Doch, plötzlich schon. Unschlüssig standen wir bei einem Stand mit „Trapp, trapp", so hießen allgemein die Roßwürste. Wir rechneten. Fünf Pfennige billiger… Fünf Pfennige… Das war für unsere Barschaft viel Geld. Und das gab den Ausschlag. Der Würstelmann schmunzelte, als wir unser Geld in der Börse zusammensuchten, den Groschen und das Zweipfennigstück, dann reichte er uns die dampfenden Würste über das Ladenbrett. Ein Trupp Jungen, der hinter uns vorüberzog, wieherte lauthals, und als wir uns umdrehten, schlugen sie mit dem Fuß aus, als seien sie allesamt Pferde. Wenn auch… Wir hatten gespart. Wir aßen unsere Wurst, und das mit Genuß.

Auf der Straße zwischen Ober- und Untermarkt hatte Dotter-Paule aus Dresden seinen Stand. Er hatte ein Tischchen mit einem riesigen Würfel buntfarbigen Türkischen Honig darauf. Davon schabte er mit einem Krätzchen ab und strich die gewonnene Masse in einen Bogen Papier.

Dotter-Paule war ein kleiner untersetzter Mann, schielte stark und trug einen Türkenfez auf dem Kopf. Neben seinem Honigblock stand ein schwarzes Telefon. Ab und zu klingelte es ein-, zweimal. Darauf warteten all die Jungen und Mädchen, die seinen Stand umlagerten. Paule tat geschäftig. Gravitätisch nahm er den Hörer ab. Da war der General Wuschiwascheschuhwichs an der Strippe und bestellte für die Ernährung seiner Armee den Eins-A-Türkenhonig. Dann rief die Baroneß Spinnenbein aus sowieso an, der Kapitän eines Dampfschiffs, dann wieder der Zoodirektor von Amsterdam, und alle bestellten Türkischen Honig, und nur den von Dotter-Paule aus Dresden, den besten Honig der Welt.

Noch den Hörer in der Hand, rief er: „Lecke, lecke leck, wer einmal leckt, der weiß wie's schmeckt, der leckt den ganzen Honig weg!" Und wieder klingelte das Telefon. Diesmal sprach Paule Hebräisch, Indisch oder Türkisch und bestellte der großen Nachfrage wegen Nachschub an Türkenhonig.

Der große Moment aber war, wenn er einem Jungen seinen Honig überreichte und ihm nachrief: „Junge, plauz nich de Ladentüre!" Und Schulfreund Fritz flüsterte mir zu: „Wo der doch gar keine hat!" Das belustigte mich noch mehr. Als müßt er mir's erklären. Nachdem wir uns eine ganze Zeitlang von Dotter-Paules Späßen hatten unterhalten lassen, zogen wir weiter, als erwarteten uns große Ereignisse.

Es dämmerte, und die Budenleute zündeten ihre Karbid- oder Petroleumlampen an. Wir hatten unser Geld vertan. Für den Vater hatte ich die bestellten Bundaale eingekauft, für die Mutter ein Tütchen gebrannte Mandeln. Denn das dafür mitgegebene Geld hatte ich nicht anderweit angerührt.

Am nächsten Tag in der Schule prahlte einer mehr als der andere, was er alles gekauft hatte, und wie billig! Der Häuser-Heinz hatte sich am längsten auf dem Markt herumgetrieben und wurde dabei von einem Budenmann angesprochen. Er durfte dessen Waren in einem Handwagen zur Gepäckaufbewahrung des Bahnhofs fahren. Als er uns ein Schächtelchen mit Schokoladenzigaretten zeigte, die er als Lohn erhalten hatte, waren wir doch neidisch. „Was sind schon Schokoladenzigaretten...", suchten wir abzuwerten. „Die Schokolade ist ganz billiges Zeug", hieß es aus der Runde. Um uns zu reizen, hatte Heinz die Packung die ganze Stunde über auf der Bank neben dem Federkästchen liegen.

Wie ich zu sechs Masseschäfchen kam

Jedes Jahr, wenn wir unseren Paradiesgarten unterm Christbaum aufbauen, finden auch sechs Schäfchen ihren Platz. Schäfchen, aus billiger Masse, mit Staksbeinen und etwas Wolle überzogen. Über die Jahre hinweg und vom öfteren Gebrauch verloren sie ihre weiße Farbe. Einem Schäfchen ist ein Bein gebrochen, und es kann nur durch ein Streichholz gestützt stehen oder angelehnt, vielleicht an einer Fichte oder Palme.

Behutsam in das Waldmoos gestellt, grasen die Schäfchen neben den Kamelen, neben Hirsch und Esel über die Weihnachtstage fort bis hin zu Lichtmeß. Und ich höre nicht nur einmal, das jemand am Paradiesgarten steht und sagt: „Ganz schie…", und, auf die Schäfchen weisend, hinzufügt: „Aah nimmer ganz nei." Wenn sie wüßten, wie sehr ich gerade an ihnen hänge! Denn stelle ich sie zwischen all die Tiere ins Moos, eben zwischen Elefanten, Löwen, Kühe und Pferden, werden alte Erinnerungen wach.

Über das Jahr hinweg lag zu Hause ein Almanach im Tischkasten, vom öfteren Herausnehmen ganz zerschlissen. Wieder einmal hatte ihn Mutter in den Händen und sagte beiläufig: „Naa, wie die Zeit vergieht, werd aah ball wieder Mark sei." Denn auf den letzten Seiten des Büchleins waren Sachsens Markttermine ausgedruckt, alle Wochen-, Vieh-, Pferde-, Kram- und natürlich auch Weihnachtsmärkte.

Ich schau noch mal nach, ob sich Mutter auch nicht girrt hat. War der Markttag da, rutschten wir Jungen in unseren Schulbänken hin und her. Endlich, am frühen Nachmittag, zogen wir zu dritt, viert, allesamt voll froher Erwartung nach Schwarzenberg.

Emsiges Treiben herrschte auf dem Markt. Mit lautem Rufen dirigierte ein Fuhrmann sein Geschirr durch die Menge. Männer zogen bis oben hin bepackte Handwagen. Frauen trugen Körbe, manche des Gedränges wegen auf dem Kopf. Stände und Buden bekamen Gestalt, füllten sich mit Leben.

Mit den Händen in den Hosentaschen lobten wir einen, der seine Bude aufbaute, taten sehr fachmännisch und wußten viel Gescheites darüber zu sagen. Bis der Budenmann verärgert sagte: „Guckt net esu dumm, langt lieber zu!" Und schon mußte einer von uns die Plane am anderen Ende straffziehen, den Stuhl halten, damit er die Petroleumlampe aufhängen konnte, die Kartons vom Wagen langen und die gestapelten Bretter für die Ladentafel herbeitragen. Wir taten stark, waren in unserem Element. Wir fühlten uns als Marktleute, und das besonders, wenn Schulmädchen vorbeischwadronierten und sich kichernd umdrehten. Ja, wir waren wer.

Der Marktmann mußte mich als besonders anstellig eingeschätzt haben, denn er sagte, als er uns mit einem „Habt Dank!" und einer Handvoll Burnüsse entließ: „Kannst morgen, wenn der Markt auf is, wieder helfen! Kriegst auch was Schönes von mir!"

Das brauchte er nicht zweimal zu sagen. Am nächsten Tag quetschte ich mich durch die Menschenmenge bis hin zum Budenmann. Der wußte erst gar nicht, was ich wollte, entsann sich aber doch und hatte auch gleich kleine Verrichtungen für mich parat. Wasser holen vom Hydrant, leere Kartons forträumen, aufpassen, damit nicht gestohlen wird. Indessen war er geschäftig dabei, seine Dinge an den Mann zu bringen: Lichterengel, Holzsoldaten, Räuchermänner. Dann langte er wieder nach einer Christgeburt, die im Regal ganz oben stand.

Aus den anfänglich wenigen Flocken war ein Schneegestöber geworden. Nasser, schwerer Schnee fiel. Das Budendach überzog sich mit einer dicken Decke, die Last drohte es einzudrücken und all die schönen bunten Auslagen zu vernichten. Der Budenmann drückte mir einen Besen in die Hand. Stieß ich mit ihm gegen die Plane, rutschte eine ganze Wolke nach hinten und donnerte herab, da, wo ich stand.

Am Anfang hatte ich Spaß daran, wenn eine solche Rutsche auf mich niederging. War sie verweht, schlug ich mit der Mütze den Schnee von den Kleidern. Schnee war auch durch den Halsausschnitt gerutscht und durchnäßte das Hemd. Bald wurden meine Kleider schwer, und immer mehr Schnee klebte sich an ihnen fest. Mich fror an den Füßen. Dann und wann hielt ich die Finger gegen die Lampe, die matt ihren Schein über die ausgelegten Herrlichkeiten ergoß und auch ein wenig Wärme von sich gab.

Als ich wieder an die Lampe trat um mich zu wärmen, merkte der Budenmann, wie durchnäßt ich war. Er langte nach einem Pappkästchen, steckte es mir zu und schickte mich nach Hause. Auf dem Weg machte ich mir Gedanken, wie der Budenmann ohne mich zurechtkommen würde. Denn noch immer fiel dichter Schnee.

In etwas Holzwolle gelegt, enthielt das Kästchen sechs Masseschäfchen. Ich war glücklich: Sechs Masseschäfchen! Bislang stand unser Christbaum in einem eisernen Ständer eingezwängt, braun lackiert, der wie Wurzelwerk aussah. Nun kamen meine sechs Schäfchen dazu. Das reizte den Vater, Moos vom Wald zu holen, ein Zäunchen zu bauen und meine Schäfchen hineinzusetzen. Und da sich auch noch Pfennigvieh in Tischkästen und Schachteln fand, waren fortan meine Schäfchen nicht mehr allein, sie gelangten unter Tiere und in einen Paradiesgarten.

Die Nachbarn hatten einen Christbaumständer, der den Baum drehte und dazu einen Choral spielte. Die Verwandtschaft aus Amerika hatte ihn geschickt. Wie hatten die Nachbarn nur den Baum hergeputzt! Nach allen Seiten flimmerte er. Eine Zirkusprinzessin hätte nicht schöner sein können. Immerfort mußte er sich drehen, mußte großtun, tanzen und immerfort tanzen. Nach allen Seiten leuchtete und blinkerte er. Und mit seinem Drehen ging alles Leuchten und Blinkern an den Zimmerwänden mit.

Der Baum war das Gespräch des Dorfes. Viele kamen in das Nachbarhaus, um den drehenden Baum zu sehen. Mag sein, daß dies schön war. So schön aber wie unser Paradiesgarten war er nicht. Freilich: Das große Wasser hatte der nicht überquert. Er kam aus kleinen Verhältnissen. Ihn gäbe es nicht, wäre ich nicht seiner Zeit als Budenmann zu sechs Masseschäfchen gekommen.

In Schwarzenbarg, zen Weihnachtsmark

In Schwarzenbarg zen Weihnachtsmark,
tut's Zuckerstaanle gaabn.
Die ass' mer of'n Waag schu auf
un brenge kaans ehaam.
   Ja, täterä un bums trara.
   In Schwarzenbarg is Mark, ja, ja!

In Schwarzenbarg zen Weihnachtsmark,
do macht dr Helm Krawall.
Er hatt senn Gung e Worscht gekaaft,
nu wollt daar Gung enn Ball.
   Ja, täterä un bums trara.
   In Schwarzenbarg is Mark, ja, ja!

In Schwarzenbarg zen Weihnachtsmark,
do stieht e Bäckerbud.
Die habn su fette Butterstolln,
när dan ihr Stolln schmeckt gut.
   Ja, täterä un bums trara.
   In Schwarzenbarg is Mark, ja, ja!

In Schwarzenbarg, zen Weihnachtsmark,
do gibbt's eich Pfafferkuchn.
Dr Kar, daar hot sei Fraa verlorn,
nu mußt er'sche erscht suchn.
   Ja, täterä un bums trara.
   In Schwarzenbarg is Mark, ja, ja!

In Schwarzenbarg zen Weihnachtsmark,
do is eich e Gewürg.
Do kumme se vun do un dort,
de Leit vun Aarzgebirg.
   Ja, täterä un bums trara.
   In Schwarzenbarg is Mark, ja, ja!

Blasen vom Turm der St. Wolfgangskirche in Schneeberg
unten: Blick auf den Weihnachtsmarkt in Aue

8. KAPITEL

Räuchermännchen, Nußknacker und Pflaumentoffel

Räucherkerzen

Weihnachten und der Duft nach Tannengrün und Weihrauchkerzen gehören zusammen. Schwelende Tannenzweige auf der Ofenplatte oder Räucherkerzen vermögen die Weihnachtsstimmung zu heben. Schon um 1830 heißt es im erzgebirgischen „Heiligobndlied": „Zünd när e Weihrichkarzel a, doß's nooch Weihnachten riecht..." Im deutschen Apothekerbuch „Manuala pharmaceuticum" von 1875 werden „Candelea fumales" genannt, Räucherkerzen, die in der Weihnachtszeit Wohlgerüche verbreiten.

Vielleicht geht der Brauch des Räucherns bis in jene Zeit zurück, in der man in den zwölf Nächten damit böse Geister zu vertreiben gedachte. Die Kirche konnte sich dabei mit ihrem Verbot nicht durchsetzen, zog den

Die Familie Gläser hält die Bockauer Tradition der Herstellung von Räucherkerzen aufrecht.

Brauch auf sich und ließ durch Priester und Meßner, die von Haus zu Haus gingen, das Ausräuchern betreiben. Der dabei von den Leuten erbetene Weihrauch sollte beim Gebrauch Zauberkräfte entwickeln.

Als Heimat der erzgebirgischen Räucherkerzenherstellung wird gemeinhin Crottendorf angesehen. Es heißt, 1648 seien sie mit Räucherkerzen über Land gezogen und hätten dabei die Kartoffeln ins Gebirge gebracht. Die Bewohner sollen die Räucherkerzen von den Grünhainer Mönchen übernommen haben. Noch heute nennen sie gelegentlich ihre Erzeugnisse „Kapuziner", obwohl die Grünhainer Zisterzienser waren. Genau betrachtet, gehört dies wohl eher einer Legende an, denn Crottendorfer Räucherkerzen werden erstmals um 1750 genannt, zu einer Zeit, in der das Kloster eine jahrhundertealte Ruine war. Allerdings ist überliefert, daß Schneeberger und Bockauer Olitätenhändler die Räucherware schon kurz nach dem Dreißigjährigen Krieg in ihrem Angebot hatten. 1685 stellten die Gebrüder Tröger aus Oberschlema Räucherkerzen her und vertrieben sie im Wanderhandel.

Ein Bockauer dieses Fachs war der 1955 siebenundachtzigjährige Ernst Vogel. Mit ihm erlosch zunächst die Bockauer Räucherkerzenherstellung. Es gingen auch die alten Hausrezepte verloren. Seine Vorliebe galt den großen, bis fünf Zentimeter hohen schwarzen Kerzen. In der Sommerzeit trug er angefaultes Holz von Buchenstubben zum Trocknen vom Wald nach Hause. In einem Mörser zerstampfte er es zu Mehl, mischte Weihrauch, Lavendel und anderes Beiwerk in einem ganz bestimmten Verhältnis hinein und, da die Kerzen eine schwarze Farbe erhalten sollten, das Mehl der Holzkohle. Durch Zugabe von Stärkemehl wurde die Masse bindig. Mit der formte er dann die Kegelchen und brachte sie auf das Schuppendach, um sie in der Sonne zu trocknen. Nach einer Woche Trockenzeit erfolgte die „Riechprob", wie er es nannte, wenn er seine Räucherkerzen der Prüfung unterzog. So war's dann nicht verwunderlich, daß es im Vogelschen Haus im Bockauer Unterdorf Sommer wie Winter nach Weihnachten roch. Ernst Vogel nach seiner Arbeit befragt, hatte immer einen Satz zur Hand: „Dos is kaa Arbet, dos is e Kunst, denn Raacherkarzle müssen stieh, brenne un riechn möchten se derwaagn aah!" Inzwischen hat die Räucherkerzenherstellung in Bockau wieder Fuß gefaßt.

Schließlich zählt zu den frühen Herstellern von Räucherkerzen der Apotheker Hermann Zweetz aus Schleiz, der 1865 in Mohorn bei Tharandt damit begann, Weihrauch als Linderung bei Keuchhusten anzubieten. In geeigneter Form mischte er das Weihrauchharz mit anderen Zutaten und verkaufte die Mischung in kleinen Gebinden, so das sie in den Stuben verschwelt werden konnten. Nahe des Tharandter Waldes gründete er einen kleinen Betrieb, der noch heute existiert und zu Weltgeltung gelangte. Er gilt als die älteste Räuchermittelfabrik Deutschlands. Jährlich werden dort 60 bis 65 Tonnen Räuchermittel produziert und in alle Welt verschickt. Die Mohorner Räucherkerzen sind unter „Knox" bekannt.

Als Zutaten werden mehr als 16 Duftträger genannt: Weihrauch aus dem Orient, Sandelholz aus Indien, verschiedene Harze aus Vietnam, Sumatra, Myrrhe aus Kleinasien, Lavendelblüten vom Balkan, Fichtennadelöl aus Sibirien und Tonkabohnen aus Südamerika. Dazu kommen noch Moschus, Gewürznelken, Vanille, Ambra, Perubalsam und Zimt. Dadurch entstehen verschiedene Duftnoten, die an der Farbe der Kerzen erkennbar sind – grün: Tanne, rot: Sandel, schwarz: Myrrhe und Weihrauch. Auch Rose, Veilchen und Flieder werden hergestellt.

Aus Holzkohle, Kartoffelstärke als Bindemittel, Sandelholz, Rotbuchenmehl wird ein zäher Brei bereitet, dem Weihrauch zugesetzt wird. Danach kommen wohlabgewogen die anderen Duftstoffe hinzu. Der fertige Brei wird zu Täfelchen gedrückt, in die Maschine eingeführt, die Kegelchen daraus formt und auswirft. Nach einem Trocknungsprozess können die Kerzchen verpackt werden.

Den ursprünglichen pulver-, blättchen- oder stäbchenförmigen Weihrauch verschwelte man in Gefäßen und Pokalen. Räucherkerzchen setzt man auf einen „Scherbel", wie es im oben angeführten Lied heißt, oder auf die Ofenplatte. John Brinkmann erzählt aus der Zeit um 1810 in „Kasper Ohm un ick": „… un in dat Abenrühr dor glimmt 'n Rökerketschen" („und in der Ofenröhre, da glimmt ein Räucherkerzchen").

Sortiment von Räucherkerzen aus Bockau, Crottendorf und Neudorf

Räuchermänner

Das sich im 18. und 19. Jahrhundert verbreitende Pfeifenrauchen mag der Anlaß dafür gewesen sein, „rauchende" Spielzeugfiguren zu entwickeln. So findet man im „Magazin" von 1800 des Nürnberger Kaufmanns Hironimus Bestelmeier, einem Spielzeugmusterbuch mit Abbildungen und Preisangaben, eine Figurengruppe, bei der Rauch aus einem vorgestellten Lagerfeuer entweicht, an welchem ein Feldherr sinnend verweilt. In ihm glaubt man Napoleon erkennen zu können. Eine andere Gruppe stellt einen am Kaffeetisch sitzenden und Pfeife schmauchenden Husaren dar. „Rauchende" Spielfiguren erlangten Beliebtheit und sind auch in späteren Katalogen vertreten.

Die ersten eigentlichen Räuchermänner tauchen zwischen 1820 und 1830 in Thüringen auf. Die Sonneberger Spielzeugmacher stellten sie aus Papiermasse her. Zu Blüte und Ansehen gelangten sie jedoch erst später durch ihre Nachfahren, die gedrechselten aus dem Erzgebirge, speziell dem Seiffener Gebiet.

Erzgebirgische Räuchermännchen – oben: Waldarbeiter. Händler mit Bauchladen, Mohr –unten: Händler und Förster, Mönch

Als ihr Schöpfer und gewissermaßen geistiger Vater gilt der um 1850 in Heidelberg bei Seiffen lebende und arbeitende Spielzeugdrechsler Ferdinand Frohs. Mit seinem bei ihm beschäftigten Neffen Gotthelf Friedrich Haustein spezialisierte er sich auf diesen Figurentyp und brachte ihn vielgestaltig und in großer Stückzahl auf den Markt. Der Neffe Haustein machte sich 1857 selbständig und stellte ebenfalls Räuchermänner her. Als er 1900 starb, führte sein Sohn Louis mit seiner Frau Hulda das Gewerbe weiter und nach 1929 Gotthelf Friedrich Hausteins Enkelin, Minna Neubert, bis dann 1948, nach einem runden Jahrhundert, die Familientradition der „Räuchermännel-Hausteins" erlosch.

Unter vielen Räuchermännern lassen sich die der Hausteins herausfinden. Sie fertigen, wie das andere Drechsler bis 1930 auch tun, Arme und Beine aus einer Teigmasse. Das ist eine Mischung von Schlemmkreide, Knochenleim, Säge- oder Roggenmehl und Wasser. Jedoch sind bei den Haustein-Figuren auch Ohren, Hände und Finger daraus geformt. Für das Gesicht verwenden sie eine Negativform aus Blei, die sie der auf den Holzkörper aufgetragenen Teigmasse wie einen Stempel aufdrücken. Dadurch erhält das Gesicht Erhöhungen und Vertiefungen von Stirn-, Kinn- und Augenpartie, was durch die Drechseltechnik ausgeschlossen bleibt.

Neben den Hausteins begannen auch andere Spielzeugdrechsler Räuchermänner herzustellen, wie die Familie Füchtner, nun schon in mehreren Generationen. Ihre Räuchermänner zeichnen sich durch klare und einfache Formen aus. Hierher gehört auch die Familien Frohs, Langer und Ender in Borstendorf, die mit einem von Prof. Alwin Seifert entworfenen Wichtelmann hervortrat.

Wie das Olbernhauer Musterbuch von 1877 belegt, wählte man für die Räuchermänner möglichst originelle Spielzeugfiguren, im Gegensatz zum bärbeißigen, grimmigen Nußknacker. Berufe und Eigenheiten müssen aus wenigen Merkmalen erkennbar sein und der Drechseltechnik entsprechen. Das sind Kleider, oft uniformartig, und sparsame Zutaten. Alle Figuren haben den kreisrund geöffneten Mund mit der Tabakspfeife.

Zu den typischen Räuchermännern gehören von Anfang an die Rastelbinder. Das sind Wanderhändler mit Blechwaren, Mausefallen und Kuchenformen aus Kroatien oder der Slowakei. Sie stricken den Leuten porös gewordene Tontöpfe mit einem Drahtgeflecht ein und erhalten deren Gebrauchsfähigkeit. Auch Türken sind dabei. Schon im 18. Jahrhundert findet man sie unter den Spielzeugfiguren. Vom Erzgebirge ist ein „Türkenschiff" aus der Biedermeierzeit bekannt. Keiner weiß, wie Türken unter die Einheimischen gerieten. Aus der Weihnachtsgeschichte? Des türkischen

Tabaks wegen? Wegen des türkischen Honigs, einer beliebten Schleckerei früherer Weihnachtsmärkte? Wie dem auch sei. Der Räuchertürke trägt gewöhnlich einen glatten oder goldbetupften roten Mantel, gelbe Pluderhosen und einen weißen Turban.

Diesen Figuren zur Seite steht eine ganzer Batterie erzgebirgischer Volkstypen: Förster, Waldarbeiter mit dem Reff auf dem Rücken, ein Tragegestell für das Feierabendholz, Hausierer, Spielzeug- und Vogelhändler, Eisenbahner, Nachtwächter, Fleischer, Köche, Briefträger, Studenten und Schulmeister, Schneemänner und Schornsteinfeger, Imker, Schäfer, Fischer, Drechsler, Leierkastenmänner, Dienstmänner, Aufsichtsbeamte, selbst Petrus am Himmelstor, der erzgebirgische Volksheld Karl Stülpner, die Hausmutter mit der in der Schüssel dampfenden Klößen, Lehrer Lämpel und der Hauptmann von Köpenick, später auch Zwerge und Märchenfiguren. Nicht alles neu dazugekommene hält der Kritik stand. Mancher Figur fehlt der Bezug zum eigentlichen Anliegen. Neben Räuchermänner sind Räucherhäuschen im Gebrauch, aus Holz hergestellt oder aus Blech, mit Flimmer bestreut.

Alles in allem: Was wäre hierzulande Weihnachten, fehlten unter den Weihnachtsutensilien die lieb gewonnen Räuchermänner.

Das Nußknackermuseum in Neuhausen

Das im oberen Flöhatal gelegene Neuhausen beherbergt eine ausgesprochene Seltenheit: ein Nußknackermuseum. Schon von weitem ist der mit 10,10 Metern größte Nußknacker der Welt zu sehen, und wenn man zur vollen Stunde das Museumsgelände betritt, vernimmt man Tschaikowskis Nußknackerballet aus der größten Spieldose der Welt. Die Tore öffnen sich, und der Reigen der Figuren aus der Erzählung von E. T. A. Hoffmann beginnt.

Seit 1966 sammelt Jürgen Löschner, Vater vom jetzigen Inhaber des Museums Uwe Löschner mit wahrer Leidenschaft Nußknacker. Von Beruf Maschinenbaumeister und Hersteller von Holzbearbeitungsmaschinen, hatte er vielseitigen Kontakt zu den Fertigungsstätten erzgebirgischer

Volkskunstartikel. Als Erzgebirger mit Leib und Seele hatten es ihm die grimmigen, bärbeißigen Typen angetan. Diese wurden fast immer als Vertreter der Obrigkeit und deren Söldner dargestellt. So versammelten sich im Laufe der Jahre Könige, Gendarmen, Förster, Soldaten und Ritter. Stück für Stück wurde akribisch zusammengetragen und katalogisiert.Und so ist es nicht verwunderlich, daß der Platz im Wohnhaus von Vater und Sohn bald nicht mehr reichte. So kam es zu dem mutigen Entschluß, für die Nußknackerschar ein Museums zu gründen. Enge Kontakte zu Sammlern und Museen in Deutschland und den USA wurden geknüpft. So gedieh die Sammlung im Laufe der Jahre zur weltweit umfangreichsten Nußknackersammlung. Sie ist inzwischen auf über 5000 Exemplare aus über 30 Ländern angewachsen.

Das Museum hält mit dem Zehnmeterriesen nicht nur den Nußknacker-Größenrekord, es besitzt mit einem 4,9-Millimeter-Zwerg auch den kleinsten der Zunft. Hinzu kommen die größte Nußzange und die bereits genannte größte Spieldose der Welt.

Seit 1998 findet in Neuhausen jährlich das Nußknackerfest statt, und seit 2005 wurd die „Nußknackerkönigin" gewählt. So bereichert das Museum auch das erzgebirgische Brauchtum.

Dieser 5,47 m große Nußknacker war lange Jahre der größte seiner Zunft, bis er von seinem Bruder (folgende Seite) überholt wurde.

Die Nußknackerbalett-Spieldose – unten: der mit über 10 Metern Höhe größte Nußknacker der Welt

Der grimmige Nußbeißer

Blickt man hierzulande bei Gängen durch die Städte und Dörfer in die weihnachtlich geschmückten Fenster, so wird neben Engel, Bergmann oder Räuchermännchen auch der Nußknacker zu sehen sein. An seinem Äußeren ist es zu erkennen: Kein Untätelchen ist an ihm. Längst verlor er seine ursprüngliche Funktion, nämlich Nüsse zu knacken. Er ist zur Repräsentationsfigur geworden.

Die Ahnentafel des Nußknackers reicht weit zurück. 1650 wird er in einem Berchtesgadner Schriftstück „Nußbeißer" genannt. Kataloge des 17. Jahrhunderts der Oberammergauer Spielzeughersteller führen neben vielen anderen Dingen auch Nußbeißer auf. Zu Fasching 1783 wird der Nußknacker erstmals literarisch in einer Werbeschrift einer Maskenschlittenfahrt der Freisinger Studenten beschrieben. Auf dreißig Schlitten stellte man Berchtesgadener Spielzeuge dar. Unter der Nummer 25 heißt es: „Nußbeißer in Gestalt eines Männchens, dessen Maul und Bauch eins ist."

Als erzgebirgische Produkte werden Nußknacker aller Art mit Schrauben bereits 1745 für den Dresdner Markt genannt.Beim Schraubnussknacker wird die Nuß in eine Schale mit Deckel gelegt. Beim langsamen Zuschrauben wird die Nußschale zerstört. 1735 erwähnt ein Schneeberger Chronist erstmals das Wort „Nußbeißer". Dieser ist freilich noch weit entfernt von der heutigen Figur. Denn auch Karl August Engelhardt bietet ihn 1804 unter den nützlichen Geräten an, ohne jede figürliche Darstellung. In den Musterbüchern aus den Jahren 1840/50 fehlen Nußknacker ganz.

Erforderlich wurden sie in einer Zeit, als man den Weihnachtsbaum noch mit Äpfeln, Zuckerzeug, Lebkuchenfiguren und vergoldeten Nüssen schmückte. Putzte man den Baum ab, durften die Kinder die Nüsse knakken. Also wurden die harten Kollerchen auf die Tischplatte gelegt, und dann versetzte man ihnen ein Schlag mit dem Hammer. Das war eine, jedoch nicht die beste Möglichkeit, zum Inhalt der Nuß zu gelangen.

Zwei gelenkverbundene Hölzer schafften Abhilfe, um Nüsse zu knacken. Freilich konnte man sie auch mit den Zähnen aufbeißen. Schau in das Gesicht eines solchen Nußbeißers: Welche Verrenkungen, welche Grimassen! Die Kinder lachen sich bald schief über Vaters verzogenes Gesicht.

Kehren diese Grimassen nicht wieder im Gesicht, in den Grimassen des Nußknackers?

Der erste figürliche Nußknacker stammt vom Jahre 1735 aus Sonneberg in Thüringen. Sein Prinzip hat sich seither kaum verändert. Die in den Mund gelegte Nuß wird durch einen Hebelarm gegen den Oberkiefer gedrückt und dadurch gesprengt.

Verwandtschaftliche Beziehungen mögen zu den Oberammergauer Hampelmänner bestehen, den Röhner Wackelpuppen oder den Groteskfiguren aus dem Grödener Tal in Südtirol. Sie alle haben eines gemeinsam: den beweglichen Unterkiefer.

Die Nußknacker des 19. Jahrhunderts stellen Landsknechte, Soldaten, Mönche dar, später Gendarmen, Förster, Könige. In den Figuren äußert sich zunehmend die sozialkritische Haltung der Hersteller. Der Körper ist gedrungen, der Kopf ungewöhnlich dick, stabil genug zum Nüsseknacken. Dünne Säulen bilden die Beine. Die Arme sind seitlich angebracht. Der Rumpf endet mit dem Kurzrock, der bei Soldaten üblich war. Ein üppiger Bart verkleidet den beweglichen Unterkiefer. Die älteren Exemplare tragen eine kegelförmige Kopfbedeckung. Waffen, Zepter oder anderes Zubehör sollen den Vertreter der Obrigkeit kennzeichnen.

Besonderen Anteil an der Herausbildung des erzgebirgischen Nußknackers hatte die Seiffener Spielzeugmacherfamilie Füchtner. Gotthold Heinrich Füchtner (1766–1844) gehörte zu den Seiffener Holzdrechslern, die mit ihren Erzeugnissen den Dresdner Striezelmark besuchten. Wilhelm Heinrich Füchtner (1844–1923) war 1870 der Schöpfer des unverwechselbaren Nußknackerkönigs. Seine Form hat die Zeit überdauert. Kurt Füchtner, der Nachfolger, hat streng an Familientraditionen festgehalten und nach den Vorbildern des Großvaters produziert. Auch in anderen Seiffener Werkstätten werden Nußknacker hergestellt.

Nußknacker sind Beispiele einer angewandten funktionstüchtigen Kleinplastik. Formgefühl, Farbempfinden und hohes handwerkliches Können vereinigen sich in ihnen. Rund 150 Arbeitsgänge sind notwendig, bevor sich der Nußknacker in voller Schönheit auf dem Sims des Weihnachtsfensters zeigen kann.

oben:
Ein Räuber als Nußknacker
links unten:
Ein Gendarm als Nußknacker

Ein original erzgebirgischer Nußknacker ist zwischen 20 und 30 Zentimeter hoch. Die kleineren Exemplare sind zum Knacken von Haselnüssen, die größeren von Walnüssen vorgesehen. Doch gibt es auch überdimensional große. Sie haben bestenfalls Schauwert, stehen in Schaufenstern, öffentlichen Gebäuden oder vor Ausstellungen.

Inzwischen gibt es vielgestaltig Nußknacker. Nach wie vor gilt den traditionellen Typen der Vorzug. Auch davon gibt es eine Fülle von Formen und Mustern. Wer sie kennenlernen will, sollte eines der Museen im Erzgebirge oder im oberen Vogtland besuchen oder das Museum für Volkskunst in Dresden. Denn allesamt diese Einrichtungen halten stattliche Sammlungen bereit, die sie in ihren Sonderschauen während der Weihnachtszeit präsentieren.

Der Pflaumentoffel

In die Familie der erzgebirgischen Weihnachtsfiguren hat sich im Zeitverlauf neben Engel, Bergmann, Nußknacker und Räuchermann der Pflaumentoffel gestellt. Um es vorwegzunehmen: Ein richtiger Erzgebirger wurde er trotzdem nicht. Denn sein Geburtsort ist Dresden. Überlebensgroß, geformt aus Holz und riesig großen Pflaumen, erinnert er am Eingang des Striezelmarktes daran. Dort war sein erstes öffentliches Auftreten. Auf ihm erwarb er die Gunst der Marktbesucher. Bald war er über ganz Sachsen verbreitet. Besonders wohlgefühlt mag er sich im Erzgebirge haben, denn hier wurde er heimisch. Daran waren vielleicht die Händler schuld, die aus Dresden kamen und auf den erzgebirgischen Weihnachtsmärkten ihr Geschäft betrieben. Vielleicht hatten auch diejenigen daran Anteil, die einen solchen Gesellen vom Striezelmarkt als „Gahrmerich" mitbrachten und verschenkten. Vorausgesetzt, die Kinder aßen ihn vorher nicht auf.

Im Zeitverlauf wurde er im Erzgebirge eine „Hinstellfigur", wie die anderen auf der Schrankwand und dem Fensterbrett. Natürlich, so prächtig, wie diese auftraten, war er nicht, etwa mit roter Weste, lackglänzenden Stiefel, königlicher Kopfbedeckung. Schornsteinfeger sind nun einmal schwarz.

Für arme Familien war die Herstellung von Pflaumentoffeln ein kleines Zubrot in der Weihnachtszeit. Max Zeibig, um 1880 elf, zwölf Jahre alt, erzählt von einem Freund: „Sein Vater wohnte irgendwo fünf Treppen hoch und flickschusterte vom frühen Morgen bis zum späten Abend. Wenige Wochen vor Weihnachten saß seine Mutter mit den Geschwistern und machten aus Holzstäbchen und kleinen Ruten und getrockneten Pflaumen, darauf Schaumgold getupft wurde, sogenannte Pflaumenruprechte, die mein Freund dann in der Weihnachtswoche auf der Straße verkaufen mußte." Das Kinder die kleinen Gesellen verkauften, war nicht ungewöhnlich. Auf dem Striezelmarkt war es ihnen bis 21 Uhr gestattet. Es wird davon erzählt, daß sich Königin Carola, die Frau von König Albert, der Kinder erbarmte, Diener auf den Markt schickte, die ihnen alle Toffel abkauften.

Der etwa handgroße Pflaumentoffel besteht aus 11 bis 14 getrockneten Pflaumen (Backpflaumen). Sein Gerippe besteht aus Hölzchen. Auf diese sind die Pflaumen gesteckt, die nun die Hölzchen zu einem Gestell verbinden. Durch die dunkle Farbe der Früchte bietet es sich geradezu an, daraus einen Schornsteinfeger herzustellen. Damit er wie ein natürlicher Schornsteinfeger aussieht, wird als Kopf eine Papierkugel genommen, der man Augen, Nase und Mund anmalt. Dann bekommt die Figur einen Zylinderhut aus Papier auf den Kopf, ein Schultertuch und ein Leiterchen aus Pappe auf die Schulter.

Dresdner Pflaumentoffel

Man kann davon lesen, daß er den Jungen nachgestaltet sein soll, die früher in gefährlicher Weise das Innere eines Schornsteins ersteigen mußten, um mit ihren Körpern den Ruß von den Wänden zu streifen. An sich war dies häufig die Arbeit für untertage nicht mehr taugliche Bergleute. War aber der Schornstein zu eng, mußten es sieben- bis zehnjährige Knaben besorgen. Dazu gab es 1635 einen Beschluß von Kurfürst Johann Georg I., der erlaubte, dafür Jungen einspannen zu dürfen. Es kam auch vor, daß man ein Huhn in den Schornstein warf, das mit seinen angstvollen Flügelschlägen den Ruß von den Wänden löste.

Zu Weihnachten 1801 gab es erstmals in einer Dresdner Zeitung eine

Notiz über ein „Männlein aus Backpflaumen", die sogenannte Striezelkinder aus ihrem Bauchladen anboten.

Wird ein Pflaumentoffel als „Gahrmerich" mitgebracht, so will der Volksglaube wissen, daß damit das Glück ins Haus einkehrt. Der Schornsteinfeger gilt als Glückssymbol, vielleicht auch, weil in manchen Gegenden der Nikolaus durch den Kamin zu den Kindern kommt.

Die Geschichte vom kurzen Leben des schwarzen Friederich

Großvater hatte ihn dann doch gekauft, den letzten Pflaumentoffel, den die Frau von der Dresdner Zuckerbude warmherzig anbot. Sie hatte ihn in eine Tüte gesteckt aus braunem Packpapier und mir zum Naschen einen Malzbonbon in den Mund. Als es dämmerte, gingen wir heim. Ich durfte ihn tragen, den Pflaumentoffel.

Immer noch drängten Leute erwartungsvoll dem Markt entgegen. Damit wir uns nicht verlören, führte mich Großvater an der Hand. Mit der anderen hielt ich die Packpapiertüte weit vom Körper, damit ich den Toffelmann nicht anstieß und beschädigte. „Schwarzer Friederich soll er heißen", hatte ich zum Großvater gesagt. Der aber meinte, das sei schon ein recht eigenartiger Name, den er noch nie gehört hätte. „Wenn auch", mir gefiel schwarzer Friederich.

Großmutter stutzte auch, als sie den Namen hörte. Und während ich mir die Schuhbändel aufknotete, sagte Großvater: „Ja, ja, schwarzer Friederich..." Das machte Großmutter neugierig. Als sie den kleinen schwarzen Kerl aus der Tüte hob, war doch der rechte Arm eingeknickt. Großmütter wissen solche Schäden zu heilen! Nun sah er ganz so aus, wie der in der Jahrmarktsbude. Freilich, dort stand er zwischen lauter süßen Sachen, baumelnden Lebkuchenherzen und inmitten vom Ruch nach Pfefferkuchen, gebrannten Mandeln und Lampenkarbid.

Nun wollte ich, er solle zu seinen Ehren kommen, seinen Platz auf dem Fensterbrett erhalten, zwischen Hyazinthengläsern, Engel und Bergmann. Als er sich hineingedrängt hatte, sah er schon recht erbärmlich aus, der kleine schwarze Kerl mit dem winzigen Leiterlein. Was war er schon gegen den lackglänzenden Lichterbergmann und dem Gloriaengel! Das tat mir leid.

Bald mußte ich mich durch Großmutter belehren lassen, daß Pflaumentoffel nicht hingehören, wo sich das hochlöbliche Bergvolk trifft. Und ein richtiger Erzgebirger ist er auch nicht, der Pflaumentoffel von der Dresdner Budenfrau. Nun war auch mir so, als hätte sich ein Straßenjunge erfrecht, sich unter die Erwachsenen zu mischen.

Großmutter sah mir die Enttäuschung an. Wortlos räumte sie vom Wandbrett ein paar Teller fort, gerade so viele, daß der schwarze Friederich dort stehen konnte. Er bekam sogar ein Klöppeldeckchen untergelegt. Weil der Hintergrund von der Wand her schön blau war, sah er gar nicht mehr so schwarz aus. Auch viel größer kam er mir vor. Nun stand er auf dem Tellerbord und konnte alles sehen, was in der Stube geschah, den Christbaum in der Ecke und den Räuchermann auf dem Tisch, und auch den Kater, der durch die Stube schlich.

Als am Tag nach Hohneujahr das Weihnachtszeug aufgeräumt wurde, bekam auch der Pflaumentoffel seine Schachtel und durfte mit auf den Spitzboden. Ich war's zufrieden.

Schlimm war's aber dann doch. Denn als zur nächsten Weihnacht das Zeug vom Boden geholt wurde, die vielen Päckchen und Schachteln, war in der Verpackung meines schwarzen Friederichs nur noch das Gerippe: Eine Maus hatte sich durch die Verpackung genagt, war in das Innere vorgedrungen und hatte ihn aufgefressen. Großvater tröstete: Sicher gäbe es auch in diesem Jahr wieder Pflaumentoffel bei der warmherzigen Budenfrau. So war gewiß: Ich durfte wieder mit ihm zum Weihnachtsmarkt!

Vogtländische Moosmänner

Moosmänner aus dem Heimatmuseum Falkenstein – unten: von Markus List, Grünbach, geschnitzte, 8 cm große Moosmänner. Die Holzfiguren werden mit Holzleim bestrichen und mit zerkleinertem Moos beklebt.

Der vogtländische Lichtträger über die finsterste Zeit des Jahres hinweg ist der Moosmann oder das „Muestmännel", wie er in der heimischen Mundart heißt. Er gilt als der Vetter des erzgebirgischen Lichterbergmanns, der in der Weihnachtszeit dort an den Fenstern zu sehen ist. Wie das bei Vettern durchaus sein kann, stehen auch oft in Eintracht beieinander Bergmann und Moosmann. Oft ist auch noch ein Lichterengel dabei. Schließlich war das obere Vogtland einmal Bergbaugebiet mit eigenen Bergämtern da und dort, so in Falkenstein und Auerbach.

Der Moosmann ist freilich lange nicht so gravitätisch wie der sich seiner Würde bewußte Lichterbergmann, der sich oft lackglänzend und immer im Berghabit präsentiert. Ihn „Bergmännel" zu nennen, wäre unter seiner Würde. Der Moosmann ist auch nicht so berühmt und weithin verbreitet wie sein erzgebirgischer Vetter. An Alter werden sich beide nicht viel nehmen.

Dem vogtländischen Lichtträger haftet ein Ruch nach Wald an, nach Harz und Holzmacherfeuer. Denn direkt aus dem Wald kommt er in die vogtländischen Weihnachtsstuben. Er ist ein Ausdruck der Naturverbundenheit der Leute zwischen Falkenstein, Schöneck und dem Schneckenstein.

Hier lebten seit dem 12. Jahrhundert die Menschen im und mit dem Wald. Jede Furche Ackerland mußten sie ihm abverlangen. Fast ein Viertel aller vogtländischen Ortsnamen endet auf „grün" oder „reuth". „Der Wald hat Augen und Ohren", sagen die Menschen hier und verlegen ihre Sagen in seine tiefen Gründe.

Zwischen dem 1. Advent und Hohneujahr steht der Moosmann im Fenster der vogtländischen Weihnachtsstube. Die meisten Moosmänner sind auf die heutige Generation überkommen, ererbt, so wie man eine alte Truhe, ein Kaffeegeschirr oder eine goldene Uhr übernimmt und später einmal an die Kinder weitergibt. Denn bis weit in die zweite Hälfte des 19. Jahrhunderts hinein gehörte es zur Gepflogenheit der vogtländischen Familie, sich den Moosmann selbst herzustellen.

Das Kernstück des kleinen Mannes ist der „Bankert", ein einfaches Holzgerüst. Der aufgesetzte Rumpf gleicht einer Docke, an die man mit Leim und Stiften die Arme anbringt und die Beine einfügt. Sollten Hände und Füße nach etwas aussehen, ließ man sie von einem Schnitzer anfertigen, vielleicht auch den Kopf, wollte man sich nicht mit einem Puppenkopf aus Porzellan oder Zelluloid zufriedengeben.

Der Anzug des Moosmannes besteht aus dünner Pappe, auf der mit Leim Moos aufgeklebt ist. Man holt es aus dem nahen Fichtenwald und weiß recht gut herauszufinden, welches sich für diesen Zweck eignet. Nur die ganz Bequemen wollen sich's heute leicht machen, färben Sägespäne und täuschen Echtheit vor. Doch was soll ein Moosmann mit einem Sägespänekleid für einen Sinn haben?

Der Moosmann hält in der einen Hand die Tülle mit dem eingesteckten weißen oder roten Licht, in der anderen eine Rute. Ihrem Ursprung nach ist sie die Lebensrute. Man meint, wer damit berührt wird, dem strömen Lebenskräfte zu, die in dieser Rute verborgen sind. Moosmänner kamen bis ins Erzgebirge. Ein Schneeberger Moosmann stellt Knecht Ruprecht dar, mit Sack, Rute und Stallaterne. Seit langer Zeit gibt es auch geschnitzte Moosmänner. Besonders aus Falkenstein kommen solche. Hier fertigen die Schnitzer den ganzen Körper aus Holz und vermögen ihm dadurch die ursprüngliche Steifheit zu nehmen.

Wann die ersten Moosmänner als Lichtträger in die vogtländischen Weihnachtsstuben kamen, ist nicht sicher bestimmbar. Sie wurden einem volkstümlichen Waldgeist nachgebildet. Aus einer Nachricht aus dem Jahre 1780 wissen wir, daß sich zum Georgiusfest in einer vogtländischen Stadt die Schüler der oberen Klassen, als Moosmänner verkleidet, ihre Heischegänge machten, dabei waren „Gesichtsmaske sowie die weißen Hemden der Moosmänner über und über mit Moos benäht".

Der früheste Beleg von einem Moosmann als Lichtträger stammt aus Falkenstein. Hier schrieb um 1840 Friedrich Eimert ein langes Gedicht. In diesem beklagt sich der Moosmann selbst, daß er zwei Jahre lang unbeachtet auf dem Boden unter dem Dach zubringen mußte, und das in Gesellschaft von allerhand Ungeziefer. Auch sonst weiß er zu klagen, wie wenig Achtung ihm bei den Leuten zukommt.

Eine andere Nachricht ist Ernst Köhler, dem Gründer des Erzgebirgsvereins, zu verdanken. Er schreibt 1867: „... sie verfertigten in Reichenbach Moosmänner, um sie am Christmarkt feilzubieten." Und er fügt hinzu: „Diese Moosmänner sind vielleicht ein Überrest der Sage von den Moosleuten, Männlein und Weiblein, um und um mit Moos bekleidet, die von den wilden Jägern nachmittags und nachts gejagt werden und nur auf Stämmen Ruhe finden, in welche beim Fällen drei Kreuze gehauen waren."

Der Grünbacher Schnitzverein bei einem Schauschnitzen von Moosmännchen 2002 in Pobershau – unten: der über 2,50 m große Moosmann, 1997 von den Grünbacher Schnitzern geschaffen, wird jedes Jahr in der Winterzeit im Zentrum von Grünbach aufgestellt. Zu den Tagen der Sachsen wurde er in Plauen, Zwickau und Reichenbach gezeigt.

9. KAPITEL

Weihnachtsbäckerei

Stollenrapport

In der Vorweihnachtszeit bleibt den Männern das Schnitzen und Basteln, den Frauen das Kochen und Backen! Was wäre hierzulande eine Weihnacht ohne Lichtträger, Krippen, Pyramiden? Was wäre sie, fehlten all die guten Sachen für Zunge und Magen: Lebkuchen, Stollen und speziell im Erzgebirge der duftende Kartoffelkuchen!

Bald sind ganze Heerscharen dazu aufgerufen, herauszufinden, wo der beste Weihnachtsstollen gebacken wird. Und so streiten die Erzgebirger mit den Vogtländern, diese wieder mit den Thüringern und beide zusammen mit den Bäckern von Dresden, die über dieses Tun erhaben sind. Eines ist allen Stollen eigen, getreu dem Leitspruch: „Aus nischt werd nischt!", allesamt sind sie ausgesprochene Kalorienbomben.

Früher gingen zeitlich dem Kartoffelkuchen und Weihnachtsstollen die Zopfstollen und Niklaszöpfe voran. In Rittersgrün und Tellerhäuser kauften sie die Leute beim Bäcker, in Grünhain gab es statt ihrer Pfefferkuchen. Freilich bleiben sie gegen den Stollen im Hintergrund, denn die Niklaszöpfe sind lediglich aus Mehl, Milch, Salz und Treibmittel gebacken. Kommt es hoch, erhalten sie eine Zuckerglasur. Sie wollten ja auch nicht mehr sein als Vorboten guter Tage. Wer sie in der Untertasse mit Kaffee übergoß, konnte sie aufgeweicht noch nach Tagen essen.

Max Schmerler, der Vogtländer, dichtet:

> Doch dös alles su is gange,
> hot mit'n Stollnbacken agefange;
> uhne Stolln gibbt's kaa Weihnachten,
> wie's kaa Worscht gibbt uhne Schlachten.

Vom Stollen ist erstmals 1329 die Rede. Damals erteilte der Bischof Heinrich von Naumburg den ortsansässigen Bäckern ein Innungsprivileg. In ihm hieß es, daß ihm und seinen Nachfolgern am Christabend zwei lange Weizenbrote, Stollen genannt, zu entrichten sind. In Sachsen soll der erste Stollen 1434 gebacken worden sein, Weihnachtsstriezel genannt. Dieser könnte sozusagen als der sächsische Urstollen gelten. In einem Rezeptbuch von 1472 werden Mehl, Hefe, Wasser und Gänseschmalz zum Bestreichen genannt.

Um 1491 erklärte der Papst den Stollen für zinspflichtig. Für den Bau des Freiberger Domes war beim jährlichen Stollenbacken der 20. Teil von einem Golddukaten abzuliefern. Es gab auch einen päpstlichen Erlaß, danach durfte zum Stollen nur Öl statt Butter verwendet werden. Weil dies hierzulande nicht erfüllt werden konnte, wurden der sächsische Kurfürst und sein Bruder Albert beim Papst vorstellig. „Sintemalen nun", antwortete dieser, „daß in euren Landen keine Oelbäume wachsen und daß man des Oeles nicht genug und nur stinkend habe, sind wir geneigt, zu bewilligen, daß eure Weiber, Söhne und Töchter und alle eure wahren Diener und Hausgesind der Butter anstatt des Oeles ziemlich gebrauchen mögen."

Eine andere Nachricht über frühe Stollen in Sachsen stammt aus dem Jahre 1501. Ein Lunzenauer Müller wurde vom Pfarrer verpflichtet, zum Weihnachtsfest mit Stollen zu zinsen. Aus dem Jahre 1506 erfahren wir von Weihnachtsstollen aus Plauen. Im Erbbuch der Rittergutsherrschaft Thurm wird 1519 Stollen als beliebtes Weihnachtsgebäck genannt. Und im „Handelsbuch des Klosters Posaw" aus dem Jahre 1530 ist zu lesen, daß die Mönche jedes Jahr „uff weihnachten einen Christstollen, zweier groschen wirdig, und zweene kophan (Kapaune)" erbringen mußten. Aus Schwarzenberg ist verbrieft, daß der ab 1534 am 4. Advent abgehaltene Krammarkt Stollenmarkt hieß.

Bereits im 16. Jahrhundert brachten unsere Leute Mehl zum Bäcker, um daraus „allerlei Flecken um Lohn" backen zu lassen, vor allem „allerhand Kuchen in Butter und Schmalz". Durch den Pfarrer Thomas Winzer erfahren wir, daß es 1571 in Wolkenstein üblich war, zu Festzeiten Stollen zu backen. Und Gregor Stigenicius bekundet in seiner Neujahrspredigt 1593: „Auf Weihnachten gefallen die Christstriezel und großen Wecken."

Der Begriff „Christbrot" wird 1474 urkundlich erstmals gebraucht, und 25 Jahre später kommt dafür auch der Begriff „Strutzelwahen" ins Gespräch. Die Dresdner hatten im 15. Jahrhundert dieses Weihnachtsgebäck ins Herz geschlossen. Um 1560 hat der „regierende burgermeister inn weynachtsfeiertagen nach altem gebruch dy herrn inn dy strützel zcu laden und eynn abentcollation impensis senatus zcu geben pflegt". Später, ab 1617, bekamen die Ratsherrn für die bis dahin gelieferten Strietzel ein Strietzelgeld von einem Reichstaler.

Einem Siebenlehner Bäcker wurden für die Lieferung von 43 Strietzeln für die Ratsherrn 13 Gulden und 15 Groschen bezahlt. Übrigens: Bis in neuerer Zeit schenkten die Bäcker von Dresden jedes Jahr dem König einen 36 Pfund schweren Stollen.

Um 1978 verzehrte im Bezirk Karl-Marx-Stadt (heute Regierungsbezirk Chemnitz) jeder Bürger zwei dreipfündige Weihnachtsstollen. Aus den etwa 4600 Tonnen Teig buken die Bäcker oder die Leute daheim 3 600 000 Stollen. Fürwahr eine stattliche Menge! Das wird heute nicht anders sein.

Die meisten Erzgebirger kaufen heute ihren Weihnachtsstollen beim Bäcker oder in der Kaufhalle. Dabei achten sie schon darauf, daß sie aus heimischen Backstuben stammen. Großbäckereien bedienen sich altüberlieferter Rezepte und können es durchaus mit hausgebackenen Stollen aufnehmen. Nach Qualität und Preis weiß man wohl zu unterscheiden zwischen „Kaffeestollen", „Erzgebirgischem Weihnachtsstollen", „Butterstollen", „Rosinen-, Mandel- oder Marzipanstollen". Gelegentlich taucht auch ein Einpendler auf, der „Dresdener Christstollen".

Traditionsbewußte Erzgebirger schneiden ihren Stollen erst am Weihnachtsmorgen an, unmittelbar nach der Rückkehr von der Christmette. Allzu viele mag es davon freilich nicht mehr geben. Die meisten Stollen werden Wochen vorher gekauft, allerdings, und daran halten sich die meisten, nicht vor dem 1. Advent angeschnitten.

Vor Jahren zählte das Stollenbacken zu den wichtigen Vorbereitungen auf das Weihnachtsfest. Stollen mußte auf den Tisch, und hätte man sich die Zutaten dafür geborgt. Nur selten gab es bei armen Leuten als Ersatz die in der Ofenröhre gebackenen Hefeklöße.

Bald nach dem ersten Schnee meldeten die Frauen beim Bäcker das Stollenbacken an. Täglich durften zehn, zwölf, fünfzehn backen, mehr gab der Ofen nicht her. Denn Brot und Semmeln mußten auch sein! Daheim wurden alle Zutaten vorbereitet. Mit Töpfen, Krügen und Schüsseln auf einem Schlitten oder Wagen geladen, suchten sie den Bäcker auf. Man kann sich den Trubel nicht vorstellen, der in einer solchen Backstube herrschte. Was mußten die Bäcker alles im Kopf haben, um am Ende zu wissen, welche Zutaten diesem und welche jenem Part gehörten, wem die blaue Schüssel oder der weiße Topf.

In den Familien gelten überlieferte Rezepte. Nur danach wird ein „richtiger" Weihnachtsstollen! Und es ist ein großer Vertrauensbeweis, wenn sie von der Hausmutter an die Schwiegertochter weitergegeben werden. An Zutaten gibt es genügend: Mehl, Butterschmalz, Zucker, Salz, Milch, Treibmittel, Zitronat, gehackte Mandeln und Rosinen. Nicht nur darauf kommt es an, auch auf das Verhältnis zueinander. Da gibt es Familien, die wollen dies und jenes nicht. Alles in der Welt nur keine Rosinen, dafür viel abgeriebene Zitronenschale oder einen Becher Rum in den Teig.

Anschnitt eines Riesenstollens bei der Eröffnung
des Marienberger Weihnachtsmarktes

Bäckerfamilie mit Weihnachtsstollen. Schnitzarbeit von Friedrich Schelter, Königswalde, aufgestellt in der Bergkirche St. Marien in Annaberg

Ehemals waren sie sich alle einig: Fett allein tut's nicht! „Of fünf Pfund e Pfund!" war Großmutters alte Regel, und das hieß, für 2 ½ Kilogramm Mehl bedarf es ½ Kilogramm Butterschmalz. Mit einem solchen Stollen kann man heute niemand mehr begeistern! Allerdings verursachten sie auch keine Gallenbeschwerden.

Für jede Part gab es eine Backmulde. Und waren deren Zutaten alle durcheinandergemischt, der Teig geknetet, einzelne Stollen gewogen und geformt, bekamen sie ihr Stollenzeichen. Jede Familie hatte ihr eigenes, aus Span- oder Rundholz geschnitten, beschnitzt, bemalt, gebrannt, vielleicht auch aus weißem Blech mit eingeprägtem Monogramm. Oberflächlich hergestellte fanden sich darunter, aber auch kleine Kunstwerke. Unser Bäcker sagte: „Das Stollenzeichen ist das Familienwappen der kleinen Leute!"

Die Bäcker mögen diejenigen, die maßvoll backen, nur die nicht, die es mit dem Fett zu gut meinen. Werden die zu mageren fast schwarz vor Hitze, bleiben die „Fettwänster" flach wie ein Brett. Und der Knatsch ist fertig! Denn wer will fast verbrannten oder schliff gebackenen Stollen haben?

Hierzulande wird die erzgebirgisch-vogtländische Form gebacken, beiderseits flach abfallend und über die Oberfläche hinweg gefurcht. Man sieht in der Form das in Windeln gewickelte Kindlein. Deshalb nannten manche ihre Stollen auch „königliche Kindlein", in ein Tuch geschlagen und mit der Falte auf der Oberseite. Andere wollten im Weihnachtsstollen sogar die Nachbildung eines Schweinebauchs sehen. Bei ärmeren Leute, die sich kein Schwein halten konnten, habe er als Ersatz dafür gedient.

Ein paar Stunden war dann Ruhe im Bäckerhaus, die Zeit des Backvorgangs. Nach jedem „Schoß" mehrten sich in den Regalen, auf Brettern, Treppenstufen, im Hausflur, die fertiggebackenen Stollen. Die mit gleichem Zeichen rückten eng aneinander. Manche Familien hatten zehn, zwölf und mehr „Dreipfünder", dazu noch ein, zwei Kartoffelkuchen und ein paar „Bornkinneln", kleine Stollen, für die Kinder gedacht. In den frühen Abendstunden kamen die Familien herzu, Mutter, Vater, im Gefolge Kinder und Schwiegersöhne. Auf Holzbrettern trugen sie das duftende Weihnachtsgebäck nach Hause. Nur die es weit hatten, oben am Hang wohnten, brachten Schlitten oder Wagen mit.

Indessen sich die Familie den Kartoffelkuchen schmecken ließ, machte die Mutter die Stollen „familiengerecht", bestrich sie mit Butter, streute Zucker darüber oder Puderzucker, viel oder wenig, ganz so, wie es Familientradition war. In besonderen Truhen, mit einschiebbaren Leisten versehen, den „Stollenkisten", bewahrte man sie auf. Die Truhe brachte man, wie anderswo einen Kammerwagen, mit in die Ehe. Häufig wurden die Stollen lediglich mit einem Leinentuch bedeckt und unter das Bett geschoben.

Übrigens: Am besten schmeckt der Stollen, wenn er mindestens acht bis vierzehn Tage lagert. Mancher Stollen geht auf Wanderschaft, oft bis Übersee. Seit Jahr und Tag ist es üblich, als Weihnachtsgruß einen Stollen zu versenden, nicht irgendeinen, sondern einen original erzgebirgischen!

Mutters Weihnachtsgeheimnis

In der Küche hing ein Regal an der Wand. Auf dem oberen Brett stand eine Reihe größerer Dosen. „Zucker" stand in verwischter Goldschrift auf einer, auf einer anderen „Sago", „Reis", „Salz". Allerdings war nichts davon in den Dosen, was darauf stand. Mutter bewahrte darin Knöpfe auf, übriggebliebene Räucherkerzen, in einem Schächtelchen Reißzwecken, Gummiband und Sicherheitsnadeln. Auch in den kleineren Dosen in der unteren Reihe war nicht drin, was auf ihnen stand, weder Zimt, Pfeffer noch Kümmel.

Längst hatte ich herausgefunden, daß sie in die Büchse, die eigentlich für Grieß vorgesehen war, ein paar Pfennige zählte. Als ich sie eines Tages dabei entdeckte, war sie verlegen, sagte aber nichts. An einem Nachmittag, als sie außer Haus war, schüttete ich das Geld auf den Tisch. Vielleicht kamen zwei Mark zusammen, vielleicht auch weniger. Ich habe es vergessen. Wenn ich auch nicht wußte, was sie damit anfangen wollte, ahnte ich es. Denn wir schrieben Anfang Dezember, und die Leute redeten vom Stollenbacken.

Über Nacht hatte es gefroren und geschneit. Am Morgen kam Mutter vom Brotholen zurück, schüttelte sich den Schnee vom Mantel und sagte, sie hätte sich den Backtermin geholt.

Sie ließ es sich nicht nehmen, ein paar Stollen zu backen. Nicht zuletzt meinet- und der Leute wegen. Sie wollte nicht für arm gelten und nicht denen zugehören, die sich ihrer wirtschaftlichen Lage wegen keine Stollen leisten konnten, nicht, wie im Jahr zuvor, ohne Stollen sein.

Am 14. Dezember durften wir backen! Tags zuvor machte sie die Backzutaten zurecht. Vater saß beim Ofen und schnitzte Stollenzeichen aus Spänen des Anbrennholzes. Milch, Butterschmalz, Zucker. Auf fünf Pfund Mehl ein Pfund Butterschmalz! Das eine in diesem Topf, das andere in jenem. Morgens zeitig, noch bevor ich zur Schule ging, packte sie alles in den Wäschekorb und belud damit den Schlitten.

Wir hatten im Ort nur einen Bäcker. Und wer Weihnachten Stollen haben wollte, brachte ihm die Zutaten. Er wirkte daraus einen Teig. Steckte das Stollenzeichen hinein und schob das vorgeformte Gebäck in den Ofen.

Ich saß unruhig in der Schulbank, dachte immer wieder an unsere Stollen. Doch erst am Abend durften wir sie holen. Mutter hatte sich eine frischgestärkte Schürze umgebunden, eine Jacke übergestreift, mir die Zipfelmütze aufgesetzt und das Kuchenbrett unter den Arm geklemmt.

War das ein Durcheinander im Bäckerhaus, in der Backstube, im Treppenhaus! Jede der Frauen, es mögen mehr als zehn gewesen sein, suchten die Stollen, die mit ihrem Stollenzeichen versehen waren. Der Bäcker hatte Streit. Eine Frau hatte zu gut gebacken. Ihre Stollen waren des Fettes wegen nicht gegangen, sitzen geblieben. Mutter ließ sich von der Hektik nicht anstecken. Dank Vaters Stollenzeichen hatte sie bald unseren Kartoffelkuchen entdeckt und auch die drei Stollen.

„Nein, erst die Stollen!" kommandierte sie, als ich mich für den Kuchen interessierte. Sie lud mir einen der Vierpfünder auf das Kuchenbrett, deckte ihn mit einem Tuch zu und schickte mich nach Hause. Auch sie ging mit, hinter mir, obachtgebend, daß ich nicht schlappmachte oder den Stollen vom Brett rutschen ließ. Mutter war abergläubisch: Zerbrochene Stollen bringen Unglück. Auf einem Mauervorsprung setzten wir ab, ruhten einen Augenblick und brachten dann unsere Stollen heim.

Wir gingen ein zweites Mal. Nun war es ruhiger geworden im Bäckerhaus. Der Bäcker hockte auf einem Mehlsack an der Wand und war eingenickt. Wir waren leise, schließlich hatte er einen schweren Tag hinter sich.

Als wir mit dem zweiten Schub heimkamen – diesmal war der Kartoffelkuchen dabei –, hatte Vater Kaffee gekocht. Die Kälte, der frische Duft nach Kuchen hatten Appetit gemacht. Als wir am Tisch saßen, sagte Mutter lachend zu mir: „Neigier. Nu waßt de, worüm ich gespart hob." Und der Vater darauf, der einen Streifen Kartoffelkuchen eintitschte: „Stollen muß sei un aah net..." Wenn Vater auch keinen Stollen mochte, und schon gar nicht, wenn Rosinen darin waren, die popelte er mit dem Messer heraus und legte sie auf die Untertasse wie gestorbene Fliegen, ein Weihnachtsmuffel war er deswegen nicht.

Weihnachtsstollen

2,5 kg Mehl, 1 kg Butterschmalz oder Schmer, 200 g Zucker, 250 g Rosinen, 200 g süße und 10 g bittere Mandeln, 250 g Zitronat; ½ l Milch, 100 g Hefe und 1 Prise Salz.

Das Mehl in eine große Schüssel sieben. In der Mitte des Mehls das Hefestöckchen mit der lauwarmen Milch ansetzen. Eine Stunde lang gehenlassen, danach alle anderen Zutaten dazugeben und zu einem festen Teig kneten. Nun nochmals mit einem Tuch bedecken und eine Stunde lang gehenlassen. Danach wieder durchkneten. Aus dem Teig einen Stollen formen, auch diesen ½ Stunde am warmen Platz, mit einem Tuch bedeckt, gehenlassen. Den Backofen vorheizen und den Stollen bei guter Mittelhitze etwa eine Stunde backen. Das Gebäck soll eine schöne mittelbraune Farbe haben. In einer Stollenkiste wird es für die Weihnachtstage aufbewahrt. Vor dem Verzehr mit zerlassener Butter bestreichen und mit Staubzucker oder Zucker bestreuen.

Aardäppelkuchn

500 g feines Mehl, 50 g Hefe, einen Teller gekochte Kartoffeln, 3 Eier, 125 g Butter, 2 Esslöffel Zucker, etwas Salz, Zimt und Wasser.

Man läßt die Hefe in 3 Eßlöffel lauwarmen Wasser zergehen, rührt das Mehl an und stellt das Hefestück an einen warmen Ofen, damit es aufgehen kann. Danach mengt man die gekochten, geriebenen Kartoffeln, die Eier und 2 Eßlöffel Zucker darunter. Nun wird der Teig tüchtig geknetet und auf einem vorgewärmten Backblech fingerdick ausgerollt. Man stippt ihn mit einer Gabel, gießt die zerlassene Butter darüber, streut Zucker und Zimt darauf und besprengt ihn nochmals mit zerlassener Butter. Bei gleichmäßiger Hitze soll der Kuchen etwa 30 Minuten backen. – Lassen Hausmütter den Teig ihrer Weihnachtsstollen beim Bäcker ausbacken, wird ein Teil des Teiges abgezweigt, um daraus Stollenkuchen oder unter Beimengung von Kartoffeln Kartoffelkuchen zu backen, der frisch verzehrt wird, gewissermaßen als Vorgeschmack auf das Weihnachtsgebäck.

Erdäpfelkuchen zu backen nimmt man Weizen-, Gersten- oder ander gutes Mehl, nur kein Kornmehl, kochet die Erdäpfel ordentlich, wie gewöhnlich, weich, schälet sie, und läßt sie kalt werden, reibt sie auf einem Reibeisen klar, und rühret sie unter das Mehl mit Wasser oder Milch ein, schlägt etliche Eier daran, salzet es erforderlich und formieret mit dem Wälgerholz Kuchen in beliebiger Größe daraus, schiebet sie in eine heisse Röhre oder Bakofen, und läßt sie hübsch rösch baken. Kommen sie aus demselben, so überstreicht man sie sogleich mit Butter oder Spek und isset sie warm.

Johann Adam Jakob (1770)

Pfefferkuchen, die „schleckhaftig Speis"

Haben hierzulande Lebkuchen, allgemein „Pfefferkuchen" genannt, über das Jahr hinweg eine untergeordnete Bedeutung, so rücken sie in der kalten Jahreszeit in den Vordergrund. Bereits die alten Ägypter, Römer, Griechen kannten Lebkuchen, deren Teig sie mit Honig, Sirup oder Zucker zu süßen wußten. In Tonmodeln formten sie ihn aus und versahen ihn mit allerlei Zierrat. Die Bezeichnung „Lebkuchen" wird abgeleitet vom lateinischen libum, was soviel wie Fladen oder flacher Laib heißt.

Wie alt die Lebkuchen bei uns sind, ist nicht sicher festzustellen. Auf alle Fälle wußte man sie bereits im frühen Mittelalter in den Klosterküchen zu backen. Im 11. Jahrhundert bereiteten die Insassen des Klosters Tegernsee in einer Backstube diese Gewürzküchlein. Um das 14. Jahrhundert sollen es fränkische Patres gewesen sein, die erste Lebkuchen auf das Backblech brachten. In Ryffs „Spiegel der Gesundheit" aus dem Jahre 1574 werden sie eine „schleckhaftig Speis" genannt. Anfangs brachten die Lebküchler ihren Teig zum Bäcker, um ihn in dessen Ofen auszubacken. Dies wurde in einer Nürnberger Lebkuchenverordnung von 1629 untersagt. Darin heißt es: „Jeder Lebküchler soll seinen eigenen Rauch haben", was soviel heißt wie seinen eigenen Ofen und seine Backstube.

Der bei uns zumeist gebrauchte Name „Pfefferkuchen" stammt aus dem Hochmittelalter, aus der Zeit, als der Gewürzhandel mit dem Orient einsetzte. Damals nannte man alle fremdländischen Gewürze Pfeffer. So bekamen die Gewürzkuchen ihren Namen „Pfefferkuchen". In alten Hausbüchern heißt es, man solle dafür siebenerlei Gewürze verwenden. Denn im

Mittelalter galt die Sieben als Ausdruck höchster Vollkommenheit: Gott schuf Himmel und Erde, von Sonntag zu Sonntag, in sieben Tagen, um jeden Tag seine besondere Würze zu geben, deshalb die Siebenzahl.

Auch sonst maßen unsere Vorfahren den einzelnen Zutaten ihre besondere Bedeutung zu. So sahen sie in den Mandeln das Sinnbild von Gottes Wort. Sie meinten, Mohn- und Hirsekörner verhießen neues Leben und Glück, der bunte Streuzucker versinnbildliche die Gnadenfülle. Der Volksglaube wollte auch wissen, daß einer Bäuerin, der beim Backen die Pfefferkuchen mißlangen, ein früher Tod bevorstände. Hörte sie aus dem Teig oder während des Backvorgangs Weinen oder Beten, werde sie ebenfalls bald sterben, hörte sie Singen und Pfeifen, bleibe sie gesund und gehe glücklichen Zeiten entgegen.

Seit dem 16. Jahrhundert benutzten die Lebküchler geschnitzte Holzmodel, von Siegelgrabern, Modellstechern oder Bäckern selbst hergestellt. Der Teig wurde vor dem Backen fest in das Model gedrückt und bekam dadurch sein besonderes Aussehen. Neben religiösen und volkstümlichen Motiven, gab es auch derb drastische und humorvolle Darstellungen.

Im Verlauf der Geschichte haben sich ausgesprochene Lebkuchenorte herausgebildet, wie Basel, Aachen und hierzulande Weißenberg und Pulsnitz. Der berühmteste Ort blieb bis heute Nürnberg, im Mittelalter gern „Biengarten" genannt. Denn die Stadt hatte in ihrem Weichbild nicht weniger als 27 Zeidlerdörfer, also von Imkern bewohnte Dörfer.

Die Weißenberger und Pulsnitzer Pfefferkuchenbäcker halten an ihren seit dem 17. Jahrhundert bestehenden Traditionen fest. Hier bäckt man noch heute die meisten Lebkuchen in Handwerksbetrieben. Jedoch gibt es auch einen Betrieb, die Pulsnitzer Lebkuchen GmbH, der täglich 3 bis 5 Tonnen Lebkuchen in sieben Sorten herstellt.

In vielen Urkunden der Lebkuchenorte wird die Tätigkeit und der Umfang der seit 1643 zünftigen Lebzeltner genau festgelegt. Schlossen sich anfangs die Lebküchler den Bäckerzünften an, so bildeten sich seit der Mitte des 15. Jahrhunderts Lebzelterzünfte mit eigenen Ordnungen. So wird in einer 1645 veröffentlichten „Lebküchner-Ordnung" den Gesellen auferlegt, in der Öffentlichkeit nicht zu fluchen, zu raufen oder zu saufen. Schon in dieser Zeit gehörten Lebküchler „mit eigenem Rauch" zu den angesehensten Bürgern der Stadt.

Die Lebküchler versenden ihre Erzeugnisse in alle Welt. Und was wäre ein Christmarkt, ohne die Stände mit all den guten Dingen! Da gibt es Pflastersteine, Honigkuchen, Zimtsterne, Luisenkuchen, Printen, Pumpernickel, und Pfeffernüsse. Seit Mitte des 19. Jahrhunderts gibt es von Schokolade überzogene und nach 1808 auch solche mit Oblaten, die an „hostia oblata" erinnern, dem geweihten Meßopfer. Sie werden in der Lebkuchenbäckerei als Adelsprädikat angesehen, für gehobenes Backwerk, dem Naschwerk der Edlen und Noblen. Es gibt auch Pfefferkuchen mit „Devisen", bunten Papieraufklebern, mit bunten Bildchen oder lustigen Sprüchlein. Bei mancher Angebeteten kann man auf ihrem umgehängten Pfefferkuchenherzen lesen: „In meiner Stube rußt der Ofen, in meinem Herzen ruhst nur du!" Vielleicht auch „Bleib mir 3, 4 und 4!", „Erst lerne der Kartoffel Kochzeit/ dann denke an die Hochzeit" oder „Ein süßer Mandelkern steckt in dem Herzen hier/ doch süßer als der Mandelkern ist meine Lieb zu Dir". Besonders beliebt sind bei Kindern die Pfefferkuchenhäuschen.

Pfefferkuchen

500 g Mehl, 250 g Zucker, 2 Eier, 2 Eßlöffel Honig, etwas Rum, Pfefferkuchengewürz, Speisesoda, eine Prise Salz.

Das gesiebte Mehl, den Zucker, das Speisesoda und Pfefferkuchengewürz miteinander vermengen. Das Gemenge auf einem Nudelbrett mit dem zerlassenen lauwarmen Honig und den anderen Zutaten angemengt zu einem festen Teig kneten. Ihn läßt man über Nacht stehen und rollt ihn dann zu einer dicken Platte aus. Mit dem Deckel eines Kruges entsprechende Scheiben ausstechen und bei mittlerer Hitze etwa 20 Minuten backen lassen. Gesiebten Staubzucker mit Wasser zu einem dickflüssigen Brei anrühren, mit ihm die Pfefferkuchen bestreichen oder verzieren. In einem Steinguttopf aufbewahrt, hält sich der Pfefferkuchen über Monate.

Von Großmutters berühmten Weihnachtsplätzchen

Es ginge geradezu gegen Großmutters Ehre, ließe sie Pfefferkuchen vom Weihnachtsmarkt mitbringen. Und wenn schon, dann aber nur, um sie mit den ihrigen zu vergleichen. Ihre Devise war: „När faule Weiber kaafen Pfafferkuchn!" Dabei buk sie gar keine richtigen Pfefferkuchen, sondern Plätzle, wie sie sagte. Die hätte allerdings kein Lebküchler besser fertiggebracht. Und sie buk davon so viele, daß sie hätte Supermärkte beliefern können. Auf alle Fälle versorgte sie die ganze Verwandtschaft, auch die, die außerhalb wohnte, in Regensburg, Finsterwalde und Ebersbach. Selbst die Berliner Olga, die Schwester vom Großvater, bekam Plätzle „aus dr Haamit". Wer Großmutter etwas besorgte, vielleicht frische Brötchen vom Bäcker, Arznei von der Apotheke oder ihr einen Brief in den Kasten warf, bekam seine Tüte Plätzchen. Die Hausleute sammelten übers Jahr hinweg für sie Plastetüten. Manche bekam der Geber zurück, zurück mit Plätzle.

Noch bevor das Mitbringsel, der „Gahrmerich", ausgepackt war, wußte Großmutter an den gekauften Pfefferkuchen allerhand auszusetzen. Das war jedes Jahr so, und diesmal nicht anders. Die einen waren zu hart, andere klebten zwischen den Zähnen wie Fliegenleim und an anderen störte sie der Nelken- oder Zimtgeschmack. Sie schwor auf das eigene, von ihr geheim gehaltene Rezept.

War der erste Advent erreicht, fragten die Enkelkinder: „Wann waarn dä endlich Plätzle gebacken?" Großmutter schmunzelte. Sie hatte schon längst den Teig fertig. Pfefferkuchenteig muß ruhen.

Dann kam der Tag, vielleicht noch in der ersten Adventswoche, da zog sie die Schüssel unterm Bett hervor und stellte sie auf den Tisch. Die Enkel waren enttäuscht ob der klebrigen Masse darin. Großmutter streifte die Ärmel zurück und knetete mit beiden Händen den Teig, und das so lange, bis er geschmeidig war und sie ins Schwitzen kam. Vielleicht lag es auch an der vorgeheizten Backröhre.

Faustgroße Stücke schnitt sie von der Rolle, die sie aus dem Teig geformt hatte. Als sie mit dem Nudelholz daraus große Platten walzte, daß man meinte, es sei Schuhleder, schlug der Kinder Herz höher. Die Großmutter legte blecherne Ausstechformen auf den Tisch, die sie „Firmer" nannte, und eine

Tüte „Liebesperle". Mit den kleinen bunten Zuckerkügelchen sollten die Kinder das Backwerk bestreuen.

Was gab's bloß für Ausstechformen! Da war eine Glocke, ein Herz, ein Stern. Welch ein Jubel! Sie reckten das Blechzeug in die Höhe und riefen: „Da eine Rosette", „einen Halbmond", „einen Taler!", als wollten sie das Blechzeug verkaufen.

„Händewaschen!" befahl die Großmutter. Das Ausstechen konnte beginnen. Längst hatte jedes Kind die Firmer zusammengerafft, mit denen sie den Plätzchen Aussehen geben wollten. Um den einen oder anderen Ausstecher stritten sie, wollten beide die Sterne ausstechen oder die Halbmonde. Da mischte sich Großmutter ein, und es war Ruhe.

Großmutter brauchte nichts zu zeigen. Die Kinder kannten ihr Tun noch vom vorigen Jahr, war nur erst das erste Backblech voller Ausstechware! Danach ging es geschwind, wie in einer Bäckerei. Kam das eine Backblech aus der Röhre, war das nächste fertig.

Es ist müßig, den Geruch zu loben. Wer mochte ihn nicht, den schmeichelhaften, der heimlich durch die Wohnung zog! Der Hitze wegen war die Stubentür geöffnet. So verteilte er sich über das ganze Treppenhaus. Und nicht nur das. Er war auch durch Ritzen, Spalten, Schlüsselloch hinausgedrungen in die Winterwelt. Die Briefträgerin hob die Nase und fragte, als sie die Post hereinreichte: „Ihr backt wuhl Plätzle?" Und sie wußte, daß sie bald mit einer „Kostprob" beehrt würde.

Als Großmutter das letzte Blech aus dem Ofen zog, war der Berg der würzigen Plätzchen so groß, daß er fast nicht auf den Tisch paßte. Obwohl die Kinder immer einmal vom Teig und Backwerk genascht hatten, bekamen sie von Großmutter einen Haufen Plätzchen, den sie mit den Händen zusammenraffte: „Aßt se fei mit Verstand, sette Plätzle bäckt när aans weit un braat, un dos is eire Oma!"

Vogtländische Zuckermännle

Braust der Herbstwind über das Land und verkündet den ersten Schnee, beginnen die Bewohner des Vogtlandes zwischen Gunzen und Elsterberg, für den Eigenbedarf und zum Verkauf Zuckermännle zu backen.

Es waren zunächst die Stadt- und Dorfbäcker, die sie zum Verkauf herstellten. Als das anfangs geheimgehaltene Rezept unter die Leute kam, buken auch Hausmütter in der Röhre ihres mehrstöckigen gußeisernen Ofens sich und den Kinder zu Freude die kleinen Gebilde. Emil Schuster, ein alteingesessener Vogtländer, erzählt darüber: „Die Herstellung dieses Gebäcks war für meine Mutter die höchste Leistung ihrer Backkunst und für uns Kinder das süßeste Vergnügen des ganzen Jahres. Was wäre Weihnachten gewesen ohne Zuckerbäckerei." So ging die Bäckerei nach und nach auf die Familien über.

Aus Elsterberg ist bekannt, daß die Kinder in der Vorweihnachtszeit mithalfen, die Männle zu bemalen, in Gunzen buken die Bäuerinnen in ihrem am Haus angebauten Backofen Zuckermännle für die eigene Familie. Die Werdaer Zuckermännlebäckerei betrieben wenige Familien. Sie schafften sich damit in der Vorweihnachtszeit einen Nebenverdienst.

Das Zuckermännle ist ein kleines Bildgebäck, hergestellt zum Verzehr und zum Schmuck des Weihnachtsbaumes. Der Teig besteht aus Mehl, Eiern, Wasser und Milch. Als Treibmittel wird Hirschhornsalz verwendet. Ausgebacken wurden die Figuren in den Röhren der gewöhnlich drei Stockwerke zählenden gußeisernen Öfen in den Weber- und Handwerkerstuben.

Aus den Zutaten wird ein Teig bereitet, ganz dünn auf einem Kuchenbrett ausgerollt. Daraus wird dann mit einem „Firmer" die Form ausgestochen. Mit einem breiten Messer angehoben, gelangen sie auf das Backblech. Die Dauer des Backvorgangs ist entscheidend. Sollen die Zuckermännle geraten, müssen sie gut durchgebacken sein, aber weiß bleiben. Manche behaupten, darin läge überhaupt die ganze Kunst dieser Weihnachtsbäckerei. Andere meinen, wesentlich sei das Mischverhältnis der Zutaten.

Kommen die kleinen Figuren aus dem Ofen, wird das Mehl abgebürstet, sonst läuft beim Bemalen die Farbe aus. Dann sitzen Erwachsene, Kinder und Hutzenleute um den großen Tisch und bemalen die Figuren. Jeder hat

Mit Zuckermänneln geschmückter Weihnachtsbaum – daneben: fertig bemalte Zuckermänneln – rechte Seite: geschützte Formen für Zuckermänneln und Figuren

nur eine Farbe im Pinsel, entweder rot oder grün. Andere Farben sind bei den Zuckermännle nicht üblich, höchstens noch gelb. Man kann nicht wahllos bemalen. Jede Familie hat ihre Eigenheiten. In der einen Familie sind derbe, breite Striche, Punkte oder Wellenlinien üblich, in der anderen zarte, beinahe filigrane.

Es gibt auch mit Zucker bestreute oder lasierte Figuren. Beliebt sind rotgezuckerte Männle. Sie werden vorher hellrot angemalt und danach in Zucker getaucht. So bleibt er an der Figur haften.

Um rasch schöne und erkennbare Figuren zu erhalten, fertigten die Klempner, im Vogtland und Erzgebirge „Flaschner" geheißen, die Firmer an. Sie waren aus Weißblech gebogen und zusammengelötet. Wer diese Firmer nicht selbst besaß, konnte sie sich beim Bäcker ausborgen. So war der Bäcker in Gunzen nicht nur wegen seiner schönen Zuckermännle bekannt, sondern auch dafür, daß er schöne Ausstechformen auslieh.

Motive gibt es viele und nahezu aus allen Bereichen der Welt der Dorfbewohner: Männel und Weibel, Pferde mit und ohne Reiter, Hunde, Katzen, Kühe, Hirsche, Hasen, Hähne, Schweine, Vögel, und da gibt es

Bäume, Sterne, Herzen, Handkörbe, Tabakspfeifen, Trompeten und Schlüsseln. Ganz gleich was sie darstellen: Allesamt heißen sie Zuckermännle.

Diese oder jene Figur erhält noch eine originelle Aufschrift. Auf einer Trompete ist zu lesen: „Die Post im Walde", auf einem Herzen: „Ich bring das aller Beste hier" oder „Wandle auf Rosen" und auf einem Schweinchen „Viel Glück". Manchmal klebt man ein kleines Bild darauf, ein sogenanntes „Reimle", mit Aufschriften wie „Das Liebste auf der Welt man hoch in Ehren hält!" oder „Schöne, umarme mich, Dich allein nur liebe ich!".

Sind die Zuckermännle fertig, kommen sie bis Weihnachten in eine Truhe, werden dann angefädelt, um als Baumbehang zu dienen. Sie halten sich so gut, daß sie jahrelang verwendbar bleiben.

In der Vorweihnachtszeit gingen früher Frauen mit Zuckermännle hausieren. Die Frau des Theumaer Bäckers belud den Tragkorb damit und besuchte die Niklasmärkte im Vogtland. In Falkenstein brachte sie die Butterfrau und in Klingenthal der „Zuckermännle-August". Alte Leute erinnern sich daran, daß dieses Gebäck auf dem Plauener Weihnachtsmarkt aus großen, mit Blech ausgeschlagenen Kisten angeboten wurde. Hier hießen sie des geringen Preises wegen „Pfengstückle". Man nannte sie auch „Mazzepa". Es liegt auf der Hand: Nur Leute, die noch niemals Marzipan gegessen hatten, konnten einen solchen Vergleich ersinnen.

Die meisten Zuckermännle wurden in Werda hergestellt. Solche kleinen Figuren zu backen ging auf den Bäckergesellen Salomo Günnel zurück, der um 1810 eine Werdaer Dorfbäckerei übernahm und Zuckermännle in seinem Angebot führte. Aber auch der Bäckermeister Christian Gottlob Luderer, genannt „Beckenlob", hatte in Werda um 1856 *seine* Zuckermännle gebacken.

Ob nun deren Rezepte die gleichen waren und den gleichen Ursprung haben, kann nicht mehr nachvollzogen werden. Das Backen der Figuren vererbte sich in jeder Familie fort.

Wird von den Werdaer Zuckermännle gesprochen, fallen gewöhnlich die Namen „Maul-Schmied", „Beckenlob" und „Gosel". Die Familie Maul und Luderer (Beckenlob)sind zwei der um das Jahr 1900 bekannten zehn Familien, die sich mit diesem kleinen Backwerk beschäftigten. Die Nachkommen der Familie Maul, Hedwig Ungethüm und ihre Tochter Helga, waren die letzten Zuckermännle-Bäcker von Werda aus der Linie von Salomo Günnel. Aus den Nachkommen vom „Beckenlob" ging durch Einheirat später „Gosel" (Schneider) hervor, und heute bäckt die Zuckermännlebäcker-Familie Bernd Holzmüller (Gosel's Bernd) alleine die „Original Werdaer Zuckermännle" in Werda. Nach dem Rezept vom Beckenlob und Gosel sowie mit ihren alten Formen und den Farben Rot und Grün wird die alte Tradition fortgesetzt. Diese Zuckermännle werden nicht nur in Deutschland verschickt, sondern auch in viele Länder in Europa und Übersee.

Vom vogtländischen Heimatdichter Willy Rudert (1884-1949) aus Falkenstein-Ellefeld heißt es in seinem Gedicht „Zuckermännle":

> Dr Maul-Schmied und dr Beckenlob
> die backen se nuch heit.
> E Hannelsfraa, die brengt se rei,
> verkaaft se an de Leit.

10. KAPITEL

Weihnachtsmann-Knecht Ruprecht-Hans Rupperich

Dr Rupperich kimmt

Die Weihnachtsgestalt der Erzgebirger ist Hans Rupperich, auch Rupprich Ruprich oder Ropperich. Er ist ein älterer Mann mit einem vollen Bart, der fast das ganze Gesicht bedeckt. Seine Wohnung ist weit draußen im Wald. Er kommt von „Golden Höh", dem Hundsmarder oder von einer anderen weitab liegenden großen Waldgegend. Dort hat er seine Werkstatt, ungestört von Pilz- und Beerensuchern. Nicht einmal der Förster und die Holzmacher wissen davon. Tag für Tag, das ganze Jahr hindurch, fertigt er für die Kinder Geschenke, hobelt, schnitzt, malt und leimt.

Kommt dann die Weihnachtszeit, ist er auf den Beinen. Er watet durch kniehohen Schnee, oft bei klirrender Kälte, den weiten Weg bis zu den menschlichen Siedlungen, manchmal zum Nikolaustag, aber gewiß am Heiligabend. Da kommt er bei Dunkelheit, und immer genau nach dem „Neunerlei". Seine Kleidung ist abgetragen und unmodern. Immer beschäftigt, immer unter Zeitdruck, fand er sein Leben lang keine Stunde Zeit, sich neue und moderne Kleider zu kaufen. Die Pelzmütze hat er der Kälte wegen weit über die Ohren gezogen, den Mantelkragen hochgeschlagen. Oft ist der Mantel aus umgedrehtem Schafsfell. Statt eines Lederriemens hält ihn ein Strohseil zusammen. Der hohe Schnee verlangt kräftige Stiefel. Eine Lampe erhellt ihm den Weg. Manchmal hat er auch eine Klingel oder Kette bei sich. Damit macht er sich bemerkbar, sobald er ein Haus betritt. Und natürlich hat er die Rute dabei, die ihm unbehrlich ist. Es heißt, er sei der verzauberte Göttervater Wotan, der den christlichen Glauben nicht annehmen wollte und aus Strafe dafür zum Knecht wurde.

Das Bild vom Weihnachtsmann auf einer historischen Darstellung

Er führt sich auch wie ein Knecht auf, kommt die Treppe heraufgepoltert und pocht mit der Faust gegen die Tür. Lange warteten die Kinder auf diesen Moment. Nun aber sind sie kleinlaut und rutschen auf Mutters Schoß oder unter den Tisch. Wo bloß der Vater bleibt? Er wollte doch gleich zurück sein! Der hätte jetzt helfen können.

Knecht Ruprecht ist wortkarg. Jedoch weiß er von mancher Ungezogenheit der Kinder, haarklein, auf Tag und Stunde genau. Ihm blieb nichts verborgen, selbst von der verlorenen Geldbörse wußte er, von den widerwillig gemachten Hausaufgaben, von losen Redensarten, ungeputzten Schuhen und noch mehr. Mutter hat es offenbar ernst gemeint, wenn sie drohte: „Dos waar ich ne Rupperich sogn!" Woher wüßte er es sonst? Im Wiegenlied: „Eia, poheia" aus der Zeit um 1815 heißt es:

> Poheia, mei Maadele! Schlof ball ei!
> Sist ruff ich geleich ne Rupperich rei:
> Daar fackelt ſei net, daar nimmt dich miet!
> Nooch werschte dich wunnern, wie dr'sch gieht!

Derartiges hören die Kinder nicht gern. Am liebsten wäre es ihnen, man sagte dem Rupperich nur Gutes von ihnen. Fragte er sie dann: „Un aah annermol, habt ihr do gefolgt?" Auf das unweigerliche „Ja!" hieß es dann: „Do sogt emol eier Sprüchel haar." Seit langem sind ihnen Aufsagesprüchlein geläufig. Großmutter wußte unzählig viele. Und die Kinder brachten welche mit in die Schule und gaben sie weiter, zahme und freche. Immer wieder sagten sie die Verse vor sich her, bevor sie einschliefen. Nun durften sie das eine oder andere aufsagen. Sich nur nicht vergreifen und eines der frechen erwischen. Und noch eh es Hans Rupperich fordert, heißt es:

Historische Weihnachtspostkarte

> Du lieber guter, Rupprich du,
> wenn de kimmst, do sei mer fruh...

Hans Rupperich prüft und belohnt. Zum Bestrafen kommt er gar nicht, denn die Mutter vermeldet Gutes von den Kindern. Das löste die eingetretene Spannung. Denn es wird davon erzählt, daß er böse Kinder mit dem Besen oder der Rute schlägt. Schlimmer noch: sie in den Sack steckt und mitnimmt. Freilich, sooft es auch angekündigt wurde, erlebt hat es noch niemand. Früher soll er Kindern, welche gern zum Fenster raussahen, befohlen haben, sie zu schließen, sonst blase er ihnen die Augen aus. Er wurde ein „Kinderfresser" genannt. Aber Kinder hat er auch damals nicht gefressen. Der Hans Ruprecht, der heute zu den Kindern kommt, ist ungeachtet aller Ruppigkeit gütig, als könne er der eigene Vater sein.

Was kommt nur alles aus seinem Sack heraus. Gerade als wolle er den Wunschzettel abarbeiten. Der ganze Tisch steht voll von Geschenken. Und reicht der Tisch nicht aus, weil vielleicht ein Roller unter den Gaben ist, eine Modelleisenbahn oder ein Rodelschlitten, dann hat er's im Hausflur abgestellt, im Schuppen oder Schlafzimmer.

Kaum ist Hans Rupperich die Treppe hinabgepoltert, da kommt der Vater und erzählt ganz aufgeregt, er habe den Alten auf der Straße getroffen und in das Nachbarhaus gehen sehen.

Früher soll Ruprecht mit einem weißgekleideten Mädchen gesehen worden sein, dem Christkind oder Bornkinnel. Und in dem Lied heißt es:

> Poheia! Mei Maadele! Schlof ju ei!
> Do ruff ich aah morgn is Bornkinnel rei:
> Dos breng dir Rosining un Äppeln un Nüss',
> Do werscht mol schmatzen! Die schmecken fei süß!

Damals, zum frühen 19. Jahrhundert, war das Bornkinnel der Gabenbringer, Hans Rupperich hat es begleitet. Und die Kinder sagten Frommes auf, aus der Bibel, dem Gesangbuch oder dem Katechismus. Martin Luther war gegen jede Heiligenverehrung. Die Gläubigen könnten sich direkt an Gott wenden und brauchten dafür keinen von Menschen heilig gesprochenen Vermittler. Statt dem heiligen Nikolaus sollte das Christkind oder Bornkinnel die Weihnachtsgeschenke bringen. Daraus wurde, daß noch heute ältere Leute ihr Weihnachtsgeschenk „Bornkinnel" nennen. Sie fragen. „Wos hast de dä fern Bornkinnel kriegt?", woraus hervorgeht, daß sie nicht nur das Geschenk, sondern auch die Bescherung selbst „Bornkinnel" nennen. Hatte sich der oder jener Verein im Gasthof zur Weihnachtsfeier zusammengefunden, kam das Bornkinnel mit Hans Rupperich, und das Bornkinnel sang „Vom Himmel hoch, da komm ich her".

Hierzulande gehörte bis nach dem 1. Weltkrieg die Gestalt des Ruprecht zu den ständigen Weihnachtserscheinungen. Von da an rückte eine andere Gestalt in den Vordergrund, der Weihnachtsmann, im roten Gewand mit Mütze und weißem Bart. Zur Standardisierung des Bildes vom Weihnachtsmann trug die Coca-Cola-Werbung in Amerika bei, die 1931 mit dem Weihnachtsmann für ihre Produkte warb. Fortan stand der Weihnachtsmann in den Warenhäusern umher, bei Dietz, Wolworth, Uri oder Schocken, und animierte die Erwachsenen zum Kauf. Hierzulande verdrängte er selbst bei traditionsbewußten Familien den Ruprecht. Amerikas Weihnachtsmann ist auch im Erzgebirge heimisch geworden.

Knecht Ruprecht spricht

Gelückauf, ihr Kinner, Gelückauf!
Nu horcht emol schie drauf.
Mich schickt ze eich dr heil'ge Christ,
wall doch nu ball Weihnachten ist,
soll noochsaah, ob ihr habbt gefolgt
un net su wild sett rümgestrolcht,
un öb ihr aah racht schie könnt baaten.
Nu macht emol lus, fix agetraaten!

Rumpel, pumpel Flaaderwisch,
draußen is mer'sch gar ze frisch.
Will mich in de Stub neimachen,
will saah, wos de Kinner machen,
wenn se net fromm gewaasen sei,
steck ich se alle ins Sackel nei.

Zahme Rupprich-Vaarschle

Rupprich, Rupprich, guter Ma,
saah mich net su finster a,
hau mich net mit denn Baasen,
bi e gutes Kind gewaasen.

Du lieber guter Rupprich, du,
wenn de kimmst, nort sei mer fruh!
Kumm ze uns zen Mandenschei
breng uns Nüss un Äppeln rei.
Doderzu enn Butterstolln,
dan mer heit Obnd assen wolln.

Du lieber guter Rupperma,
kumm fei aah bei mir miet ra.
De kimmst vun Nachber Lötsch do rüber,
denn wie hinüber, fährt sich's rüber.
Will dr aah mol wos sogn,
wos mei Mogn ka vertrogn:
Äppeln, Karpen, Butterstolln
un Nüss', die im Sack rümrolln.
Meine Strümp, die sei zerrissen
un de Stiefeln haben de Mais zerbissen.
An de Husen faahlt's mir noch,
un in menn Hemm hob ich e Loch.
 dacht, du hast mich ganz vergassen.

Rupprich, Rupprich, du mußt wissen,
meine Schuh, die sei zerrissen,
Hemdel, Röckel hobn e Loch,
un e Schürzel brauch ich noch.

Rupprich, bist e braver Gast,
brengst dan klenn Kinnern was,
un die grußen läßt de laafen,
denkst, die könne sich wos kaafen.

Rupprich, Rupprich, heilger Christ,
kumm när net, wenn's finster is,
kumm lieber bei Mandenschei.
Warf mer Nüss un Äppeln rei
un e Sackel Mannelkern,
ei, die ass' mer alle gern.

Ruprich, Ruprich, guter Mo,
ich denk, du kost ver Schnee net ro.
Hoste was in dein Sock,
breng mer'n rechten grußen Pock.

Ruprich, Ruprich, Schabernack,
mit dem großen Huckepack,
komm när in mei Häusel rein,
sollst e guter Ruprich sein.

Ruprich, Ruprich, böser Bube,
wirf mir was in meine Stube.
Gib mir Nüss' und Pflasterstein,
will auch immer artig sein.

Dr liebe Nikolaus is arm,
hot e Brut unterm Arm.
Dr heilige Christ is reich,
hot viel Fisch in senn Teich.

Rupprich, Rupprich, guter Gast,
wenn de was im Sacke hast,
kumm rei un setz dich nieder,
hast de nischt, do giss' de wieder.

Christkindchen, komm in unser Haus,
leer deine große Tasche aus,
stell dein Schimmel untern Tisch,
daß er Heu und Hafer frißt.
Heu und Hafer frißt er nicht,
Zuckerbrezel kriegt er nicht.

Kimmt e Ma is Bargel ra,
hot gewichste Stiefeln a,
bäckt mei Mutter Hefekließ,
kimmt dr Ruprich ganz gewieß.

Die annern Rupprich-Vaarschle

Rupprich, Rupprich, dürrer Baasen,
bist de in dr Stadt gewaasen?
Hast de mir nischt mitgebracht?
Wos, dra hast de net gedacht?

◈

Wute, wute, Nikolas,
greif in dein Sack un gaab mer was.

◈

Zwiebel, Zwabel, Zwirn,
frisch geback'ne Birn,
frisch geback'ner Äppel,
Hans Rupperich, du bist e Stöppel.

◈

Hans Rupperich un dr heil'ge Christ,
die huppen mitenanner übern Mist.

◈

Ruprich, Ruprich, schwarzer Ma,
saah mich net su finster a,
schla mich net mit deinem Besen,
bin e gutes Kind gewesen.

◈

Ruprecht, Ruprecht mit'm Sack,
hast mer denn was mitgebracht?
Haste was, da setz dich nieder,
hast de nischt, da drück dich wieder!

◈

Rupprich, Rupprich, Baasenstiel.
deine Kinner frassen viel,
geden Tog e Hefenbrut,
morgn früh sei se alle tud!

E Flasch Weißen fer de Mühwalting!

Wie dr Müller-Guido nei'n Stollbarger Bus steigt, sitzt dr Bacher-Wilhelm drinne, sei alter Schul- un Arbetskolleg Bacher-Wilhelm. War dos e Frahd, aah e Wunner, wuhne seit Gahr un Tog in dan salbn Nast un sei sich noch kaamol begegnt.

Mer söllt gar net denken, wos zwee gestandene Mannsen alles ze derzöhln habn. Do wur geleich vun dr Hosenzucht geredt, vun de Schwiegerleit of Annebarg un vun de Kinner, die an Wiesenbacher Hang e Haus baue wölln. Do wollt dr Guido aah wissen, wuhaar's senn Schul- un Arbetskolleg gestöbert hot. Daar hot erscht e wingk rümgetruckst un nort gesat, er wär waagn'r Rupperich-Larv unterwaags gewaasen. „Waßt de", sat'r, „de Enkele brauchn emol e bissel Zucht, net när Zuckermannle un dr Grußemutter ihr

‚Haale, haale Katzel'. Do is e Rupperich gut!" Er machet die Tüt in seiner Aktentasch auf. Dr Guido hätt erschracken könne: Do gucket waß Gott aus daar Tüt e Rupperich raus.

Wie dr Müller-Guido Rupperich gehärt hatt, hot's ne de Ohrn langgezugn. „Machst enn Rupperich?" fröget'r neigierig. – „Wos blebbt enn Grußvoter wetter übrig", sat sei Nachber. – Un dr Guido geleich drauf: „Wenn ich när aah enn hätt, daar fer menn Enkelgung emol ne Rupperich macht. Ich gieh doderzu überhaupt net a. Ich mach derwaagn viel, oder ze enn Rupperich bi ich net ze gebrauchn. Ich müßt egal lachen."

Aah Wort gob is annere. Un eh se derhaam warn un aussteign mußten, warn se sich aanig. „Ich stell dos Zeig unter dr hintern Budentrepp. Do hast de's leicht zer Hand. Dos Zeig is net sparret. Brauchst nort bluß dermiet dr Trepp nauf. Es is alles schie verpackt, dos derspart Ümständ." Un wie se langk e wingk ausenanner warn, ruffet dr Guido noch hinterhaar: „Halb sechse stell ich's naus. Kast mit dein Auto bis vür dr Haustür fahrn, ich mach Bah!"

Su war'sch nort aah. Dr Guid hot Bah geschaufelt, enn setten grußen Platz, doß hätt e Laster ümdrehe könne. Un wie's finster wur, hot'r die Karton un Packle unter dr hintern Budentrepp gestellt, schie akkerat, aans ofs annere, wie in enn Schaufanster, un ubn drauf e Flasch Weißen. Die Flasch stand drauf wie dr Annebarger Kirchturm. Mit enn Zimmermableistift hatt'r ofs Etikett geschriebn: „Fer dei Mühwalting".

Es wär alles esu gange, wie's beredt war. Bluß wie dr gute Bacher-Wilhelm in Rupperich-Zeig un dr Larv vürn Gesicht mit senn Automobil akam, war'sch unter daare Budentrepp net när duster, aah laar. Do stand e alte Waschmaschine, sist nischt wetter, guttegar nischt. När e Flasch weißer Schnaps hatt sich nei dan Winkel verirrt. Die stand grußsprazig of dan Dekkel vun daare Waschmaschine. Un net meh. Dos hot ne Bacher-Wilhelm daamisch geargert. Er kunnt alles in dr Walt verputzen, när net, sich verolbern lossen!

Drweil soß dr Gung in dr hintern Stub, hatt die Schachteln mit dan neie Spielzeig aufgerissen un wußt net, wos'r zeerscht afange söllt. Wie er mit dan neie Drehkran net zerachtkam, ruffet'r nooch'n Grußvoter. Wall daar in dr Hausflur nooch 'n Rupperich gespannt hatt, stand daar geleich in dr Tür.

Nu, daar hot erscht geguckt! „Sauluder, wu hast dä du dos Zeig haar? Dr Rupperich brengt dir dos doch erscht!" Un dr Grußvoter sohch sei ganze schiene Weihnachtsüberraschung in dr Stub rümstieh, de Karton un Packle, sugar die klaane Peremett, die er gebaut hatt. Un aah die teire „Addidas-Mütz" hatt'r of'n Kopp, die se seiner Zeit derzukriegt hatten, wie se in Baumark de Gartenbank mit die zwee Stühl gekaaft hatten.

Ne Grußvoter hatt's de Sproch verschlogn. Dos war derwaagn aah e Wunner. Dan Gung mog dos net gewunnert hobn. Er hot e paar Bauklötzle nei daare Schachtel geschlicht un sat derbei: „Dos Zeig hatt dr Rupperich unten bei dr Budentrepp higestellt. Daar hatt' kaa Zeit meh fer dr Trepp rauf…"

Wall dr Grußvoter immer noch kaa Sproch hatt, maanet dr Gung: „Denk dir när, Grußvoter, sugar e Flasch Schnaps hatt'r miet higestellt. Daar hot gedacht, ich gieh schu nei dr siebnten Klasse, wu iech doch erscht in dr fünften bie!"

In dan Moment kam ne Grußvoter e Halfred nei'n Kopp, un er sat: „De hast racht. Egal neie Moden! Wie de Brieftraager: Zeig higestelln, net klingeln un fort. Kaa Zeit! Kaa Zeit! Egal kaa Zeit! Heitzetog habn vergaabns de Rupperichn kaa Zeit!" Daar Gung mog dos begriffen hobn oder aah net. Dan war'sch egal, waar kaa Zeit hatt. Er hatt senn Drehkran un sei Addidas-Mütz!

Drwalle is dr Grußvoter na's Telefon un sat zen Wilhelm: „Bi när gut. Dr Gung wollt'r enn Waag onamme un hot sich das Zeig salber gehult. Die Flasch Schnaps stieht noch unten, die breng ich dir morgn nei's Haus!"

II. KAPITEL

Heiligabend

Die Weihnachtsgeschichte auf Erzgebirgisch

Wie seiner Zeit dr Kaiser Augustus regiert hot, wollt er emol wissen, wieviel Volk seine wär. Do hot'r agehaaßen, se sollten sich allezamm ehaam machen, dorthie, wu se zer Walt kumme warn. Dos war gar net esu aafach. E mannicher war weit fortgezugn un mußt vun dortenhaar langk araasen un dermiet viel Zeit vertu. Esu hot sich aah dr Josef vun Nazareth in Galiläa mit senn Weibsen, dr Maria, of'n Waag gemacht, nei's jüdische Land, in dan Bethlehm log. Schwaar fuhl's dr Maria, die in guter Hoffning war.

Wie se in Bethlehem akumme sei, kam dr Maria ihr schwaare Stund. Se bracht enn klenn Gung zer Walt. Dan habn se nei Windeln gewickelt. Un wall kaa annerer Platz in dan Gasthuf war, nei aaner Futterkripp gelegt.

Draußen of de Falder ben Schofgatter warn de Schaafer. Un horcht! Ze danne kam e Engel vun Himmel runter. Gleich wur'sch ümedüm ganz hall vun dan himmlischen Glanz. Do krieget'n se allezamm gruße Furcht. Aber daar Engel sat: Fercht eich net! E gruße Frahd is über eich kumme! In dr Stadt David wur eich heit dr Heiland geborn. Gieht hie. Ihr könnt eich net verlaafen. Dort findt ihr dos Kind nei Windeln gewickelt in enn Krippel liegn.

Dernooch war bei dan Engel e gruße himmlische Heerschar. Die habn Gott gelubbt un gerufft: Ehre sei Gott in dr Höh un dan guten Leiten Frieden of Aard'n! Un wie die Engeln zen Himmel wieder nauf sei, saten de Schaafer ze enanner: Dos lossen mir uns net entgieh, un sei of Bethlehem geloffen.

Die Engel habn se racht beschieden: Wie se nooch Bethlehem kame, habn se de Maria un ne Josef getroffen un aah dos Gungel in dr Kripp. Do habn se beeden Leiten derzöhlt, wos se esu derfahrn hatten. Un se kunnten sich net soot wunnern. An mehsten aber wunnret sich de Kinnelsmutter, de Maria. Dernooch sei de Schaafer wieder of ihr Fald, de Schof ze hüten. Se habn dan lieben Gott gepriesen un aa Gloria nooch'n annern of sei Größ gesunge.

Nooch acht Togne wur dos Kind vun Volk feierlich aufgenumme un Jesus gehaaßen, ganz esu, wie dos die Engeln prophezeit hatten.
Nach Lukas 2, 1–20.

Krippe des Volkskünstlers Edgar Wolf

Der Christbaum
ist der schönste aller Bäume

Nachweislich gab es um 1539 die ersten Weihnachtsbäume im Elsaß. Dort schmückten die Bürger von Straßburg Tannenbäume oder Tannenzweige mit Äpfeln und Backwerk. In einem Reisebericht aus dem Jahre 1605 heißt es: „Auff Weihnachten richtett man Dannenbäum zu Strasburg in den Stuben auff daran hencket man roßen auß vielfarbigem papier geschnitten, Aepfel, Oblaten, Zischgolt, Zucker ect." Allmählich bürgerte sich der Brauch außerhalb ein und verbreitete sich über ganz Deutschland.

Oft erzählt wird die Legende und immer wieder erzählt, wie es zum ersten Christbaum kam. Großmutters Mutter kannte sie aus der Konfirmandenstunde, mußte sie auswendig lernen und konnte sie wortgetreu noch in hohem Alter hersagen: „Einst, an einem Weihnachtsabend, zog Martin Luther allein über das Land. Über ihm schien der Himmel rein und klar mit tausend und abertausend Sternen. Das Bild prägte sich ihm fest in seine Seele, und als er heimkam, war sein erstes Tun, einen Tannenbaum aus dem nächsten Holz zu holen, ihn im Gemach aufzustellen und über und über mit Kerzen zu bestecken. Damit wollte er seinen Kindern ein Bild von dem Nachthimmel mit seinen ungezählten Lichtern geben, von dem der Herr Jesus in dieser Nacht auf die Erde gekommen sei!"

Die Legende irrt, so gern man Luther die Ehre angetan hätte. Denn als der Christbaum aufkam, war Luther längst gestorben. Vielleicht rührt dieser Irrtum von einem Kupferstich des Malers Schwerdgeburth aus dem Jahre

Mit Strohsternen geschmückter Christbaum in der St.-Annen-Kirche

1843 her, „Weihnachten in Luthers Haus" mit dem Lichterbaum im Mittelpunkt. Jedoch auch andere Schriftsteller irrten sich: Victor von Scheffel läßt bereits im 10. Jahrhundert Ekkehard mit der Herzogin Hadwig auf dem Hohentwiel unter dem mit Äpfeln geschmückten und mit Lichtern besteckten Christbaum Weihnacht feiern.

Den Baum mit Äpfeln zu behängen rührt vom alten Volksglauben her, daß in der Nacht, in der Christus geboren wurde, die Bäume blühten und Äpfel trügen. Nur wir Menschen könnten es nicht sehen. Deshalb gehört zum ursprünglich grünen Baum der Apfelschmuck. Später mögen die Äpfel durch die roten und bunten Glaskugeln ersetzt worden sein.

Christian Andersen erzählt vom dänischen Weihnachtsbaum, der in einem mit Sand gefülltem Fasse stak: „Vergoldete Äpfel und Walnüsse hingen herab." Gleich nach den Äpfeln kamen die Nüsse. Auch sie wurden als Baumschmuck vergoldet und versilbert. Sie so und nicht anders zu färben soll an die Heiligen Drei Könige erinnern.

Verhältnismäßig spät kam der Weihnachtsbaum in unsere Stuben. In Leipzig war er um 1767 bekannt, wenn wir auch vergeblich auf dem Leipziger Weihnachtsmarkt von 1785 danach suchen. Um 1780 kannte man noch keine Lichter auf dem Baum.

Selbst Mitte des 19. Jahrhunderts war der Christbaum hierzulande wenig bekannt. Die hiesige Volkskunde meint, er sei überhaupt kein Heimischer und fragt, „wozu hätte der Wäldler einen vorm Haus stehenden Baum in die Stube stellen sollen?". In den zahlreichen Strophen des aus der Zeit um 1830 stammenden „Heilig-Obnd-Liedes" werden nahezu alle hiesigen Weihnachtsbräuche genannt, von einem Baum ist jedoch keine Rede. Ja selbst um 1889 ist bei uns der Christbaum noch selten.

Erst um die Wende zum 20. Jahrhundert eroberte und sicherte er sich seinen Platz in der heimischen Weihnachtsstube. Wie sehr er darin heimisch und dem anderen Weihnachtsgut gleichgestellt wurde, zeigt, daß er gern Bornkinnelbaum, Metten- oder Bethlehembaum genannt wurde. Freilich, die ältere oder wenigstens die gleichalte Lichterpyramide konnte er nicht verdrängen. Reichte der Platz in der Stube aus, standen beide beieinander, als gehörten sie zusammen. Nicht selten hing der Wipfel des Baumes wie ein

Kronleuchter von der Stubendecke. Den 1820 erschienenen „Allemanischen Gedichten" von Hebel ist eine Illustration beigegeben, in der ein Nadelbäumchen an der Decke hängt.

Man muß dabeistehen, wenn Väter, Mütter, früher im Hofe der Försterei oder heute auf dem Niklasmarkt, ihren Weihnachtsbaum aussuchen. Das ist eine ungewöhnliche Kulthandlung, dauert seine Zeit und kann kalte Füße und rotgefrorene Nasen vergessen lassen. Denn die Anforderungen an einen Weihnachtsbaum sind hoch. Ein ganzes Forstwesen muß herzu, um sie einigermaßen zu erfüllen: Die Größe muß stimmen. Gleichmäßig gewachsen soll er sein, ein Astquirl wie der andere, nicht zu breit, nicht zu schmal, in handspannenbreitem Abstand straffe Äste, die auch etwas tragen können. Frisches Grün sollen die Nadeln zeigen, frisch nach Wald riechen, und was der Kriterien mehr sind.

Die einen mögen Fichten, die anderen Kiefern, weil hier die Nadeln länger halten. Und wer den Geldbeutel nicht zu beachten braucht, dem stände eine Blaufichte, Tanne oder gar eine Nordmannstanne am ehesten an. Traditionsbewußte Erzgebirger bleiben bei der guten alten Fichte.

Bürgerliche Weihnachtsstube von Anno dazumal

Was die Natur an Ebenmaß nicht hergibt, läßt sich einem Weihnachtsbaum mit Schere, Säge, Messer und Bohrer „anfrisieren". Kronen werden gekürzt, Äste gestutzt, verpflanzt oder gar die anderer Bäume eingesetzt. Es gibt Leute, die kaufen deshalb zwei, um „Ersatzteile" zu haben. Am Ende steht ein Baum im Zimmer „wie gemalt", auf alle Fälle ein ganz anderer als der gekaufte. Aus ihm ist eben ein „schöner Baum" geworden.

Die dabei abfallenden Äste erhalten ihren Platz in der Bodenvase oder hinter Bildern, werden mit Lametta geschmückt, mit Papiersternen oder bunten Kugeln und liefern ersten Vorgeschmack festlicher Tage. Aus den ganz untauglichen Ästen, den spillerigen, krummen, werden Sitzgelegenheiten für die Vögel am Futterhaus, oder sie kommen vor die Haustür als Fußabstreicher. Also erfüllen alle ihren weihnachtlichen Zweck.

Zum Glück gibt es unter den Käufern von Weihnachtsbäumen auch andere. Für die ist jeder gewachsene Baum schön, ist er nur einmal geschmückt und präsentiert sich in seinem Feststaat. Auf diese Weise kommen auch jene Bäume zu Ehren und Ansehen, die gut und gerne auch durch zehn Hände gingen und keinmal zu gefallen wußten.

Am Tag vor dem Heiligen Abend, spätestens an dessen Vormittag, wird der Baum geputzt. Er will seinen Feststaat, will blinkern und glänzen, leuchten und flimmern, wenn der Heiligabend anbricht. Was gehört nicht alles dazu, damit er's kann! Was wird alles herbeigetragen, um ihn herzurichten. Schließlich ist Baumputzen keine Tätigkeit, Baumputzen ist ein schöpferischer Akt!

Größte Unordnung herrscht in der Stube. Auf Tischen, Stühlen, Bänken, Schränken stehen Kartons, liegen Packungen mit unterschiedlichem Baumbehang, ganz nach Familientradition: Glaskugeln, Holzfiguren, Zuckermännle, Brezeln, Eislametta, Strohsterne, Drähtchen zum Anfädeln, ja selbst Puppen, Rauschgold, Papiergirlanden und was sonst noch zum Putzen eines Baumes gebraucht wird. Der Zeitgeschmack bringt immer wieder neue Varianten hervor. Erinnert sei nur an den geklöppelten Baumbehang. Jedes Stück muß griffbereit liegen, denn ist man erst einmal beim Schmücken, will man nicht unterbrochen werden.

Es ist schon so: In seinem Putz gleicht kein Baum dem anderen. Da gibt es Familien, die besprühen die Äste mit im Wasser gelösten Gips, damit er aussieht, als sei er beschneit. Bei anderen ist es üblich, die Äste mit Eislametta zu behängen oder nur mit Strohsternen, wieder andere bevorzugen Glaskugeln, einfarbig oder bunt durcheinander. Oder der Baum wird nur mit Papiersternen geschmückt. Was gibt es für prächtige Christbaumspitzen: aus bunt schillerndem Glas, Glöckchen, Sterne und Trompetenengel!

Behängt man den Baum mit Zuckersachen, so spricht man vom „Zuckerbaum", im Gebirge drastisch vom „Frassbaam". Dies war der Kinder liebster Baum. Und nicht nur weil sie von ihm unkontrolliert naschen konnten. Wurde er „abgeblümt", wie es in einem Bericht heißt, wurde seine ganze süße Last aufgegessen.

Wie bescheiden mögen sich ihnen gegenüber die Bäume der Urgroßeltern ausgenommen haben, an denen lediglich rotbackige Äpfel aus dem eigenen Garten hingen, vielleicht noch ein paar vergoldete Nüsse. Dafür aber unterm

Der Adventsstern leuchtet über Weihnachten hinaus an den Fenstern.
– Obwohl im Erzgebirge traditionsgemäß die Fichte bevorzugt wird, schätzt man an der Kiefer die lange Haltbarkeit.

Baum, hinterm zinnernen Zäunlein und in Moos eingebettet, das Paradiesgärtchen, aufgebaut aus Pfennigvieh und Masseschäfchen. Und man hätte meinen können, der Baum sei herausgewachsen aus der kleinen Zauberwelt.

Der Baum soll an den sagenhaften Wunderbaum erinnern, der mitten in der Christnacht eine Stunde lang gleichzeitig Blüten und Früchte trägt. Einen solchen Baum soll es in Tibur am Rhein gegeben haben, dessen Früchte Dräutleinsäpfel hießen. Frantz Gravard stand im Rufe großer Heiligkeit. Als er 1780 in Würzburg verstarb, sagte man ihm nach, daß er einen solchen Wunderbaum in seinem Garten hatte. Im Flecken Tibur in der Grafschaft Katzenellenbogen soll vor dem Dreißigjährigen Krieg ein Baum gestanden haben, der in der Christnacht Äpfel trug, die dem Landgrafen von Hessen überbracht wurden. Auch im Vogtland soll es Apfelbäume gegeben haben, von denen in der Christnacht die Früchte geerntet werden konnten.

Äpfel sind vom Weihnachtsfest nicht fortzudenken und haben beim Baumschmuck ihre Bedeutung. Durch sie will man den Bezug herstellen zum Baum des Lebens und der Erkenntnis. Adam und Eva haben ja am 24. Dezember ihren Namenstag.

Obwohl eine Zeitlang farbige, spiralig gedrehte Kerzen üblich waren, haben die weißen den Vorzug behalten. Nur weiße Kerzen müssen es sein, glatt weiß und keine Lämpchen, auch dann nicht, wenn sie einfarbig sind, etwa grün oder rot. Denn eine Jahrmarktsbude soll der Baum nicht sein. Es soll immer eine gerade Zahl an Lichtern sein, die man aufsteckt, denn dem Volksglauben nach bringt eine ungerade Zahl Unglück, besonders wenn es sieben oder dreizehn sind. Viele Familien legen Wert auf eine Zahl, die sich durch drei teilen läßt, und sehen darin die Heiligen Drei Könige, andere stecken zwölf auf, die Monate symbolisierend, die zwölf Unternächte oder die zwölf Jünger Jesu. Zuweilen werden nur 11 davon angebrannt, weil Judas als Jünger ausscheidet. Wer hält sich heute noch daran? Die elektrische Baumbeleuchtung zwingt zu 16 Kerzen.

In den Dörfern hat sich längst ein neuer Brauch entwickelt: Die in den Gärten wachsenden Nadelbäume, oft deshalb gepflanzt, werden mit elektrischen Kerzen besteckt. Jedes Jahr kommen neue Bäume hinzu, denn keiner der Dorfbewohner will hintenanstehen.

Leuchten die Kerzen der Bäume im Freien schon am 1. Advent, so werden die im Zimmer erstmals am Heiligabend angezündet. 18 Uhr, mit Beginn der Nacht, ist die ganze Familie am Tisch zum „Neunerlei" versammelt.

Vater schmückt den Weihnachtsbaum

Als der Morgen des Heiligabend begann, hatte Vater keine Ruhe mehr. Noch bevor wir Kaffee tranken, stolperte er durch den Schnee und holte das Fichtenbäumchen aus dem Schuppen, das dort verwahrt war. Ein grün gestrichenes Holzkreuz mit einem Loch in der Mitte war unser erster Baumständer. Später hatten wir einen aus Gusseisen mit einer Halteschraube.

Vater schnitzte am Fuß des Stämmchens so lange, bis es in das Loch des Kreuzes passte. Dann steckte er zwei, drei kleine Keile in den schmalen Spalt, der geblieben war und drückte sie fest. Nun stand der Baum kerzengerade. Da ein paar Äste nicht so gewachsen waren, wie er sie haben wollte, bohrte er Löcher in das Holz und setzt welche ein. Am Ende war es ein Prachtbaum!

Mit Gips besprit zte Zweige mochte Vater nicht. Er meinte, es sei ein Widerspruch, einen beschneiten Baum ins warme Zimmer zu stellen. Auch der Großeltern Weihnachtsständer mit einer Spieluhr sagte ihm nicht zu. Sie spielt „Stille Nacht, heil'ge Nacht" und dreht sich dabei wie ein keckes Weib, das sich von allen Seiten zeigen will. Vater sagte: „Im Wald tanzen doch die Bäume auch nicht."

Inzwischen hatte Mutter alle Schachteln und Tüten herzugebracht. Mir tat sich eine Wunderwelt auf. Was kam da nicht alles zum Vorschein: Glaskugeln – rot und blau und golden, welche mit Flitterglanz, mit Sprünkelchen oder Streifen, kleine Holzfiguren, Engel, Trompeten, rotkappige Fliegenpilze, eine gläserne Christbaumspitze und Silberfäden, sorgfältig zusammengebunden. In einer Schachtel fanden sich einige Räucherkerzen. Sie waren vom vorigen Jahr übriggeblieben. Ich wäre kein erzgebirgischer Junge gewesen, hätte ich nicht darauf bestanden, eines anzubrennen. Als es dann nebelte, sagte Mutter: „Nu riecht's erscht richtig wie Weihnachten!"

Vater war sorgfältig beim Putzen des Baumes. Dabei wollte er nicht gestört sein. Er behängte Ast für Ast, den einen mit Kugeln und Holzfiguren, den anderen nur mit Silberfäden. Auch die gläserne Spitze hatte er dem Baum aufgesetzt. Die Tüllen durfte ich ihm zureichen. Dann steckte er Kerzen auf, weiße mußten es sein, glatte weiße und keine gedrehten, die wie Eiszapfen aussehen.

Er stieg vom Schemel und besah sich sein Werk. War er unzufrieden, änderte er da und dort, hängte Figuren um, die rote Kugel nach vorn, das hölzerne Reiterlein daneben. Und da ihm das auch nicht gefiel, zwickte er Tüllen an andere Äste und meinte, so sähe es besser aus. Was wußte ich schon von der Kunst, einen Weihnachtsbaum zu schmücken. Ich nickte, als hätte ich es auch so gemacht.

Strohsterne als Baumschmuck – übriggeblieben aus der Zeit, als das Strohflechten im 19. Jahrhundert noch ein Erwerbszweig der ärmeren Bevölkerung war.

Mutter machte sich in der Küche mit Töpfen und Pfannen zu schaffen. Es war durch die Tür zu hören, mehr noch, es war zu riechen. Sie machte das Fleisch für den Abend zurecht. Dafür mußte sie alle Gedanken zusammennehmen. Bei uns gab's wider allem Herkommen zweierlei Neunerlei, das von Mutter mit Pökelbein und gebackenen Klößen und das vom Vater mit Gänsebraten und grünen Klößen. Kam es bei ihren Verrichtungen zu einer kleinen Pause, huschte sie herüber, um Vaters Christbaum zu bewundern.

Endlich mußte er mit dem Baumputz zufrieden sein, denn Mutter drängte zum Mittagessen. Vorsichtig schob er den Schemel, auf dem der Baum stand, an seinen Platz. Ich durfte auch da nicht helfen, ich könnte nicht behutsam genug sein und all die schöne Pracht in Unordnung bringen. Nun stand er in der Stubenecke und war das Prachtstück im Zimmer. Der Vorderplatz war der Pyramide vorbehalten.

Wenn die Christecke fertig ist

Nu Gung, gieh in de Kammer nauf
Un hul dos Weihnachtszeig,
Dos kimmt dann in de Eck do nauf,
Do sei mer doch su reich.

Dr Gung zieht seine Filzschuh a
Un gieht emol do nauf
Un brengt aah miet dan grußen Ma
Un stellt'n of de Ecke nauf.

Un schiene Mannle, gruß un klaa,
Die brengt'r aah mit ra,
Un Weible, Bergmannle aah,
Die saah sich doch gar ze schiene a.

Überliefert aus Annaberg (vor 1909)

„Heit is dr Heilige-Obnd ihr Maad…"

In Schwarzenberg, am Haus, an dem gegenüber das Marktgäßchen von der Oberen Schloßstraße in den Untermarkt einmündet, erinnert eine schlichte Gedenktafel an eine berühmte Bürgerin dieser Stadt. Die schlichte Tafel hat die Aufschrift:

„Die Dichterin des Heilig-Ohmd-Liedes, Johanna Amalie von Elterlein, beschloß in diesem Haus ihren Lebensabend, am 20. 11. 1865."

Lange Zeit war ihr Sterbehaus ungewiß, bis es ein Lehrer, Horst Henschel, nachweisen konnte. Der Schwarzenberger Geschichtsverein nahm sich der Sache an und ließ die Tafel an dem Haus anbringen. Zu ihrer Enthüllung in den frühen Abendstunden des 19. November 1933 versammelte sich eine ansehnliche Gemeinde, Schwarzenberger und Auswärtige. Ein Chor sang und Dr. Fröbe, der Vorsitzende des Geschichtsvereins, hielt die Ansprache. „Johanna Amalie von Elterlein besaß jenes Eingeborensein in die erzgebirgische Landschaft, ohne das sie jenes Lied nicht hätte schaffen können…", sagte er.

Johanna Amalie von Elterlein wurde am 27. Oktober 1784 in Annaberg geboren. Ihr Vater war der hochangesehene Kauf-, Handelsherr und Krammeister Christian Ehregott Benkert, ihre Mutter Johanna Dorothea eine geborene Köhler. Aus ihrer Annaberger Kindheit und Jugend ist nichts bekannt. Zwanzigjährig heiratete sie am 15. November 1804 den Erblehn- und Gerichtsherrn Karl Heinrich von Elterlein (1780–1846) aus Rittersgrün, später auf Drebach und Wolkenstein. Die ersten Jahre ihrer Ehe lebte sie im „Drebacher Rittergut". Der Ehe entstammten drei Kinder, die wahrscheinlich in Drebach zur Welt kamen. Spätestens ab 1837 lebte Amalie von Elterlein in Rittersgrün und auf Pfeilhammer in Pöhla. Von 1837 bis 1840 war sie Vorsteherin des 1837 gegründeten Frauenvereins für Pöhla und Grünstädtel. Als vierundsiebzigjährige Witwe zog sie nach Schwarzenberg und verstarb hier im Alter von 81 Jahren.

Das Heilig-Obnd-Lied, wahrscheinlich im ersten Drittel des 19. Jahrhunderts entstanden, wurde zu *dem* Weihnachtslied der Erzgebirger. In vielen Strophen wird von den Weihnachtsbräuchen der damaligen Zeit erzählt, so von den Butterstollen „su langk wie de Ufenbank", dem Bleigießen und

Neunerlei, vom Geräusch des Ofentopfes, dem Heiligabendstroh und dem alten Weihnachtslied „Ich freue mich in dir…" Vieles davon gehört in das Reich des Aberglaubens und besitzt für uns lediglich geschichtliche Bedeutung. Unbestritten bleibt der volkskundliche Wert des Liedes. Mit ihm wird uns der Blick in eine Weihnachtsstube vor rund 200 Jahren gestattet. So ist es für uns ein wertvolles Erbe.

Die älteste Niederschrift von vierzehn Vierzeilern sind in dem handgeschriebenen Scheibenberger Notenbuch des Wilhelm Schnörr zu finden. Auf dem Einband ist zu lesen „Cum Deo (Mit Gott). Wilhelm Schnörr, Scheibenberg den 20ten August 1820". Eine andere Niederschrift entdeckte Horst Henschel in einem Notenbüchlein der Christiane Concordie Ritter vom 25. Dezember 1836. Das von ihr aufgeschriebene Lied hatte 13 Strophen und war ohne Singweise.

Gedruckt finden wir das Lied zuerst in dem 1848 erschienenen Buch „Wanderungen durch die interessantesten Gegenden des Sächsischen Obererzgebirges" des Schwarzenberger Finanzprokurators und Bürgermeisters Johann Traugott Lindner, mit 14 Strophen, allerdings ohne Angabe der Verfasserin. Erst 1862 wird in einer Publikation des Annaberger Schulrates Dr. Moritz Spieß erstmals der Name der Verfasserin genannt, die damals noch lebte. Spieß bezeichnet es bereits als „erzgebirgisches Volkslied".

Der Annaberger Seminaroberlehrer Ernst John schrieb 1904 verschiedene Singweisen auf, so auch die, welche er von seinem Hausmädchen hat singen hören. Es ist die Singweise, die sich durchsetzte und bis heute erhielt. Im Zeitverlauf kamen viele andere hinzu und wurden wieder vergessen. Auch Köhler geht 1867 in seinem Buch „Volksbrauch, Aberglauben, Sagen und andere Ueberlieferungen im Voigtlande" auf das Lied mit dem Bemerken ein, er habe es im Vogtland nur bruchstückweise und zum Teil verändert gefunden.

Das „Heilig-Obnd-Lied" ist heute in allen einschlägigen Liederbüchern in der Regel mit 12 bis 15 Strophen zu finden, auch auf Liedpostkarten und Liedblättern. Bekannt wurden die von dem aus Annaberg stammenden und in München lebenden Kunstmaler Rudolf Köselitz zum Lied geschaffenen Weihnachtsstimmungsbilder, die als Postkartenserie in Umlauf kamen. Hierher gehört auch die Scherenschnittserie „Heilig-Obnd-Lied" von Max Pikkel aus Lauter und das von Joachim Romann gestaltete und von Ernst Schauer handkolorierte Mini-Bändchen mit dem Lied.

Unter den Volkskundlern gibt es auch solche, die eine Verfasserschaft der Johanna Amalie von Elterlein anzweifeln und meinen, sie habe den vielleicht im Verein von den Frauen gehörten Liedtext lediglich aufgeschrieben. Andere meinen, wäre Johanna Amalie von Elterlein tatsächlich die Verfasserin des Liedes, hätte es Lindner erwähnt, denn es ist anzunehmen, daß er sie persönlich kannte. So schreibt er die Verfasserschaft lediglich einer „Pöhlaerin" zu. Wie dem auch sei: Ohne ihr Zutun wäre der Text längst vergessen und wir um unser schönstes erzgebirgisches Weihnachtslied ärmer.

Der Fabulierlust der Sänger ist es zu verdanken, daß immer neue Strophen hinzugedichtet wurden. Der Verfasser dieses Buches sammelte sie über Jahre hinweg und brachte es auf 156 Strophen. Der Altis-Verlag veröffentlichte 2001 die Sammlung als Büchlein. Dadurch wurde es möglich, daß die 156 Strophen von Tausenden bei Weihnachtssingen auf den Marktplätzen erzgebirgischer Städte vorgetragen werden konnten und sogar eine Fernsehsendung daraus wurde. Sicher wurden viele Verse nicht aufgeschrieben und sind vergessen. Die Hinzudichtungen sind der schönste Beweis für die Beliebtheit des Liedes.

Der Finanzprokurator Lindner schickte seiner Fassung des „Heiligobndliedes", dem er den Titel „Das Weihnachtsfest" gab, folgende Anmerkung voraus: „Zu der Geschwätzigkeit (der Pöhlaerinnen) gesellt sich unter den Proletariern eine Menge sonderbarer Gebräuche und das Familienleben bezeichnender abergläubischer Gebahrungen, besonders zur Weihnachtszeit, denen man in folgendem Liedchen begegnet, welches eine Pöhlaerin in ihrem Dialekt selbst zum Verfasser hat."

Das Weihnachtsfest

Heut is der heil'ge Ahmt, ihr Mähd,
Kummt h'rei, mir gießen Blei;
Rick', laf glei 'naus zur Hanne-Christ,
Die muß bei Zeiten h'rei.

Ich ho men Lechter ohgezünd' t,
Sät 'nauf ihr Mähd die Pracht!
Ah, drieb'n bei euch is oh racht fei,
Ihr hat a Sau geschlacht't.

Säht oh ihr Mähd das rare Licht
Uem zwa un zwanzig Pfeng,
Ich muß meins in a Tippel stell'n,
Mei Lechter is ze eng.

Kahr (Karl) zünd a Weihnachtskerzle oh,
Daß's wie Weihnachten riecht,
Un stell's hin uf das Scherbel dort,
Das unnern Ufen liegt.

Lott'! dorten uf der Hühnersteig
Do liegt men Lob sei Blei;
Mohd, rossel fei net sehr dort rüm,
Sinst wird der Krinerts scheu.

Denn's Mahsvolk hot sei Frahd (Freude) an wos,
Sei's ah, an wos es will;
Mei Voter hot's an Vogelstell'n,
Der Kahr hot's an dem Spiel.

Ich gieß fei erst! – Wen krieg' ich däh? –
Säht oh, an Hammerschmied;
Die Korli (Karoline) lacht, die denkt wuhl gor,
Ich mähn (meine) ihr'n Karl-Fried.

Mer (wir) ham uf sachze Butterstolln,
Su lang wie d'Ufenbank;
Heut wird ämol gefraßen wärn,
Ihr Mähd, mer wären krank.

Mer hon ah neunerlah gekocht,
Ah Worst und Sauerkraut;
Mei Mutter hot sich ohgerennt (abgerennt),
Die olle gute Haut.

Rick', bruck dä Sammelmillig ei,
Nasch' aber net darvu;
Ihr Jungen, wärft ken Respel roh (herunter)
In's heil'ge Ahmt Struh.

Wär is dort über'n Schwamme-Tupp?
Nu Henner (Heinrich), härst de net!
Wort'! itze wenn der Voter kimmt,
Mußt wahrlich n'auf ze Bett.

Ach, horcht ner nei in Ufen-Tupp,
Die Rumpeln un die Geig'n;
Weil es ner net winzeln thut,
Bedets (bedeutet es) fei käne Leich'n.

Nä heil'gen Ahmt zä Mitternocht,
Do laft statt's Wasser Wei,
Wenn ich mich ner net ferchten thät,
Ich hult' än Tupp vull h'rei.

Lob, hul' gleich bei der Hannelies'
Nä Voter 's Kännel Bier,
Noch wenn dä kimmst, do singe mir (wir)
„Ich freue mich in Dir."

Vom Fenster leuchtet der zum Tannenbaum geformte Schwibbogen und von draußen die Lichterkette auf der Jungfichte. Am Adventsheiligabend wurde die Beleuchtung eingeschaltet.

Das Heiligabendessen

Höhepunkt der Erzgebirgsweihnacht ist der Heiligabend, und da wiederum das Abendessen. Das ganze Jahr über aßen die Erzgebirgsfamilien sparsam, weil der Geldbeutel zu mehr nicht hergab. Anders an den Heiligabenden. Da durfte sich jeder einmal so vollessen, daß ihm fast übel wurde. Sattessen galt für die ärmere Bevölkerung als der höchste Genuß.

Traditionsbewußt wird am 24. Dezember der Weihnachts-, am 31. Dezember der Silvester- und am 5. Januar der Hohneujahrsheiligabend begangen. Und in manchen Gegenden gibt es noch den Adventsheiligabend, am Sonnabend vor dem ersten Advent. Mittags gibt es schmale Kost, damit man sich den Hunger für den Abend aufhebt: Gänseklein zu Reis, Hirse oder Nudeln. Über den Tag hinweg darf man sich nicht auf den Tisch setzen oder etwas vom Nachbarn borgen. Auch darf man keinen vollen Eimer hinaustragen, das brächte für das neue Jahr Mangel und Armut.

Schlag 18 Uhr, dem Beginn des Vorabends zur ersten der zwölf Unter- oder Internächte, sitzt die Familie am Tisch zum „Heiligobndassen". Das wird bei jeder Familie mit besonderem Kult begangen. Alle im Haus verfügbaren Töpfe müssen gefüllt sein, wenn auch nur mit Wasser. Im Zimmer brennen die Kerzen von Pyramide, Laufleuchter, Engel und Bergmann, Schwibbogen und Christbaum. Auch im Hausflur leuchten vier Kerzen. Das bringt volle Töpfe und helle Tage im kommenden Jahr.

Auf der Tafel brennt ein besonders ausgewähltes Licht, das Tischlicht. Nur unmittelbar vor dem Essen darf es mit einem Kienspan angezündet werden, sonst gibt es Unglück. Reichen muß es für den Silvester- und Hohneujahrsheiligabend. Vielleicht stand es schon zum Adventsheiligabend auf dem Tisch. Fehlt ein solches Licht, gibt es Zwietracht im Haus. Der Docht ist Balsam für kranke Hände und Füße. Über das Jahr hinweg aufbewahrt, schützt er vor Blitzschlag. Wer den Kerzenstummel wegschenkt oder verkauft, nimmt ihnen diesen Blitzschutz. Ein Gedeck ist mehr aufgelegt, gedacht für einen Hungrigen, der um Einlaß bittet. Jeder weiß unter seinem Teller ein Geldstück, dadurch geht das Geld nicht aus.

Sobald die Familie sitzt, darf niemand mehr aufstehen, denn den würde man im nächsten Jahr bestehlen. Wer es aber dennoch tut, muß im Stehen weiteressen. Neunerlei Speisen gehören auf den Tisch. Das war schon vor 200 Jahren so, wie wir aus dem „Heilig-Obnd-Lied" wissen.

Wegen der Antwort auf die Frage, was zum „echten" Neunerlei gehört, geraten Hausmütter aneinander, denn jede schwört darauf, nur ihr Neunerlei sei das echte. Neun ist die günstigste Zahl, die sich durch drei teilen läßt. Dem Volksglauben nach ist die Drei eine Glückszahl. Und da sie in der Neun dreimal enthalten ist, sei dies ein besonders glücklicher Umstand, der eben dreifaches Glück verheißt.

Jede der neun Speisen hat je nach Ort und Familie ihre Bedeutung, ja selbst zwischen Familien, die auf gleichem Flur wohnen. An Fleisch gibt es Gans, „Stallhos", Schweinsbein oder Bratwurst. Fleisch kündet für kommende Zeiten Wohlstand und ausreichend Nahrung an. Wer „Fliegendes" ißt, kommt gewiß in den Himmel, „Schweinernes" verhilft zu „Schwein", also zu Glück. Klöße bringen Taler, Linsen Groschen. Die Linsen dürfen nicht sauer sein, sonst wird das Leben sauer. Ungezählt müssen die Klöße bleiben. Zählt man sie dennoch, muß sich eine ungerade Zahl ergeben.

Wer Sauerkraut ißt, dem wächst langes Stroh zu. Nudeln bringen langes Geld. Aufquellendes erzeugt Wachstum, deshalb sollen Kinder wenigstens einen Löffel davon essen. Wer Suppe ißt, bekommt Zahnweh. Rote Rüben bringen Schönheit, Bier gibt Kraft und Stärke, macht allerdings auch dumm. Fehlt Brot und Salz auf dem Tisch, fehlt es das ganze Jahr über. Salz vertreibt auch die bösen Geister. Das Brot soll geschnitten, aber nicht aufgegessen werden. Ein Stück davon erhält das Vieh, dann gedeiht es gut. Sellerie verspricht Fruchtbarkeit, Blaubeeren oder verschüttetes Salz bringen Trauer ins Haus. Wer Buttermilch zum Neunerlei trinkt, bekommt zwar keine Kopfschmerzen, dafür tropft ihm das ganze Jahr über die Nase. Auch Hirsebrei, hierzulande „Hiersch" genannt, gehört zum Neunerlei. Schon am Morgen hatte ihn Mutter ins Bettstroh gesteckt, damit er ausquellen und am Abend noch warm aufgetischt werden konnte. Wer davon löffelt, hat keinen Geldmangel. Bei manchen Familien lag ein Geldstück im Brei. Wer es löffelt, wird auf alle Fälle nicht arm. Von den Preiselbeeren muß jeder wenigstens drei Gabelspießer nehmen, dann wird er kommendes Jahr nicht krank.

Jeder soll von den neun Speisen wenigstens einen Löffel gegessen haben. Jedoch müssen alle ihren Teller ableeren, das bringt für das neue Jahr gutes Wetter. Nur die Mutter darf einen Rest übriglassen. Ißt sie sich nicht satt, „legen die Hühner weg", also im Verborgenen. Wem etwas herunterfällt, der hat im nächsten Jahr kein Glück. Wer am längsten ißt, lebt am längsten.

Nach dem Essen darf man erst aufstehen, wenn die Stubentüre geschlossen ist. Das hängt wohl damit zusammen, daß der Rauch einer gelöschten Kerze nicht hinausziehen darf. Danach schlägt man Brot, Salz und Weihnachtslicht ins Tischtuch ein und hebt das Bündel bis zum nächsten Morgen auf. Das bringt Ordnung ins Haus.

Nach dem Abendessen erhalten die Haustiere eine besonders gute und reichliche Futterration und die Bäume im Garten ein Strohband, in dem ein Geldstück steckt. Damit die Hühner im kommenden Jahr nicht weglegen, gibt man das Futter in einen Faßreifen.

Damit beantwortet sich von selbst die Frage: Was gehört zum echten Neunerlei? Man tischt auf und ißt davon reichlich, von dem man sich im neuen Jahr den meisten Nutzen verspricht.

Eine „Räucherfrau". Der Rauch der Räucherkerze kommt nicht aus dem Mund, sondern aus der Schüssel mit dampfenden grünen Klößen.

„Mer habn aah Neinerlaa gekocht..."

Mutter hatte das Abendessen fertig. Sie hätte es nicht zu vermelden brauchen. Es roch nach lauter guten Dingen, nach Braten, Sauerkraut und Sellerie, so wie es nur einmal im Jahr riechen kann, eben zum Heiligabend. Auf dem weißgedeckten Tisch standen Teller, Schüsselchen, lagen die Eßbestecke. Mutter hatte das Geschirr aus der hintersten Ecke des Schrankes vorgeholt. Ich glaube, das geschieht jedes Jahr nur einmal. Das letzte Mal, als es die Nachbarsleute für ihre Goldene Hochzeit borgten.

Vater schnitzte sich Späne zurecht, um mit dem Sechseläuten die Kerzen anzünden zu können. Er hatte eine Art Pyramide gebaut, eine Felswand darstellend mit zwei Höhlen. Über einer Spindel war ein Flügelrad, das durch die Kerzenwärme in Drehbewegung kam und einen unten angebrachten Teller lautlos kreisen ließ. Auf ihn waren Figuren gestellt. Richtig hätten es Bergleute sein müssen, aber es war Pfennigvieh vom Jahrmarkt. Was tat's, daß dieses Bergwerk Schafe, Kühe und Hunde befuhren.

Es war, als löste das Sechseläuten eine Feder aus. Plötzlich wurde alles um mich lebendig. Meine frohe Erwartung erweckte in mir eigenartige Vorstellungen. Sie führten mich weit fort. Plötzlich sah ich den Graupner-Paul, einen Eisengießer, der alt geworden, in unserer Kirche die Glocken läutete. Ich sah ihn den Turm besteigen, atemlos in der Glockenstube stehen, die Taschenuhr in der Hand. Längst hatte er die Schallöcher geöffnet, damit der Glockenklang weit hinaus ins Land dringen konnte. Aus der Dunkelheit blinkerten tausend Kerzen, frohe Kerzen, Weihnachtskerzen. Ich sah ihn ruhig abwarten, den Sekundenzeiger verfolgen, bis die Zeit um war und er mit den abgearbeiteten Händen zum Glockenstrang griff…

Vater zündete die Lichter an, die vom Baum, der Pyramide, von der Spinne und vom Engel und Bergmann. Mit Sorgfalt und einem neuen Span wandte er sich dem Tischlicht zu, einer dicken weißen Kerze, eigens dafür beim Buchbinder gekauft.

Nach einem alten Brauch sollen Brot und eine brennende Kerze ab dem 1. Advent über Weihnachten bis Neujahr im Hausflur stehen als Dank für das scheidende und Symbol für das kommende Jahr.

Mutter, mit frisch umgebundener Schürze, brachte in Schüsseln und Tassen die Speisen herzu. Der Tisch füllte sich so sehr, daß ein Stuhl zur Ablage nötig wurde. Mit „Komm Herr Jesus, sei unser Gast…", dem sich jährlich wiederholendem Weihnachtsgebet, begannen wir das Mahl. Wir reichten uns die Hände und wünschten „Gesegnete Weihnacht!".

Ich hielt mich an Mutters Neunerlei, bei gebackenen Klößen und Pökelbein. Nie und nimmer verstand ich, daß Vater dies nicht mochte. Er blieb bei seinem Gänsebraten und grünen Klößen, wie er's von daheim nicht anders kannte.

Wir aßen ohne zu sprechen, nahmen von diesem und nahmen von jenem, denn es hieß, Segen kehre ins Haus, wenn man von jedem gekostet habe. Freilich, durch das zweierlei Neunerlei war das nicht ganz einzuhalten. Es kam eben auch darauf an, was man zum Neunerlei zählte. Fehlte das eine oder andere noch, rechneten wir Senf, Meerrettich oder Salz dazu.

Eigentlich brauchte es gar nicht zum Heiligabendessen zu gehören, daß man mehr als nötig ißt. Das rührt noch aus jener Zeit, als es bei den Leuten im Gebirge über das Jahr hinweg sparsam umging. Sich einmal richtig satt zu essen gehörte damals zum höchsten Genuß des Daseins.

Nach dem Essen waren wir der Mutter behilflich, das Geschirr abzuwaschen. Es schmutzig abzustellen wäre gegen jede Regel gewesen. Speisereste im Tischtuch einzubinden und bis zum nächsten Tag aufzuheben war bei uns nicht üblich.

„Neinerlaa", wie's de Blachschmidt-Gertrud macht

Brot un Salz (Brot und Salz)
Hirschbrei (Hirsesuppe)
Gepökelts Saubaa (Gepökeltes Schweinsbein)
Gebackene Kließ (in der Pfanne gebackene Kartoffelklöße)
Sauerkraut aus'n Faß (selbstbereitetes Sauerkraut)
Stiehwurzel (Selleriesalat)
Linsen mit Raachflaasch (Linsengericht mit Rauchfleisch)
Sammelmillich (Semmel in Milch)
Preißelbeer (Preißelbeerkompott)

Grüne Kließ

1 kg rohe, ½ kg gekochte Kartoffeln, etwas Salz, Kartoffelmehl und eine Semmel für die Semmelwürfel.

Die geschälten rohen Kartoffeln werden gerieben und anschließend in einem Säckchen ausgedrückt, bis kein Wasser mehr austritt. Diesen Teig bestreut man mit Salz, zwei bis drei Eßlöffel Kartoffelmehl und überbrüht ihn mit einer Schöpfkelle siedendem Wasser. Nun werden die gekochten durchgedrückten Kartoffeln dazugegeben. Den Teig knetet man gut durch und formt apfelgroße Klöße daraus. In sie fügt man geröstete Semmelwürfel. Die Klöße läßt man etwa 20 Minuten in leicht gesalzenem Wasser köcheln. Läßt man das beim Ausdrücken gewonnene Wasser stehen, setzt sich Kartoffelstärke ab, die getrocknet im Haushalt verwendet werden kann.

Klöße werden zu verschiedenen Braten gegessen, sie sind in der Regel ein Sonn- und Feiertagsessen.

Sammelmillich

150 g Semmel oder Weißbrot, 1 l Milch, 100 g Zucker, etwas Vanillezucker und Zimt.

Die Semmeln oder das Weißbrot in nicht zu kleine Stücke zerpflücken, in eine Schüssel geben, mit kalter Milch übergießen und einen Teil des Zuckers darüber streuen. Nach etwa 5 Minuten mit dem restlichen Zucker und Vanillezucker abschmecken und Zimt darüber streuen. – Sammelmillich diente früher als Vor- oder Beikost zum Festessen und gehörte in vielen Familien zum traditionellen Neunerlei.

Grüne Kließ in Millichsud

10 große Kartoffeln, 1 Ei, ½ l Milch, 1 Eßlöffel Butter, Salz, ½ l Wasser.

Die rohen Kartoffeln schälen und reiben. Im Kloßsäckchen aus dem Teig das Wasser auspressen. Danach der Masse das Ei untermengen und daraus kleine Kloße formen. Milch und Wasser zum Kochen bringen und die hineingegebenen Klöße bei kleiner Flamme garen lassen. Die Suppe mit Salz abschmecken und durch Butterflöckchen verfeinern. Das Gericht heiß auf den Tisch bringen. Es wird ohne Zukost gegessen.

Nach dem Essen wird beschert

Bei uns war es nicht üblich, daß die Geschenke ein Weihnachtsmann brachte. Ich kann mich nur auf einmal besinnen, daß sich die Großmutter als solchen angeputzt hatte. Ich erkannte sie nicht, bemerkte aber, daß der Weihnachtsmann Großmutters Klammersack hatte. Da geriet meine Vorstellung vom Weihnachtsmann ins Wanken.

In dieser Unsicherheit, ob der vor mir Stehende der wirkliche Weihnachtsmann ist, brachte ich mein Sprüchlein nicht heraus, stotterte und brach in Tränen aus. Dabei hatte ich es gut gelernt und tausendmal vor dem Einschlafen hergesagt. Der Weihnachtsmann war nicht böse, sprach mit leiser Stimme und wußte nur Gutes von mir zu sagen. Ich zitterte noch, als er lange fort war. Da entschied Vater, daß dies das erste und das letzte Mal sei. „Und wenn es noch so üblich ist, bei uns nicht! Was soll das, Kindern Angst einjagen!"

Fortan wurde ohne Weihnachtsmann beschert. Im Raum wurden alle Kerzen angezündet. Nahe an den Christbaum rückte er einen weißgedeckten Tisch. Darauf stand der gute alte Engel mit dem Licht in der Hand.

Wer an der Reihe war, mußte ins andere Zimmer und warten, bis er durch eine Glocke gerufen wurde. Meist wurde der Schlüssel im Schloß umgedreht und gerufen: „Nicht gucken!" Der Glockenton löste die innere Erregung. Um die Spannung zu erhöhen, wurde ich als letzter beschert. Betrat ich den Raum, wußte ich nicht, wohin ich zuerst blicken sollte. Ich habe noch Mutters Rede im Ohr, die sie alljährlich wiederholte: „De waßt doch, mer habn net viel Gald..." – eine Entschuldigung dafür, ich könnte mit meinen Geschenken nicht zufrieden sein. Gute Mutter, als wüßte ich das nicht selbst, wie sehr sie jeden Pfennig umdrehen mußte, bevor sie ihn ausgab.

Am Christbaum auf dem weiß gedeckten Tisch lagen sie, die Weihnachtsgeschenke: Ein Malkasten, Laubsägeholz, selbst gebackene Pfefferkuchen, Schneeschuhwachs, ein gedrechselter Bergmann, gekauft beim Schwarzenberger Drogisten Vettermann, ein Buch mit Indianergeschichten und die Hauptsache, ein paar neue Bindungen für die Schneeschuhe. Ich hatte vor Freude Tränen in den Augen, umarmte Vater, küßte die Mutter. Ich war der glücklichste Mensch auf Erden. Und indessen ich im neuen Buch blätterte, besahen die Eltern ihre Geschenke, Vater seine Flasche Steinhäger und den Tabak, Mutter Strickwolle und gute Seife.

Wir saßen noch eine Weile beisammen, waren glücklich über unsere Geschenke, bevor Mutter in die Küche ging, um Kaffee zu kochen, denn damit und einem Streifen Stollen ging der Abend zu Ende.

Denke ich daran zurück, möchte ich neidisch sein auf die Bescheidenheit unserer Ansprüche. Wie konnten wir so unendlich glücklich sein trotz schlechter Zeit.

Bei armen Leuten sind die Geschenke oft außerordentlich gering; aber auch der Knabe, der, wenn es hoch kommt, ein Schreibheft und einige Äpfel zu erwarten hat, bebt mit Wonneschauern dem Weihnachtsfest entgegen und ruft mit Entzücken: Ei, Weihnachten ist doch das schönste Fest! Der Hauptgrund einer solchen Weihnachtsfreude ist eben der, daß die Geschichte von der Geburt Christi so wunderbar schön ist.

Dr entdeckte Rupperich

Wall dr Weigel-Tin sichere Arbet in Beierfald hatt un aah dacht, doß esu blebbt, sat'r ze seiner Fraa: „Waßt de, Hildegard" – wenn'r schu Hildegard soget, wu er doch egal när Hilde sat, wußt se, do hatt'r ewos vür: „Waßt de, Hildegard, mer sollten Weihnachten unnern Gerhard dos Fahrrod kaafen, doß'r egal wollt." De Hilde war allmeitog zammnammich, hot geden Pfeng dreimol ümgedreht, un aah vürsichtig war'sche, när aamol vürsichtig. Se sat: „Doß'r sich de Hirnschol eischlogn ka? Laas när is Blatt, wos do egal passiert!" Er hot gelacht: „Un die, die sich net de Hirnschol eischlogn, die stinne net drinne." Wie se oder merket, doß ihr Ma waagn daare Widerpart wichset waarn wollt, brauchet dos ne Tog vür'n Heiligobnd net aah noch ze sci.

In dr Rahsche, uhne sich gruß azeziehn, is'r mit senn Auto of Schwarzenbarg gefahrn. Daar Loden war gerammelt voll. Allezamm wollten se Schneeschuh, nischt wetter wie Schneeschuh, gruße Schneeschuh, klaane Schneeschuh, aabn Schneeschuh. Wie er endlich dra war un emol kaane

Schneeschuh wollt, fröget daar Ma vun dan Loden: „Fahrröder?" Fahrröder wärn itze außer Saison. Itze ständen de Schneeschuh huch in Kurs. Oder er wollt in Lager emol noochsaah. Un waß dr Huhle, is hot alle Walle gedauert, quetschet er sich mit enn setten Fahrrod durch de Leit. Dr Tin hot sich's hübn un drübn besaah, hot's emol huchgehubn, mit dr Pendal is Hinterrod gedreht, doß's gesormt hot, un nort gaahling gebramst, hot nei dr Warkzeigtasch gesaah, na'n Rahme gekloppt un gesat: „Namm ich!"

Dr Gung war zen Glück of dr Ruschel. Do hot er'sch geleich nei'n Kaller geschlossen. De Hilde brauchet's net erscht ze saah, do war Heiligobnd noch Zeit. Ne Schlüssel hot'r nei dr Arschtasch gesteckt. „Domit dr Gung net stöbern ka", sat'r zer Hilde.

Ben Weigel wur dr Heiligobnd gefeiert, wie se dos vun ihre Leit wußten: Zen Sechselaiten wur gassen. De Lichter vun Baam un dr Peremett habn gebrannt, un aah sist war Weihnachten in dr Stub. Dr Gerhard war när aamol aufgeregt. In dr Küch gang'r seiner Mutter zer Hand, wos'r sist net geta hot. Derwalle is dr Voter of enn Sprung zun Schmied-Henner nüm, wall'r vergassen hatt, ewos ze bestelln.

Se warn gerod mit Aufwaschen fartig, hatten e Raacherkarzel agezündt un wollten sich in dr Stub niedersetzen, do drischt aans na dr Haustür. „Na hä, ebber!" Se warn alle beede net garschtig erschrocken. „Dos is oder aah net die feine Art", soget de Mutter. Se kunnt sich gar net soot wunnern, do pultert's aah schu dr Trepp rauf. „Nu sogt mer när, hot mer dä net emol zen Heilignobnd sei Ruh?" Dr Gung ruffet schu is zweete Mol: „Dos is dr Rupperich, Mutter! Dos is dr Rupperich!" un war hintern Tisch nüm. Se wollt gerode sogn: „Gung, de werscht racht hobn. Dos is dr Rupperich!" Do puchet's aah schu na dr Tür un dr Rupperich stand in dr Stub.

Wie dr Gung seine Vaarschle rogebaaten hatt, lubet dr Rupperich: „Schie agesat, Gerhard." Er zöhlet allerhand Gunge-Sünden auf un fröget, ob'r dos un gens noch emol machen wöllt. Wie dr Gerhard sat: „Naa, Hans Rupperich, nie un nimmer!", do war daar zefrieden un hot senn Sack nei dr Stub geschüttt. Un wall'r ne Voter nct sohch, sat'r: „Ich hob noch ewas nei eiern Kaller gestellt. Dos war mer ze schwaar, daare Trepp rauf." Un ben

Nausgieh ruffet'r noch: „Wenn'r kimmt, kast de emol mit'n nuntergieh. Gelückauf mitenanner!" Un dr Rupprich war fort.

Daar war noch gar net zer Tür naus, barmetiert dr Gung: „Wu bluß dr Voter blebbt, wu er doch waß, doß dr Rupperich unterwaags is!" un is ganz aufgeregt dr Stub hie- un haargeloffen. Wie dr Voter nort of dr Trepp war, mußt'r geleich wieder ümkehrn un miet no in Kaller.

Nu wär dos alles seine Gäng gange, wenn dr Voter gewußt hätt, wu er geleich ne Kallerschlüssel hatt. Er hot do na un dort na gegriffen, is Schnupptüchel aus dr Husentasch gezugn, aus dr annern de Zigerettenschachtel. Bis'r ruffet: „Iech, iech bi doch e Pfaarnast. Nu freilich, in dr Arschtasch stackt'r!"

Hot sich daar Gung gefrahrt, wie dra'n Kuhlnnast dos Fahrrod laahnet. Dos hatt'r sich net traame lossen. Er hot senn Voter ogedruckt un is geleich emol of dos Fahrrod gestiegn. Nu ja, zun Fahrn war dr Kaller ze klaa. Un esu habn se mitenanner dos Fahrrod nauf dr Stub getrogn. Wie se of dr halbn Trepp warn, sat dr Gung: „Wie mog daar Rupperich bluß nei unnern Kaller kumme sei, wu du ne Schlüssel in dr Husentasch hattst?"

Ne Tin war de Sprooch wag. Wie's oder mannichsmol esu is, fuhl ne derbei e Halfred ei. Er sat: „Waßt de, de Geschenker brengt doch net dr Rupperich, die brengt doch is Christkind. Un dos is e Engel. Un e Engel ka überol hiefliegn, überol, aah uhne Schlüssel, esu kunnt'r aah uhne Schlüssel nei unnern Kaller."

Bleigießen

Viele überlieferte Bräuche begleiten das Weihnachtsfest und den Jahreswechsel. Sie alle sind auf die Zukunft gerichtet. Dazu gehört auch das Bleigießen. Man übt es gewöhnlich in den Losnächten aus, so zur Andreas-, Christ- oder Silvesternacht. Am Andreasabend erhofft man sich davon Auskunft über die künftige Ehe und über Fruchtbarkeit, zu Weihnachten und Silvester über persönliches Glück und Unglück im Verlauf des nächsten Jahres.

Geradezu bodenständig blieb das Bleigießen im Erzgebirge, Vogtland und seinem Vorland. Hier gehört es zu den traditionellen Weihnachts- und Silvesterbräuchen, wie das Heilig-Obnd-Lied belegt. Zu dieser Zeit, Mitte des 19. Jahrhunderts, wollte man damit erfahren, ob der Betreffende vom bösen Blick getroffen oder anderweitig verhext ist, aber auch die Zukunft erfragen, besonders die Mädchen über ihr weiteres Schicksal, wie es in einer Strophe des Liedes heißt:

> Ich gieß fei erscht! – Wan krieg ich dä?
> Saaht a, enn Hammerschmied...

Aus einer eisernen Schöpfkelle wird das in der Ofenglut geschmolzene Zinn oder Blei in eine mit Wasser gefüllte Blechschüssel gegossen, um aus den erstarrenden Gebilden die Zukunft auszudeuten. Die Wirkungsweise wird erhöht, geschieht dies durch den Kamm eines Kreuzschlüssels, Griff eines Erbschlüssels oder aus einem Erblöffel. Der Erbschlüssel sollte beim Ermitteln von Übeltätern wirksam sein. Die damaligen Schlüssel, gedacht für quadratische Kastenschlösser, waren aus Eisen und so groß, daß man sie hätte als Hammer verwenden können. Sie bei sich zu tragen, war undenkbar.

Die Figuren werden gedeutet, so wie sie erscheinen oder sich als Schatten an der Wand zeigen. Es gehört einige Phantasie dazu, aus den wirren Verschlingungen ein Gebilde zu erkennen. Da sich immer vielerlei Deutungen zulassen, wird die für den Betreffenden günstigste ausgesucht. So bedeuten Sterne Glück, Blumen freudige Überraschung, Kreuze kleine Leiden, Beine und Stiefel, eine Kutsche oder ein Auto weite Reisen, Handschuhe bevorstehendes hohes Ansehen. Die Gestalt eines Löwen läßt Mut und Stärke im kommenden Jahr erwarten, ein Schlange einen kurvenreichen Lebensweg, ein Nest mit Eiern Reichtum, ein Ring baldige Verlobung, ein Hufeisen Glück und ein Geldstück einen Lotteriegewinn. Ein Haus soll Frieden und Zufriedenheit bringen, Blätter reiche Früchte, ein Vogel verheißt bald zu erwartende gute Nachrichten. Männchen oder Sackformen künden Reichtum an und Tiere Tod und Trauer. Ein Kranz verheißt Heirat im kommenden Jahr, ein Kochtopf einen baldigen eigenen Hausstand, ein Nashorn einen phlegmatischen Mann, Weintrauben bringen viele glückliche Stunden und ein Elefant unverhoffte Freude.

Aus Buchstaben will man den Vornamen des künftigen Freiers erraten und aus anderen Figuren seinen Beruf. Nägel deuten auf einen Schmied oder Zimmermann hin, Heugabel oder Sense auf einen Bauern, Bäume auf einen Waldarbeiter oder Förster, Federn auf einen Schreiber oder Schulmeister. So heißt es in einem alten Vers:

> Do gieß ich mei Blei
> durch dan Aarbschlüssel nei,
> will saah, wos mei Ma
> ver Verrichting werd ta.

Die gegossene Figur wird das Jahr über als Talisman sorgfältig aufbewahrt, im Glasschrank, im Kästchen mit dem Zubehör zum Klöppelsack, häufig aber in der Geldbörse, immer mit dem Gedanken verbunden, dadurch Glück zu haben. In manchen Orten gab man sie dem Verstorbenen mit in den Sarg, gewissermaßen als Wegbegleiter.

Im Mittelalter spielte das Bleigießen eine verhängnisvolle Rolle als Mittel der Hexenerkennung. Man glaubte, daß sich mit dem im Wasser gebildeten Figuren die Schuld oder Unschuld der Angeklagten beweisen lasse, was manch unbescholtenem Menschen den Tod brachte. Der Klerus erkannte schließlich den Unsinn dieser Beweisführung und untersagte das Bleigießen als Teufelswerk und böse Zauberei. Heute ist das Bleigießen eine scherzhafte Unterhaltung am Weihnachts- oder Silvesterheiligabend, weit davon entfernt, daraus irgendwelche Schlußfolgerungen zu ziehen.

Heiligobnd-Besuch

Ben Finzel wuhne se mit ihre drei Gunge un'r Mad draußen in dr alten Schwaafelhütt. Es is schu e Walle haar. Wie's do an enn Heiligobnd of dr Nacht zugang, sat de Finzel-Mutter ze ihrn Hermann: „Gieh naus, un hul die zwee Bücheln Struh, die dr Voter fer de Strahbutz zeracht gelegt hot…"

Dr Hermann war dr gruße vun die Gunge, daar durft sich net ferchten, in dr Finster naus dr Schupp ze gieh. Er soß dra'n Tisch un hot ne Lichterbargma ne linken Arm ageleimt, de Katz hatt'n rogehaa. Wall dr Leimtopp schu alle Walle in dr Ufenrähr stand, hot's ben Finzel meh nooch Tischlerwarkstatt als nooch Heiligobnd gerochen.

De zwee klennern Gunge sei of'n Fußbuden rümgerutscht, hatten ne Pfaarstall aufgetrogn un habn hiezu Langholz gefahrn un haarzu dürr Reisig. De klaane Mad hot of'n Stuhl ihrer neie Pupp e Schloflied gesunge, doß die eischlofen sollt. Un de Finzel-Mutter war derbei, ihrn Aufwasch zammzeraime. Dr Finzel-Voter stok hintern Ufen un hot ist Feier versorgt. Denn gäng's zen Heilignobnd aus, bekäm mer is ganze Gahr kaa warme Stub. Su habn wenigstens de Leit gesat. Derbei war dr Finzel Holzmacher!

Wie dr Hermann dan Bargma senn Arm ageleimt hatt, is'r über dos Spielzeug waggestiegn, hot ne Leimtopp vun Ufen genumme un is zer Tür naus. De Mutter sat, wie er dos Struh bracht, er söllt's när geleich dorten nei dr Eck tu, se würn erscht spöter de Strahbutz zerachtmachen.

Wie er die Büschel hiehaat, gieht e Qiekersch lus, doß se allezamm ze Tud derschracken. „E Maus!" schrier de Mad. De Gunge sei derhöh gehuppt, als hätt se aans agestochen. „E Maus!" Dr Hermann langet üm sich, derwischet ne Stiefelknacht und war aah schu hinter dan Viehchel haar.

Derbei hatt'r senn frisch geleimten Bargma gestraaft un rogehaa. Nu hatt daar zwee waggebrochene Arm.

„Üm Gotteswilln, net tudmachen!" ruffet de Mutter un stürzet vun ihrn Aufwasch wag. „Üm Gotteswilln! Zen Heiligobnd-Besuch! Dos is e Azaachn! Dos bedett ewos!" Do hot dr Hermann senn Stiefelknacht waggelegt. Er hatt eigesaah, doß'r suwiesu nischt dermiet ausrichten kunnt. Die Maus war längst nei enn Loch verschwunden.

Dos Kinnervolk hing dr Mutter dran Rockzippel un hot sich daarer Maus waagn geferchert. De Mutter hot richtig gezittert: „Dos hätt eich e Uglück gaabn, zen Heilignobnd e Maus derschlogn, wu doch dr Heiland zer Walt kam!" – Nu kam aah dr Voter aus senn Winkel. Daar hot die Sach net esu tragisch gesaah. Un wall er sich net eimischen wollt, hot'r dra dan zerbrochene Bargma rümgepobelt. De klenn Gunge habn kaa Holz meh gefahrn, soßen of dr Bank un habn de Baa huchgezugn. Is Maadel is dr Mutter nimmer waggange. Ihr Pupp log verlossen of dan Stuhl. Un dos alles waagn daare Maus.

Wie's of zaahne zugang, habn de Finzel-Leit dos Struh in dr Stub ausgebratt, gutes Haberstruh, habn Decken un Kissen zammgetrogn un sich fer de Nacht zeracht gemacht. De Gunge wollten wissen: „Worüm machen mir dä dos?" Do sat dr Hermann, un er hot derbei ganz gescheit geta: „Wall de Heilige Familie daare Nacht aah of Struh log." De Mutter soget noch drauf: „Wall dos in unnerer Familie schu egal esu is." Do sat de klaane Mad: „Aah mit daarner Maus?" Dr Voter wollt sich nümdrehe un schlofen. „Fer wos habn mer dä de Katz?" sat'r noch. Nort hot'r tief Oden gehult un fing a ze schnarchn.

Dan Gunge hot die Strahbutz gefalln. Die mögn die Maus vergassen hobn. Se habn sich gegnseitig genackt, habn rümgeolbert, bis de Mutter Eihalt gebut. Is klaane Maadel hot sich ganz fest bei dr Mutter nagedruckt. Un war de Mutter ben Eischlofen, hot se de Klaane ben Arm gezugn „De Maus!" De Mutter sat: „Die is langk weit fort!" De Klaane drauf: „Ich hob's rascheln härn!" – „Nu schlof oder endlich!"

Wie üm viere dr Wecker geklingelt hot, hatt de Mad noch kaa Aag zugetan un de Mutter aah. De Gunge habn noch fest geschlofen, wie dr Voter über se waggestiegn is. „Aufstieh! Mer wölln zeitig in de Metten!"

Eh se fort sei, hot de Mutter noch ne Kaffeetisch zeracht gemacht. Wenn se aus dr Metten kame, wollt se ne erschten Stolln aschneiden. Wie's ne unter dr Bettstatt vürzug un dos Tuch wagnohm, mit dan'r zugedeckt war, is die Maus fortgerennt. Se hatt aus dan Stolln e Loch gefrassen, akkerat, als hätt se derzu e Vürlog gehatt. Dr Voter hot gewannigt: „Dos hast de vun dein Heiligobnd-Gast!" Dos hot se net gern gehärt. Se hatt mit dan Stolln ze tu: „Wenn ich ne när net esu schie gebuttert hätt!"

Wie dr Hermann waagn dan Spuk derzu kam, ruffet'r of aamol un zeiget zer Eck, wu die Karton vun Weihnachtszeig aufgeschlicht warn „Wos hot dä die Katz dorten!" Die hatt sich higehockt un hot gefrassen. Do wußten se, doß's kenn Heiligobnd-Gast meh gob.

Schneeberger Turmsingen

Erstmals feierten die Kinder Weihnachten in ihrer eigenen Wohnung. So blieben wir am Heiligabend allein, meine Frau und ich. Ungeachtet dessen begingen wir den Abend so, als sei die Stube voller Leute und nicht zuletzt voller Kinderlachen. Ich wollte zum Turmsingen und zur Metten. Deshalb löschten wir zeitiger als sonst die Lichter und gingen ins Bett.

Als ich am ersten Weihnachtstag, wenige Stunden nach Mitternacht, aus dem Haus trat, hing der Mond als bleiche Sichel am Himmel. Sternenbesät wölbte er sich in tiefem Blau über mir. Das fahle Mondlicht färbte den Schnee bläulichweiß. Er war einige Tage alt, festgetreten und stumpf geworden. Zwischen Straße und Fußweg stand er in kleinen Wällen, als müsse er Fußweg und Fahrstraße trennen. Meine Frau hatte mir zur Vorsicht die Mettenlaterne hergerichtet. Ihr Schein huschte über den Boden und wanderte als heller Schatten vor mir her.

Die Menschen in der Stadt schliefen. Frierende Straßenlaternen setzten Lichtpünktchen an die Häuserwände und flackerten im Geäst kahler Bäume. Wie hell mochte die Stadt noch vor Stunden aus den Fenstern geleuchtet haben, als Knecht Ruprecht mit dem Christkind seine Gaben brachte. Mir gingen Gedanken durch den Kopf: Ich sollte ein paar Worte an die Turmsänger richten; denn es jährte sich zum dreihundertsten Mal, daß sie Jahr um Jahr und eine Generation nach der anderen den Turm ihrer Kirche bestiegen, um die Heilige Nacht zu lobpreisen. Das erste Mal waren gerade so viele Jahre nach dem Dreißigjährigen Krieg vergangen wie heute nach dem

Turmsänger in Schneeberg

Zweiten Weltkrieg. Gewiß war es damals ein Dank- und Lobgesang auf den langersehnten Frieden. Der Vergleich zu heute lag nahe. Diese Gedanken begleiteten mich auf dem Weg nach Schneeberg.

Inzwischen mochte es gegen 3 Uhr geworden sein. Als ich das Wirtshaus an der Gabel zwischen der Neustädtler und Zwickauer Straße betrat, es war nach alter Tradition der Sammelpunkt der Turmsänger, kam mir mit dem hellen Licht Stimmengewirr entgegen. Im großen Raum, offensichtlich Gast- und Vereinszimmer der Wirtschaft, waren lange Tafeln aufgestellt mit Stühlen und Bänken davor. Auf den Tischen brannten Kerzen. Wenn sich die Tür öffnete, duckte der Windzug die Flammen und das Wachs rann in die Tülle.

Die Männer an den Tischen waren im Gespräch. Ich trat den Schnee von dem Schuhwerk, zog den Mantel aus und stellte meine Mettenlampe zu den Grubenblenden. Dann setzte ich mich. Man sah mich verwundert an. Für sie war ich ein Fremder. Turmsänger kennen einander seit Jahren. Da gab es welche, die waren zwanzig-, dreißigmal zum Turmsingen gewesen, manche sogar fünfzigmal. Sie bekamen eine Pelzmütze statt einer Urkunde. Die Sänger an meinem Tisch waren jünger, aber einer war dabei, der es auch schon auf das 19. Turmsingen brachte, dabei war er kaum älter als dreißig.

Meine Mettenlaterne, aus schwarzem Blech, mit Fensterglas davor, das ein Lichtstümpchen schützte, nahm sich neben den Grubenblenden wie ein Straßenkind aus.

Auf dem Tisch war die ganze Schneeberger Bergsippschaft versammelt. Da standen ererbte, mit Messing beschlagene Grubenblenden aus Ebereschenholz, fein ziseliert, das Messing blankgeputzt, damit es funkelte. Anderen sah man die Arbeit unter Tage an, abgeschürft, mit Brandmalen im Holz und im spröden Lederriemen. Es waren auch große darunter, wie sie die Steiger und die vom Bergamt trugen. In jeder brannte ein Licht.

Ich lauschte dem Gespräch der Männer. Sie sprachen darüber, wie man einer solchen Blende den hellsten Schein entlocken könne. Die einen meinten, reines Rüböl sei allemal das beste, andere wollten ein Tröpfchen Petroleum beimengen, wieder andere verwendeten Lampenöl aus der Drogerie oder mischten des guten Geruchs wegen ein paar Tropfen Rizinusöl unter das Rüböl. Dies war nicht das erste Mal, daß sie sich darüber unterhielten. Dann und wann kamen sie auf das Gespräch vom vorigen Jahr zurück.

Einer von ihnen hatte sein Blasinstrument auf die Fensterbank gelegt, eine vom Großvater ererbte Posaune. Er erzählte vom Turmsingen vergangener Jahre, auch davon, als es einmal so honorig kalt war. Sie waren verpackt, daß kaum ihr Gesicht hervorschaute.

Erst jetzt entdeckte ich, daß auch Jungen in der Runde waren, kaum älter als zwölf Jahre, vielleicht das erste Mal dabei und sich anschickend, wie Vater und Großvater Turmsänger zu werden. Der Wirt schaute prüfend umher, bis er den letzten der Turmsänger gewahrte, er kannte sie ja alle. Nun brachte er mit einigen Frauen den auf Tellern getürmten frischen Weihnachtsstollen.

Da wurden die Blenden beiseite geschoben, um für Teller und Kannen Platz zu schaffen. Alter Überlieferung nach soll es der erste Stollen sein, der zu dieser Weihnacht angeschnitten wird. Die Männer langten zu und kauten bedächtig. Indessen wurden die Notenblätter verteilt und in einer Liste die Anwesenheit der einzelnen Sänger vermerkt. Nachdem es etwas stiller wurde, hielt ich meine kleine Rede, ganz so, wie ich sie mir auf dem Herweg zurechtgelegt hatte.

Als von einem Jungen die große Stablaterne mit dem Stern angezündet wurde, erhoben sich die Männer und griffen zu ihren Jacken, drückten die Mütze auf den Kopf, zogen sich die Handschuhe über, griffen zur Blende und hängten sie an den Riemen vor die Brust. Ich reihte mich ein, obwohl ich merkte, es gab eine bestimmte Ordnung, vielleicht nach Singstimmen.

Der lose Zug folgte dem Stern, den der Junge wie eine Fahne trug. Der Marktplatz lag im Dunkeln. Nur dort, wo sich der Zug bewegte, ging ein heller Schein an den Häuserwänden hin. Hinter ein paar Fenstern flammten Schwibbogen und Sterne auf, vielleicht derer, die zur Metten wollten.

Der Zug ging über die Stolpersteine der Kirchgasse und hin zum festlich erleuchteten Turm. Von der Höhe her klangen die Glocken, gerade in dem Moment, an dem einer hinter dem anderen durch die Turmtür verschwand.

Die Wendeltreppe führte steil zum Turm empor. Voran stiegen die Veteranen, bedächtig, Schritt für Schritt, sich am eisernen Geländer hochziehend und ab und zu verweilend, wenn einem auf den unendlich vielen Stufen die Luft knapp wurde. Ihnen folgten die Musiker mit ihren Instrumenten. Danach die anderen.

In der Turmhaube, dreiviertelhundert Meter über der Erde, ging es eng zu. Einer drückte sich an den anderen. Und immer noch kamen neue hinzu. Die eisige Luft ließ manchen zu den Ohrenklappen greifen und den Schal fester binden. Die meisten legten die flachen Hände auf ihre Blende, das bißchen Wärme nutzend, die das Licht ausströmte.

Die Schallöcher waren geöffnet. Aus immer mehr Fenstern drang Lichtschein in die Nacht. Die Bewohner rüsteten sich zum Mettengang.

Die Häuerglocke vermeldete die vierte Morgenstunde. Über die Jahrhunderte hinweg für die Bergleute das Zeichen, den Berg zu befahren. Und jedes Mal in der Hoffnung, heil ihn auch wieder zu verlassen.

Noch zitterte der vierte wuchtige Glockenschlag hinaus in die Nacht, da setzten die Instrumente ein, Trompeten, Posaunen und Pauken. Sie erschallten stark und triumphierend, als müßten sie der Häuerglocke nacheifern. Nie klangen sie feierlicher als jetzt und hier!

Nun erhoben die Männer ihre Stimme. Im Verein mit den Instrumenten war es ein einziger Jubelgesang auf die Geburt des Herrn, des großen Lichtes der Welt. In den Händen hielten sie zerschlissene Notenblätter, abgegriffen vom häufigen Gebrauch. Von den Grubenblenden strömte Geruch aus, als backe jemand Kartoffeln in der Pfanne.

„Schneeberg, dein Bergfürst ist erschienen." Sie sangen die fünf, nur handschriftlich aufgezeichneten Choräle, Berg- und Weihnachtslieder. Vierstimmig erklang: „Laut verkündet die Trompete und die Pauke rollt es dir!" Noch ein Choralvers, dann war das Singen zu Ende. All diese Weisen erklingen seit dreihundert Jahren. Nur eine kam in dieser Zeit hinzu: „Stille Nacht, heilige Nacht..."

Auf dem Kirchplatz verharrten vermummte Gestalten, für einen Moment dem Gesang zu lauschen, Mettengänger, die allzufrüh zur Kirche eilten, um sich einen guten Platz zu sichern. Nun fiel das Geläut der Glocken ein, die zur Christmette riefen.

Die Sängerschar stieg vom Turm, um am Mettengottesdienst teilzunehmen. Ich war unter ihnen und lauschte des Jungen „Quem pastores", das er von der Höhe sang.

Das Singen auf der Zierschmied-Halde

Kommt die Weihnachtszeit heran, dann werden in der alten Bergstadt Schneeberg Bräuche lebendig, die man anderenorts nicht kennt oder vergessen hat. Christian Meltzer lobt schon in seiner 1716 erschienenen Stadt- und Bergchronik die „sonderbahren Weihnachtsgewohnheiten uffm Schneeberg". Viele davon haben sich erhalten oder neu entwickelt. Erinnert sei nur an die jedes Jahr stattfindenden „Glück-Auf-Abende", an die weihnachtlichen Bergparaden oder an das Turmsingen.

Zu den Schneeberger Weihnachtsbräuchen gehört auch das Haldensingen im Stadtteil Neustädtel. Das stattliche Alter von drei Jahrhunderten, wie das Singen auf dem Turm von Sankt Wolfgang, kann es freilich nicht aufweisen. Und doch ist diese weihnachtliche Feier zu einer bergmännischen Tradition geworden, entstanden, als Neustädtel mit allen Rechten noch eine eigene Stadt war und nicht zu Schneeberg gehörte.

Am 24. Oktober 1908 fanden sich 19 Neustädtler Männer zusammen,

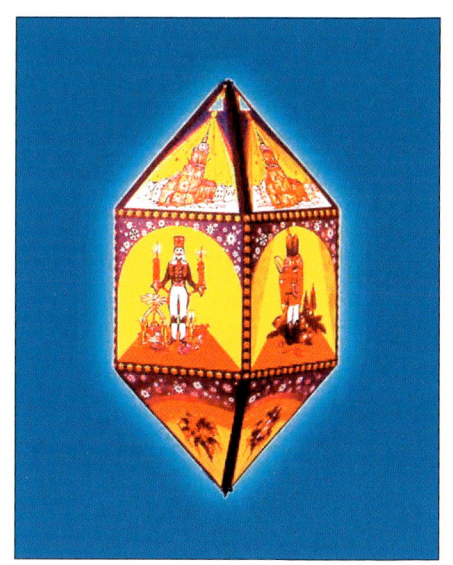 

Weihnachtslaternen „Engel und Bergmann" und „Christi Geburt" der Annaberger Buchbinderei Kraft – unten: Miniaturkirche mit Spanbäumen. Kirchenmodelle ersetzen bei vielen Familien hierzulande die Krippe.

um unter dem Lehrer Kurt Dietzmann den Verein „Glück Auf" zu gründen. Nach der am 25. Februar 1909 beschlossenen Satzung wollte sich die Gemeinschaft vor allem für die Erhaltung des heimischen Liedgutes, der Sitten und Gebräuche, besonders in der Weihnachtszeit, und für die Pflege der heimischen Volkskunst einsetzen. Und so kam es, daß bereits zu Weihnachten 1908 „bei Familien, die es wünschten", gesungen wurde und damit der bergmännische Brauch des Umgangssingens wieder auflebte.

Wann zum ersten Mal auf der Halde gesungen wurde, darüber gibt es unterschiedliche Angaben. 1910 wurde an den Stadtrat ein Antrag zur Durchführung des „Haldensingens am Weihnachtsmorgen", nahe der Zier-Schmiede, gestellt. Seit dieser Zeit findet auf der Zierschmiedhalde das Singen jedes Jahr am 25. Dezember morgens vier Uhr statt, in der Zeit, in der in Schneeberg vom Turm gesungen wird. Es ist die älteste Halde der Fundgrube Rappold. Sie liegt nordwestlich kaum 500 Meter oberhalb der Häuser. Alte Berg- und Weihnachtslieder werden der Winternacht anvertraut. Zum Turmsingen trat das Haldensingen, das weihnachtliche Musizieren der bekannten Bergmannslieder.

Vielleicht wollte man zum Schneeberger Turmsingen ein Gegenstück schaffen, als man 1948 das Haldensingen auf den Turm der Kirche „Zu unseren lieben Frauen" in Neustädtel verlegte. 1949 heißt es im „Schneeberger Weihnachtsbüchlein": „So hat auch der Stadtteil Neustädtel sein Turmsingen." Das war dadurch möglich, daß während des Krieges die Glocken für Rüstungszwecke abgenommen und eingeschmolzen wurden. So bot der verwaiste Glockenstuhl genügend Platz für die mehr als 30 Sänger, nur für wenige Jahre, denn Weihnachten 1952 kehrten die Sänger wieder auf die Zierschmiedhalde zurück.

Jedes Jahr, in der Nacht vom 24. zum 25. Dezember gegen 3 Uhr, treffen sich die Sänger im Neustädtler Schnitzerheim, angetan mit warmer Kleidung, mit Ohrenschützern und Filzstiefeln, denn auf der Halde weht ein frischer Wind. Es sind dies die Mitglieder des hiesigen „Glück Auf Vereins" bzw. des Schnitzvereins „Glück Auf", aber auch andere Bürger, die es sich nicht nehmen lassen, auf der Halde mitzusingen oder wenigstens dabei zu sein, wenn gesungen wird. Sie haben die hell leuchtende, meist ererbte

Grubenblende vorgebunden. Die Messingbeschläge blitzen. Im Schnitzerheim ist schon Feuer geschürt und Kaffee bereitet. Allesamt langen zu. Denn auf den Schnitzbänken ist auf Tellern der Weihnachtsstollen getürmt. Rechtzeitig ziehen die Sänger zur alten Zierschmiede, um sich dort zu ordnen. Pünktlich beginnt das Singen.

Mit rollendem Paukenwirbel, hellem Klang der Trompeten, ertönt das alte Berglied „Freue dich, Schneeberg, dein Bergwerk noch flimmert…" und auch „Freue dich, Schneeberg, und tausendmal seist du darin beglückt, daß man noch in dir zur Knappschaft beschickt!", was heißt: „Sei stolz, du alte Bergstadt, noch wohnen Bergleute viel in deinen Mauern!"

Anschließend besucht die vermummte Sängerschar mit ihrer Hörerschaft die 5.30 Uhr beginnende Christmette in der Neustädtler Kirche. Wenn schon der Tag graut, kehrt man aus der Christnacht zurück in den Feiertag.

Weihnachten nebenan im Vogtland

Am Weihnachtsheiligabende gehen in Oelsnitz die Nachtwächter herum, singen vor vielen Häusern ein Weihnachtslied und bekommen dafür ein Stück Stollen oder Geld… In vielen Familie beschert man jetzt am Morgen des ersten Feiertages. Der grüne, mit Äpfeln, Nüssen und Zuckersachen geschmückte Lichterbaum findet sich nicht allgemein. Statt der Wachslichter oder Stearin- und Paraffinkerzchen befestigt man zuweilen an den Christbäumen kleine Oellämpchen. Wer keinen Baum, keine Pyramide oder keinen Stern erschwingen kann oder wer für diesen Schmuck des Weihnachtsfestes keine Empfängnis hat, stellt einen Moosmann oder einen Bergmann mit einem kleinen Licht auf. Nur vereinzelt sieht man Moosgärtchen mit Hirten und Schafen. – Am Heiligabend des Weihnachtsfestes trägt man auf den Dörfern gern Neunerlei auf. Darunter darf Hering, eine Fastenspeise der Vorfahren, niemals fehlen. – Bei Adorf und den oberen Dörfern des sächsischen Vogtlandes gibt man auch dem Vieh vielerlei. – Während der Feiertage dürfen selbstverständlich die Äpfel und Nüsse zur Erhöhung des Festgenusses nicht fehlen.

Johann August Ernst Köhler (1867)

Der große Moosmann im vogtländischen Grünbach

12. KAPITEL

Die Nachweihnachtszeit

Neujahrsblasen

Hierzulande gab es manch schönen Brauch, von dem wir nur durch das Erzählen Hochbetagter, die es vielleicht von ihren Eltern oder Großeltern hörten, erfahren. So war es bis vor dem Ersten Weltkrieg in vielen Erzgebirgsgemeinden üblich, daß sich ab dem 3. Weihnachtsfeiertag, der damals noch begangen wurde, die Bläser der Kantoreigesellschaften zu einem Neujahrsblasen zusammentaten. In Beierfeld geht der Brauch bis ins 18. Jahrhundert zurück. Dort war in früherer Zeit der Kirchensprengel weit größer, reichte bis Wildenau und Obersachsenfeld, heute Stadtteile von Schwarzenberg. Dadurch mußten die Bläser lange Fußmärsche bei Wind und Schnee in Kauf nehmen.

Vermummt in dicke Mäntel, mit heruntergezogenen Mützen, Schals um den Hals, so traf sich die zehn-, zwölfköpfige Bläserschar. Um die Finger für das Spiel freizuhaben, wurden die Handschuhfingerlinge abgeschnitten.

Danach ging die Schar reihum von Haus zu Haus. Sie stellte sich vor die Haustüre und spielte den Bewohnern zur Freude ein Ständchen. Zuerst wurde ein Choral geblasen, dem folgte eine weltliche Weise, das war meist ein Marsch oder ein Tanz. Die Beierfelder Neujahrsbläser bevorzugten den Weihnachtschoral aus dem 16. Jahrhundert „Lobet Gott, ihr Christen" von Nikolaus Hermann.

Der Erste Weltkrieg beendete das Neujahrsblasen. Die Männer mußten in den Krieg. Viele kamen nicht mehr heim. Erst 1926 lebte die Tradition wieder auf. Von nun an beschränkte man sich nur noch auf den inzwischen angewachsenen eigentlichen Ort.

Hatten die Musiker ihre Stücke dargeboten, reichte einer der Bläser die mitgeführte Büchse herum, damit die Hausleute ihren bescheidenen Obolus einwerfen konnten. Das waren gewöhnlich 10, 20 oder bei Bessergestellten 50 Pfennige. Nicht selten kam es vor, daß die Bläser „zu einem Schalle Kaffee" oder zu einem Schnaps ins Haus gebeten wurden, um sich für einen Moment die erstarrten Glieder zu wärmen, denn oft herrschten Minusgrade, daß die Instrumente einfroren und das Blasen zur Tortur wurde.

Gelangte die Bläserschar vor das Haus eines Honoratioren oder Wohlsituierten, blies sie Luthers „Vom Himmel hoch, da komm ich her". Das war gewöhnlich das Zeichen dafür, daß man eine größere Gabe erwartete. Pfarrer Gustav Beyer berichtet, daß sie bei Friedrichs einen und bei Wussig in Sachsenfeld sogar zwei Taler Honorar erhielten. Das muß ungewöhnlich gewesen sein, weil es der Pfarrer extra erwähnte. Abends leerten die Kantoreibläser die Büchse und teilten den Erlös untereinander auf.

In Beierfeld galt als ungeschriebenes Gesetz, daß bis zum Silvesterabend alle Häuser besucht sein mußten. Denn nach dem Silvestergottesdienst sollte ein Choral vom Kirchturm das Neujahrsblasen beenden. Die Entlohnung für das Turmblasen an den größeren Festtagen und für die Kirchenmusik war mehr als bescheiden. Eine gewisse Entschädigung brachte immer das Neujahrsblasen.

In jüngerer Zeit haben sich neue Gepflogenheiten aufgetan. Ungeachtet der Turmmusiken, die es in vielen Orten gibt, spielen Posaunenchöre, Bläser christlicher Gemeinschaften, auch Blaskapellen, um die Weihnachtszeit auf öffentlichen Plätzen, an Ortspyramiden und von Rathausbalkonen weihnachtliche Weisen und setzen auf ihre Art das Neujahrsblasen fort.

Wenn die Böller knallen...

Spätestens am Nachmittag des Silvestertages begleicht man die restlichen Schulden und bringt geliehene Gegenstände zurück. Denn wer damit ins neue Jahr wechselt, wird seine Last nicht mehr los. Auch geht man zu dem (auch wenn's schwer fällt), mit dem man uneins ist und schließt Frieden, denn wer den Zank im alten Jahr vergräbt, ist vor ihm im neuen Jahr gefeit!

Zum Jahreswechsel darf es an nichts mangeln, weder an Mehl, Salz noch Streichhölzern, sonst mangelt es das ganze Jahr. Am Abend füllt man alle

Töpfe, und sei es auch nur mit Wasser, dann werden sie das ganze Jahr über gefüllt bleiben, oder sie müssen völlig leer sein, dann werden sie die Fülle erwarten. Halbvolle Gefäße sind also von Übel!

Junge Leute sollten am Silvestertag weder Brot noch Butter anschneiden. Tun sie es, wird noch nichts mit der ganz großen Liebe im kommenden Jahr. Die Kaffeekanne muß immer gut verschlossen sein, sonst kommt ein offenmäuliger Mann ins Haus. Auch das sollte man wissen: Bloß sich nicht die Haare schneiden lassen oder ein, zwei Körbchen Wäsche in die Waschmaschine stecken. Das holt geradezu das Unglück zur Tür herein!

Wie zum Weihnachtsheiligabend werden Punkt 18 Uhr alle Kerzen in der Wohnung mit dem Kienspan angezündet, Christbaum, Pyramide, Schwibbogen, Drehleuchter, zuletzt das frische Tischlicht. Die Familie setzt sich zum gemeinsamen Essen. Ein Teller bleibt leer für einen zufällig hereintretenden Hungernden oder auch für Jesus, der – besonders am Heiligabend – „unser Gast" sein soll. Auf dem Tisch stehen, wie zum Weihnachtsheiligabend, neunerlei Speisen. Hauptgericht ist Hasenbraten, Gans oder Schweinsbein. Diesmal läßt man auch Karpfen gelten. Jede Speise hat einen Symbolgehalt. Man ißt reichlich, denn wer gesättigt das neue Jahr beginnt, muß nie Hunger leiden. Wer Weißkraut ißt, Hering oder Hirsebrei, hat das ganze Jahr hindurch keine Geldsorgen. Und wer viel Suppe zu sich nimmt, dem ist ein langes Leben gewiß. Am Silvesterabend darf man keine Äpfel essen, sonst bekommt man Schwären.

Den Verstorbenen zuliebe muß man kräftig heizen, denn Tote wollen nicht frieren. Wenn es nicht Weihnachten geschah, so umwickelt man nun die Obstbäume mit Stroh und beschenkt sie mit einem Geldstück, das man unter die Rinde oder Wurzel steckt und bedankt sich damit für die reiche Obsternte im vergangenen Herbst. Zieht man ein Kleidungsstück verkehrt herum an, geht es einem das ganze Jahr über verkehrt. Verlöschendes Feuer im Ofen deutet auf verlöschenden Wohlstand hin. Gibt man vom Silvesterkarpfen ein Auge oder eine Schuppe in die Geldbörse, wird das Geld nicht knapp. Kommt am Silvesterabend ein Mann ins Haus, wirft die Kuh ein männliches, ist es eine Frau, ein weibliches Tier. Hühner, die man mit Hirse füttert, legen das Jahr über gut.

Nach dem Essen gießt man Blei. Alle Uhren in der Wohnung werden aufgezogen, und die es können, sollen möglichst zugleich die Mitternacht anschlagen. Das bringt Pünktlichkeit für das ganze Jahr.

Früher rückte manche Familie einen Tisch in die Stubenmitte und legte auf die erste Ecke ein Geldstück, auf die zweite Brot, auf die dritte einen Haarkamm. Lediglich die vierte Ecke blieb frei. Mit verbundenen Augen wurde jeder mehrmals um den Tisch geführt, daß er nicht mehr wußte, an welcher Stelle er sich befand. Dann mußte er mit der Hand auf eine der Ecken greifen. Hatte er das Geld gewählt, würde es ihm im kommenden Jahr nicht ausgehen, das Brot kündet ihm an, daß er zufrieden bleibt. Hat er die leere Ecke gewählt, wird er im kommenden Jahr arm bleiben. Wählte er den Kamm, wird ihn allerhand Ungeziefer besuchen.

Wessen Schatten am Silvesterabend einen dicken Kopf hat, der wird gescheit. Stark bewachsene Hände sind ein sicheres Anzeichen für eine reiche Frau. Hat ein Mädchen eine glänzende Stirn, bekommt sie einen Witwer. Mädchen, die am Andreastag das Pantoffelwerfen verpaßt haben, vielleicht auch über den Ausgang unzufrieden waren, probieren es erneut. Andere Mädchen klopfen gegen das Hühnerhaus. Meldet sich zuerst der Hahn, kommt ein Mann ins Haus, meldet sich die Henne, dann nicht. Zum Jahreswechsel muß man ein neuwaschenes Hemd anziehen, damit läßt man allen Schmutz hinter sich.

Es darf zu Silvester nichts zerbrechen, sonst zerbricht das Glück für das neue Jahr. Erlischt das Ofenfeuer am Abend, geht einem in der Folgezeit das Kleingeld aus. Man soll wenigstens ein paar Pfennige in der Geldbörse haben, damit das Geld erhalten bleibt.

Zu Mitternacht hat man unbedingt die Fenster zu öffnen, damit das alte Jahr hinaus und das neue Jahr herein kann. Man macht sie aber gleich wieder zu, damit des Nachbars Feuerwerkskörper nicht das eigene Federbett aufsucht. Alle Familienmitglieder springen beim zwölften Schlag der Silvesterglocke vom Tisch oder Stuhl herunter und damit in das neue Jahr.

Die Böller knallen, und die Feuerwerkskörper steigen in den Himmel. Dabei sollen sie nicht uns, sondern die bösen Geister ängstigen und vom neuen Jahr abhalten. Nach dem zwölften Glockenschlag beglückwünscht man sich gegenseitig und trinkt einander zu. Goethe achtete auf das erste Wort, das jemand zu Beginn des neuen Jahres sagte. Daraus deutete er Prophetisches für die Zukunft. Schiller hingegen erschrak, kam ihm im alten Jahr noch eine gute Nachricht zu. Diese hielt er für eine Hinterlist des Schicksals, das im neuen Jahr mit Bösem aufwarten will.

In vielen Orten bläst man Silvester vom Turm oder singt auf öffentlichen Plätzen. Auch Kuchensänger gehen von Haus zu Haus und bringen den Bewohnern ihre Neujahrsgrüße. Wer kennt sie nicht, die Verslein, von altersher auf uns überkommen:

> Ich wünsch Sie aah e neies Gahr,
> doß's besser werd, wie's alte Gahr.

Silvester gilt als ein wichtiger Lostag. Die Bauern wollten an diesem Tag voraussehen, wie sich das kommende Wetter gestaltet. Und so heißt es:

> Neujahrsnacht still und klar,
> deutet auf ein gutes Jahr.

Dem Briefträger steckt man ein paar Groschen zu oder spendiert ihm einen Schnaps und bedankt sich damit für all die guten Nachrichten, die er im vergangenen Jahr gebracht hatte.

Hoher Winter auf dem Kamm: Satzung

Der Neujahrstag

Keine Zeit über das ganze Jahr hinweg ist mit so vielen guten Vorsätzen gepflastert wie der Jahresanfang. Mit dem Beginn eines neuen Zeitabschnittes soll auch vieles im persönlichen Leben anders werden. So hat ein jeder seine geheimen oder laut geäußerten Wünsche und Vorstellungen. Eine lange Liste käme zusammen! Viele davon vergehen wie Rauch und sind nach wenigen Tagen vergessen, bestenfalls auf das nächste Neujahr verschoben.

Ungeachtet einer Katerstimmung, ist bei uns der Neujahrsmorgen von höchster Bedeutung. So sollte sich nach der ersten Person, die einem außer Haus begegnet, das Schicksal im neuen Jahr gestalten. Bettler, alte Weiber und Mißgestaltete galten als Unglücksboten, Kinder, Essenkehrer und Soldaten aber als Glücksbringer.

Nebenan im Böhmischen heißt es: Was man am Neujahrstag tut, macht man das ganze Jahr über. Vor allem soll man an diesem Tag kein Geld ausgeben, nicht Karten spielen und ins Wirtshaus gehen. Wer am Neujahrstag Prügel bekommt, der wird im Jahresverlauf weitere erhalten. Alte Leute schlagen wahllos das Gesangbuch auf. Treffen sie auf ein Trauerlied, soll das auf einen Sterbefall in der Familie hindeuten. Das trifft auch dann zu, wenn ein im alten Jahr mit einem Fingerhut gesetztes Salzhäufchen eingefallen ist.

Noch vor wenigen Jahrzehnten gingen Kinder von Haus zu Haus um ihre Neujahrssprüchlein herzusagen:

> Dos is mei Wunsch zen neie Gahr,
> 's soll besser sei, wie's alte war:
> Ne Stall voll Hörner,
> ne Buden voll Körner,
> is Wasserhaus voller Millich,
> kenn Menschen nischt schüllig.

Neigahrsch-Vaarschle

Ich gratulier dir zen neie Gahr:
Enn Kopp voll graae Haar,
in Rock e warmes Futter
un aane brave Schwiegermutter.

☙

E Gahr is vergange,
mit Lust un mit Plog,
doch ob de gescheiter bist –
dos blebbt de Frog!

☙

Ich bi dr klaane Dicke
un hob net viel Geschicke,
un wenn 'S mer enn Dreier gaabn,
do wünsch ich Sie e langes Laabn.

☙

Ich wünsch Se aah e neies Gahr,
dos alte is vergange,
doß's besser werd, wie's alte war,
meh ka mer net verlange.

Überliefert, mittleres Erzgebirge

Die zwölf Nächte

Zwischen Weihnachten und Hohneujahr liegen die zwölf heiligen Nächte. Es sind die Inter-, Unter- oder Zwischennächte, anderswo die „Zwölfen". Sie ergeben sich durch den Übergang vom Mondjahr mit 354 Tagen zum Sonnenjahr mit 366 Tagen. In diese Zeit legte die Kirche die Ankunft des Christuskindes. Diese Nächte sind von besonderen Geheimnissen umgeben. So heißt es, der Schimmelreiter gehe um, auch die wilde Jagd oder der Werwolf verunsichere die Gegend.

Ursprünglich gab es in dieser Zeit das altheidnische Fest der Wintersonnwende. Nach altem Götterglauben zog der Göttervater Wotan mit seiner Frau Frigga, heute Frau Harke, Holle oder Berchta geheißen, und

Winterzeit – rauhe Zeit

mit der gesamten Geisterwelt durch die winterlichen Wälder und macht sie unsicher.

Gelegentlich soll man um Mitternacht an Kreuzwegen Geistern begegnen. Um ihnen den Eintritt ins Haus zu verwehren, legte man die Bibel, das Gesangbuch oder eine Zange auf die Türschwelle. Das Abschreiben oder Aufsagen von Bibelsprüchen, wobei man sich bekreuzigte, sollten ebenfalls helfen, böse Geister abzuwehren. Auch Milch, die um Mitternacht von der Kuh für die Semmelmilch geholt wurde, würde dem Bösen den Zutritt versagen.

Da die Internächte zwölf aufeinanderfolgende Losnächte sind, will der Volksglaube wissen, daß man durch sie wichtige Anzeichen für die zwölf Monate des kommenden Jahres erhält. Was man in den zwölf Nächten träumt, geht im entsprechenden Monat in Erfüllung. Dabei hat vieles Symbolgehalt. Träume vor Mitternacht erfüllen sich am Monatsanfang, sonst am Monatsende.

Träumt man von Blaubeeren, steht ein Unglück bevor. Schmutziges Wasser, unreine Wäsche, Kuchen, Holz und Blut deuten auf Krankheiten

Hauswesen im verschneiten Satzung

hin. Stark rauchendes, gedämmtes Feuer kündet ein Unglück an, jedoch sind hell auflodernde Flammen, Schmetterlinge oder Blumen das Zeichen bevorstehenden Glückes. Eine Hochzeit steht dann ins Haus, wenn man von klarem Wasser oder grünen Kränzen träumt.

Es heißt: „Internächte machen das Wetter zurechte!" Wenn es stürmt und braust, wird ein schöner Sommer kommen, bleibt es ruhig, wartet man vergebens auf ihn. Regen deutet auf die Steigerung des Milchertrages. Tropft es vom Dach, geben die Kühe fetthaltige Milch. Je länger die Eiszapfen, umso länger der Flachs. Eisblumen am Fenster verkünden ein fruchtbares Jahr.

Besondere Bedeutung hat der Sonnenschein. Scheint die Sonne am ersten Tag, steht ein gutes Jahr bevor, am zweiten Tag kommt Teuerung ins Land. Sonnenschein am dritten Tag bringt Uneinigkeit und Zank unter die Völker, am vierten Tag hingegen kündigt er das Aufkommen von Kinderkrankheiten an. Dagegen ist Sonnenschein am fünften Tag das Anzeichen für eine reiche Obsternte, am sechsten Tag gar für Überfluß. Wenn am siebenten Tag die Sonne scheint, gibt es Überschwemmungen und gute Viehweide, am achten Seuchen, viele Fische und viel Wild. Scheint sie am neunten, dann haben Kaufleute gute Geschäfte. Sonnenschein am zehnten Tag bringt zahlreiche und schwere Gewitter, am elften Tag Nebel und Krankheit, am zwölften Tag Krieg und Blutvergießen.

Während der Internächte darf man keinen Pflug, keine Egge im Freien stehenlassen, im Haus nicht umgehen, keine Türen ins Schloß werfen, keine Tische rücken. Man darf nichts verborgen, keinen Topf zerbrechen, sonst schlägt der Blitz ins Haus. Wer sich badet, wer Wäsche wäscht oder sie gar mangelt, wird das ganze Jahr über Mangel leiden. Im Freien getrocknete Wäsche bringt Siechtum. Wenn man Stiefel schmiert, stirbt das Vieh. Wer während der Internächte Mist fährt, dem zerreißt der Wolf das Vieh. Pfeift man am Morgen, pfeift man das Unglück herbei. Keinesfalls soll man seine Fingernägel beschneiden, denn das ruft böse Finger hervor. Verschnittenes Haar führt zu Kopfschmerzen. Und setzt man sich auf den Tisch, bekommt man Schwären am Hinterteil und im Genick.

In der Zeit der Internächte darf man nicht backen, scheuern, dreschen, das Zimmer ausfegen, Teppiche klopfen, nicht die Betten beziehen. Alles, was sich dreht, muß unterbleiben, also nicht mit dem Wagen fahren, im Faß buttern oder gar spinnen. Mädchen, die von Frau Holle am Spinnrocken angetroffen werden, zerzaust sie oder besudelt sie und den Rocken mit Pferdemist. Denn alles Drehende verdreht die Ruhe im Haus.

Man klöppelt auch nicht, weil sonst die Spitzen schmutzig werden. An Speisen meidet man alle Hülsenfrüchte, denn sie gelten als Geisterspeise. Anders im Vogtland: Da ist es üblich, am Neujahrstag Milchhirse zu essen, die ein glückliches Jahr verheißt. Schlimm ist es, wenn einem beim Durchschreiten einer Tür das Licht in den Händen verlöscht, wie überhaupt jede selbst verlöschende Kerze einen Todesfall anzeigt.

Sehnlichst erwarteten unsere Vorfahren die Zeit nach Hohneujahr und damit das Ende der Zwölf Nächte. Dann war der Bann gebrochen. Die Zeit der Geheimnisse lag hinter einem.

Hohneujahr – Dreikönigsfest

Nach Hohneujahr, dem 6. Januar, ist im Gebirge unwiederbringlich die Weihnachtszeit vorbei, und es ist, als begänne mit dem Tag darauf eine neue Zeitrechnung, ein anderer Kalender: der normale Alltag. An diesem Tag enden die zwölf Nächte. Nach altem Volksglauben kam in ihnen die Sonne zum Stillstand, deshalb durfte sich kein Rad drehen. Nun feiert man, weil die Sonne wieder vorrückt.

Der kirchliche Name für Hohneujahr ist Epiphania oder Dreikönigstag: Das Epiphanie-Fest gedenkt der Erscheinung des Jesuskindes als des künftigen Messias. Es erinnert auch an die Ankunft der Heiligen Drei Könige in Bethlehem.

Hierzulande galt bis zum Ersten Weltkrieg Hohneujahr als offizieller Feiertag mit Gottesdienst. In traditionsbewußten Familien begeht man auch jetzt noch am Tag zuvor, also am 5. Januar, den vierten Heiligabend. Um 18 Uhr wird gegessen. Neunerlei kommt auf den Tisch. Und wie zu den drei Heiligabenden zuvor wird ein Brot angeschnitten, von dem man die Kappe das ganze Jahr über aufhebt, im Glauben, dann werde es keinen Hunger geben. Es war auch üblich, die Brotkappe zu zerkrümeln und unter das Saatgut zu mischen, in der guten Hoffnung auf reichen Ernteertrag. Auch anderwärts wird der 5. Januar als Vortag des Festes begangen, so in Böhmen als „Kleinneujahrs-Heiligabend".

Zu Hohneujahr werden zum letzten Mal alle Kerzen angezündet, die vom Christbaum, Schwibbogen und der Pyramide. In vielen Orten werden letztmals die Fenster illuminiert, und die Bäume im Garten dürfen noch einmal in voller Pracht und vollem Glanz erstrahlen. Und da der Dreikönigswind als der segenreichste gilt, öffnet man um Mitternacht Türen und Fenster.

Nach altem Volksglauben heißt es, daß zu Mitternacht, solange die Uhr schlägt, sich Wasser zu Wein verwandelt. Anderenorts holt man zu diesem Zeitpunkt Wasser aus einem Bach oder Brunnen in der Annahme, es besitze besondere Heilkraft. Nach altem Brauch räucherten die Bauern ihr Haus, den Stall und die Scheune mit Weihrauch aus, um alles Böse, das sich in den zwölf Nächten angesammelt hat, zu vertreiben.

In der Annaberger Bergkirche St. Marien findet noch heutzutage alljährlich am Sonnabend in der 2. Januarwoche der historische Berggottesdienst statt. In Sachsen ist sie die einzige Bergkirche, erbaut von 1502 bis 1511.

Der Dreikönigstag ist ein wichtiger Lostag, ein All-Loser, an dem jede Stunde auf das Wetter eines kommenden Monats deutet. An diesem Tag schnitten Wünschelrutengänger ihre Ruten und ließen sie auf den Namen der Heiligen taufen: Caspar soll sie heißen, wenn man mit ihr Gold sucht, Balthasar, sucht man Silber, und Melchior bei der Suche nach Wasser.

Der Barock-Altar von St. Marien

Ist Hohneujahr vorüber, werden alle Dinge, die an Weihnachten erinnern, für das kommende Fest verpackt und auf dem Spitzboden verstaut. Der Weihnachtsbaum wird abgeputzt. Manchen gilt er als Blitzschutz und wird unter dem Dach aufbewahrt, bis ein neuer Christbaum ins Haus kommt.

In früheren Jahrhunderten zogen sogenannte Engelscharen, angetan mit Kronen, weißen Hemden und Flachsperücken, von Haus zu Haus, führten ein kleinen Theaterstück auf sangen:

De heilign drei Könign mit ihr'n Stern,
die assen un trinken un bezohln net gern.

Da diese Auftritte zunehmend in ein vulgäres Spektakel ausarteten, wurden sie verboten. Christian Felix Weiße läßt in seinem „Kinderfreund" Doktor

Chronikel ins Erzgebirge reisen und sich erinnern: „... wo Handwerksburschen und andere dergleichen Leute diesen Tag als drei Könige, oft auf eine lächerliche Art, verkleidet mit einem großen Stern umherliefen..."

Es wird vermutet, daß Goethe das „Sternsingerlied" von erzgebirgischen Bergleuten hörte, mit dem Anfang: „Die heiligen drei Könige, mit ihrem Stern..." Daraus entstand dann für das Epiphaniafest 1781 am Weimarer Hofe sein Liedchen „Epiphania", in dem Carona Schröter den ersten der drei Könige darstellte. Die Strophe „Werd ich sein Tag kein Mädchen mir erfrein" sollte aus ihrem Munde nach Goethes Vorstellung Heiterkeit auslösen.

Goethe mochte das Brauchtum zu Epiphania. So schrieb er am 15. Januar 1813 an Zelter: „Kaum war Iffland abgereist und Epiphanias erschienen, so machte ich Ernst, die heiligen drey Könige bey mir einkehren zu lassen."

Vor 1900 gingen die Chorknaben reihum und sangen vor jedem Haus Choräle und bergmännische Lieder. Bis um 1910 kamen aus dem Böhmischen die Sternensinger nach Sachsen. Aber auch Einheimische, vor allem Kinder, verkleideten sich als die Heiligen Drei Könige und zogen mit einem goldenen Stern auf der Stange, oft kunstvoll dreistimmig singend, von Haus zu Haus. Sie erbaten eine Gabe mit dem Spruch:

> Ich bin der kleine König,
> gebt mir nicht zu wenig.
> Laßt mich nicht zu lange stehn,
> will ein Häusel weitergehn!

Hohneujahr geriet als Fest ins Abseits. In katholisch geprägten Gegenden lebte das Sternsingen neu auf. Festlich gekleidet, den drei Königen würdig, mit einem Stern auf der Stange, gehen Kinder von Haus zu Haus, singen ihre Lieder und sammeln dabei Spenden, um die Not in der Welt zu lindern. Haben sie in einem Haus eine Spende bekommen, schreiben sie an die Tür: C+M+B (Christus Mansionem Benedicat, was zu deutsch heißt: „Christus segne dieses Haus"). Organisiert wird das Sternsingen vom Kindermissionswerk „Die Sternsinger" und vom Bund der Deutschen Katholischen Jugend.

Mariä Lichtmeß

Hierzulande hat Mariä Lichtmeß (2. Februar) als kirchliches Fest seine Bedeutung verloren. Früher galt es als ein wichtiger Jahreseinschnitt, da von da ab die Tage um einen „Hahnenschrei" länger würden. Der frühere Name „Mariä Reinigung" erklärt sich daraus, daß nach den Vorschriften des Alten Testaments eine Mutter vierzig Tage nach der Geburt eines Sohnes als unrein galt und ein Reinigungsopfer darbringen mußte. Als Maria und Josef mit dem Jesusknaben nach dem Ende dieser „unreinen" Zeit im Tempel erschienen, erkannten der alte Simeon und der Prophet Hannah in diesem den Erlöser Israels. In katholischen Ländern wird dieser Tag feierlich begangen. Da an diesem Fest die Kerzen für das ganze Jahr geweiht wurden, nannte man es später Mariä Lichtmeß. Von diesen geweihten Kerzen heißt es, daß sie einen besonderen Schutz gegen Krankheiten üben, hilfreich bei schweren Gewittern seien, neben einem Sterbenden aufgestellt, ihm die letzte Stunde erleichtern und als ein sicherer Schutz gegen Hexen wirken.

Auch im erzgebirgischen Brauchtum galt Lichtmeß als ein bedeutsamer Lostag. Die Bauersfrauen mußten mit dem Spinnen fertig sein, denn bald würden die Arbeiten im Freien beginnen. Spannen sie noch am Lichtmeßtag, stießen in diesem Jahr die Maulwürfe besonders heftig. Das blieb auch so, als statt gesponnen geklöppelt wurde. Die Nester der Hühner wurden gereinigt, von den Bäumen die Strohringe abgenommen, damit sie das Wachstum nicht behinderten. Um das Vieh vor Krankheiten zu bewahren, war es den Bauern verboten, an diesem Tag Mist oder Jauche aufs Feld zu fahren. Die Imker umgingen das Bienenhaus mit geweihten Kerzen. Dazu sagten sie: „Bienlein freut euch, Lichtmeß ist da!" Keinesfalls durften sie an diesem Tag außer Haus gehen, sonst würden die neuen Schwärme Bienen davonfliegen. Auch wurde nochmals Blei gegossen. Am Abend stellte man brennende Kerzen in die Fenster, und man feierte ein kleines Fest, den Lichtmeßabend.

Bei den Bauern galt die alte Regel, daß nun die Hälfte der Winterfütterung verbraucht sein durfte. Angesichts der längeren Taghelle, hieß es: „Zu Lichtmeß soll der Bauer das erstemal sein Abendessen bei Tageslicht einnehmen", oder: „Zu Lichtmeß, da können die Herren bei Tage essen, die Bauern, wenn sie Zeit haben, die Bettelleute, wenn sie Brot haben!", auf eine Kurzform gebracht: „Zur Lichtmeß bei Tag eß!" Die länger werdenden Tage erlauben ab Lichtmeß: „Be Tog aufstieh, be Tog ze Bett gieh!" Dem Volksglauben nach würden an Lichtmeß geborene Kinder nicht alt, und an diesem Tag geworfenes Vieh tauge nicht zur Nachzucht. Streng hielt man darauf, daß das Vieh nicht bei Licht gefüttert wurde. Der letzte Stollen wurde bis auf eine Kappe gegessen, die man über das Jahr hinweg aufhob, um dadurch Nahrungssorgen fernzuhalten.

Lichtmeß war „Abziehtag", an dem Tag wechselte das Gesinde seinen Dienst, und es hieß dabei:

> Heit is mei Gahr aus,
> do zohlt mich mei Herr aus.
> Do namm ich mei Ranzel,
> un mach mer mei Tanzel.

Ursprünglich zahlte der Bauer zu Lichtmeß den Verdienst des gesamten Jahres, später wurde es üblich, ihn monatlich auszuzahlen. Das „Abziehen" wurde gewöhnlich mit einem ausgiebigen Mahl und einem guten Trunk begangen, vielleicht sogar mit einem Tänzchen. Damit wollten sich die Bauersleute in guter Erinnerung halten.

Da Lichtmeß zu den hervorgehobenen Lostagen zählt, wurde an diesem Tage auf das Wetter besonders geachtet. So heißt es: „Scheint zu Lichtmeß die Sonne besonders hell, sterben im weiteren Jahr viele Menschen und Bienen." Damit die Leichentücher nicht den Friedhof bedecken, soll zu Lichtmeß Schnee auf den Gräbern liegen. Zu Lichtmeß sieht der Bauer lieber den Wolf im Stall als einen Sonnenstrahl! Auch folgender Spruch blieb im Umlauf:

> Scheint zu Lichtmeß die Sonne klar,
> wird größeres Eis als vorher war,
> ist aber Regen und kein Sonnenblick,
> ist der Winter fort und kehrt nicht mehr zurück.

Wo Mariä Lichtmeß noch begangen wird, endet damit die weitere Weihnachtszeit. Das Heiligabendlicht wird noch einmal angezündet. Dann werden die Weihnachtssachen fortgeräumt. Geschah es nicht schon, wie im Gebirge üblich, zu Hohneujahr, putzt man jetzt den Christbaum ab. Altem Volksglauben nach hebt man ihn unter dem Spitzboden des Hauses bis zum nächsten Weihnachtsfest auf, dann schlägt kein Blitz ein und man kann unbeschadet und voller Erwartung der kommenden Weihnachtszeit entgegensehen.

„Krippenaltar", ein Werk des Lößnitzer Schnitzers
Walter Hambeck (1882–1963)

Bildnachweis

BUR Werbeagentur GmbH (Annaberg-Buchholz) 131 oben
Deutsche Fotothek 156
Fischer, Manuela 23
Galerie ANNA (Annaberg-Buchholz) 29, 82, 229 oben
Georgi, Christoph (Schneeberg) 61, 71, 79 unten, 80, 83 l., 98 unten l., 99, 119, 130 unten l., 134, 142 oben, 195, 225
Görner, Jan (Zöblitz) 105, 106
Groß, Joachim (Grünbach) 159 unten, 162, 232
Hartensteiner Weihnachtssterne Beate Heyn geb. Härtel 28
Heimatmuseum Falkenstein 159 oben
Holzmüller, Bernd (Werda) 178, 179
Hummel, Günter (Neumark) 98
Kießling Stadtmarketing Freiberg 131 unten
Kunzmann, Ray (Scheibenberg) 102, 114
Lohgerber-, Stadt- und Kreismuseum Dippoldiswalde 21, 126, 127, 128
Melzer, Karl-Heinz (Mauersberg) 65
Nußknackermuseum Neuhausen 150, 151
Sammlung Wolfram Böhme 47, 49, 182, 183, 185, 190, 197
Schnitz- und Bergverein Lößnitz 115, 118, 249
Stadtverwaltung Aue 68 unten l., 130 oben, 142 unten
Stadtverwaltung Marienberg 135 unten, 166
Stadtverwaltung Zwönitz 83 unten, 135 oben
Wagner, Jürgen (Zöblitz) 108, 109
Willimowski, Jeanette (Markersbach) 100, 101, 102
Wunderlich, Harald (Schwarzenberg) 70, 94, 130 unten r.
Alle anderen Fotos: Rainer Damm, Amtsberg
Zeichnungen: Giesela Röder, Berlin-Niederschöneweide

Inhaltsverzeichnis

1. Kapitel
Der Winter hält Einzug

Es riecht nach Schnee! 5
Sankt Martin macht Feuer imKamin 8
Sankt Katharina liebt den Schnee! 12
Andreasnacht und Andreastag 15
Vom Abend in der Hutzenstube 20

2. Kapitel
Adventszeir, hohe Zeit

Um den ersten Advent 24
Vom Osten strahlt ein Stern herein 28
Ein Kranz, der Kerzen trägt 31
Der Adventskalender 34
De Kamalität mit de Adventskolanner 36
Das Moospolster auf der Fensterbank 38
Großmutter holt Bethenmoos 39
Barbaratag 40
Mutter schneidet Barbarazweige 44
Am 6. Dezember ist Nikolaustag! 45
Wie dr Schokeladerupperich sei Nosenspitz verlur 50
Thomastag, Beginn der Rauhnächte 52
Wie meine Waldleit ze ihrn Tannereisig kumme sei 54

3. Kapitel
Lichterzeit

Es leuchtet aus den Fenstern 57
Der Schwibbogen 58

De Elektrik un is Weihnachtslechten 62
Ortspyramiden – das Aushängeschild einer jeden Gemeinde 66
Pyramidengeschichte 72

4. Kapitel
Bergmannsweihnacht

Der Bergmann und sein Licht 77
Der historische Bergaufzug 85
Mettenschicht 88
Engel und Bergmann 89

5. Kapitel
Bornkinnel, Mothsgungel und Weihnachtsspiele

Das Bornkinnel auf dem Altarplatz 95
Das Scheibenberger Mothsgungel 99
Die Weihnachtsspiele der Bergleute 103
Weihnachtsbotschaft im Krippenspiel 105

6. Kapitel
Weihnachtsberge

Erzgebirgische Weihnachtsberge 111
Erzgebirgische Schnitzgemeinschaften 116
Of'n Ritterschgrüner Weihnachtsbarg 119
Der Paradiesgarten 124
Die Weihnachtsausstellung in Dippoldiswalde 126

7. Kapitel
Weihnachtsmärkte

Enn Gahrmerich vun Weihnachtsmark 129
Dr Weihnachtsmark is aufgeta! 133
Wie ich zu sechs Masseschäfchen kam 138
In Schwarzenbarg, zen Weihnachtsmark 141

8. Kapitel
Räuchermännchen, Nußknacker und Pflaumentoffel

Räucherkerzen 143
Räuchermänner 146
Das Nußknackermuseum in Neuhausen 149
Der grimmige Nußbeißer 152
Der Pflaumentoffel 155
Die Geschichte vom kurzen Leben des schwarzen Friederich 157
Vogtländische Moosmänner 159

9. Kapitel
Weihnachtsbäckerei

Stollenrapport 163
Mutters Weihnachtsgeheimnis 169
Weihnachtsstollen 171
Aardäppelkuchn 171
Pfefferkuchen, die „schleckhaftig Speis" 172
Pfefferkuchen 174
Von Großmutters berühmten Weihnachtsplätzchen 175
Vogtländische Zuckermännle 177

10. Kapitel
Weihnachtsmann – Knecht Ruprecht – Hans Rupperich

Dr Rupperich kimmt 181
Knecht Ruprecht spricht 185
Zahme Rupprich-Vaarschle 186
Die annern Rupprich-Vaarschle 189
E Flasch Weißen fer de Mühwalting! 190

11. Kapitel
Heiligabend

Die Weihnachtsgeschichte auf Erzgebirgisch 193
Der Christbaum ist der schönste aller Bäume 194
Vater schmückt den Weihnachtsbaum 201
Wenn die Christecke fertig ist 203
„Heit is dr Heilige-Obnd ihr Maad..." 204
Das Weihnachtsfest 207
Das Heiligabendessen 209
„Mer habn aah Neinerlaa gekocht..." 212
„Neinerlaa", wie's de Blachschmidt-Gertrud macht 214
Grüne Kließ 215
Sammelmillich 215
Grüne Kließ in Millichsud 215
Nach dem Essen wird beschert 216
Dr entdeckte Rupperich 217
Bleigießen 220
Heiligobnd-Besuch 222
Schneeberger Turmsingen 224
Das Singen auf der Zierschmied-Halde 228
Weihnachten nebenan im Vogtland 231

12. Kapitel
Die Nachweihnachtszeit

Neujahrsblasen 233
Wenn die Böller knallen... 234
Der Neujahrstag 238
Neigahrsch-Vaarschle 239
Die zwölf Nächte 239
Hohneujahr – Dreikönigsfest 243
Mariä Lichtmeß 247
Bildnachweis 250

Helga und Heinz Kaden

Schelme, Träumer, Lebenskünstler

Das zweite Buch der erzgebirgischen Originale
250 Seiten – ISBN 978-3-910195-50-9 – Euro 16,80

Nach „Phantasten, Käuze, Wunderheiler" das zweite Buch mit 37 Lebensgeschichten von denkwürdigen Gebirgsleuten – die Wededä aus Buchholz, der schelmische Baßler-Max aus Annaberg, der Nigrin aus Hallbach, das Solareelmannl aus Tannenberg, Mutter Lederschürze aus Aue, der Meerrettich-Louis aus Oberhaselbach, das Zöblitzer Mariechen, das Geisinger fidele Trudchen, der trinkfeste Otto von Burkert aus Gelenau, die Leinwandjungfer aus Holzhau, der Heringsbändiger aus Olbernhau und der gute Doktor Freitag aus Schwarzenberg.

Helga und Heinz Kaden

Maxe und der Waldgeist Willi

Abenteuer und Zauberei im Erzgebirge

Für Leser ab 8 Jahre

Mit Illustrationen von Lothar Zipfel
80 Seiten – ISBN 978-3-910195-57-8 – Euro 10,00

Maxe lebte vor langer Zeit oben im Erzgebirge. Eines Tages begegnet ihm der Waldgeist Willi und zeigt ihm das heimatliche Gebirge. Mit dem Wunderflieger Bufimoki besuchen sie Berge, Moore, Felsen und durchstreifen Wälder und Wiesen. Zauberwesen wie der Moorwächter, der Berggeist, Moosmännlein und Waldweibel, Nixen und das Zapfenkarlchen begegnen Max. Maxe erlebt einen spannenden Sommer
voller Abenteuer und phantastischer Begegnungen. Der Leser begleitet Max beim Pilzesuchen und Brombeerenpflücken, er lernt heimische Kräuter auf den Bergwiesen und Hochmooren kennen, begleitet Max zu den Drebacher Krokuswiesen und begegnet den Tieren des Waldes.

Karl-Heinz Melzer

De lustige Hutzenstub

mit Illustrationen von Gertrud Zucker
112 Seiten – ISBN 978-3-910195-61-5 –Euro 10,00

Schnurren mit überraschenden Pointen, eine witzige, kundige Betrachtung über die Eigenheiten der erzgebirgischen Mundart, Spitznamen und Spottverse, Personen wie Ortschaften betreffend und auf abenteuerliche Art zustande gekommen, zeugen vom Humor der Gebirgsleute. Dieses Büchlein garantiert einen besonders lustigen Hutzenabend.

Sagenbuch des Westerzgbirges
Herausgegeben von Wolfgang Möhrig-Marothi
240 Seiten – ISBN 978-3-910195-62-2 – Euro 14,90

Selbst der Kenner des erzgebirgischen Sagengutes wird von dieser Sammlung sächsischer und böhmischer Sagen überrascht werden, sind sie doch zum großen Teil das Ergebnis jahrelanger mündlicher Befragungen von Einheimischen. Zahlreiche Sagen handeln im 20. Jahrhundert. Aber auch wenig bekannte schriftliche Quellen wie der Sagenkreis um Pater Hahn, den „Faust" des Erzgebirges, wurden erschlossen.

Karl-Heinz Melzer
Räuber- und Mordbanden, Gaukler, Pascher und Wildschützen im Erzgebirge
Denkwürdige Kriminalfälle aus sechs Jahrhunderten
Festeinband mit Schutzumschlag - 256 Seiten mit zahlreichen Illustrationen
ISBN 978-3-910195-58-5 – Euro 16,80

Räuberbanden durchzogen einst das romantische Erzgebirge. Mordbrenner legten Annaberg in Schutt und Asche. Armut beförderte Raub, Kindestötung, Diebstahl, Schmuggel und Wildfrevel. In Annaberg ging der Hexenwahn um. Ein Goldmacher büßte mit dem Leben. Es wurde geköpft, gehenkt, gerädert, verbrannt und ersäuft. Folter erpreßte falsche Geständnisse. – Karl-Heinz Melzer hat ein spannendes, faktenreiches Buch über die Nachtseiten des Erzgebirges geschrieben.

Wolfram Böhme
Weihnachten derham im Arzgebirg
Erinnerungen, Geschichten und Verse
Illustrationen von Christoph Rentzsch
96 Seiten – Broschur – ISBN 978-3-910195-59-2 – Euro 10,00

Weihnachtszeit im Gebirge! Wolfram Böhme schöpft aus eigenem Erleben, wenn er von Weihnachtsbergen, Weihnachtsengeln oder vom Bornkinnel erzählt, von Krippenspielen und Christvespern. Weihnachtliches Brauchtum wird lebendig, bis hin zum Dritten Heiligabend, dem Vorabend des Drei-Königstages. Liebevoll schildert er seine Begegnungen mit erzgebirgischen Schnitzern. Nachdenkliches über das Wesen des Christfestes wechselt mit humorigen Episoden. So wird ein Christbaum zur Vogelherberge im Garten, und ein Schnitzer macht die Erfahrung, daß seine Erzgebirger keine schwarzhaarigen Engel dulden. – Die Texte sind teils in Hochdeutsch, teils in Mundart geschrieben.